Sanções do Direito Administrativo

Sanções do Direito Administrativo

2023

Yasser Gabriel

ALMEDINA

SANÇÕES DO DIREITO ADMINISTRATIVO

AUTOR: Yasser Gabriel

DIRETOR ALMEDINA BRASIL: Rodrigo Mentz
EDITORA JURÍDICA: Manuella Santos de Castro
EDITOR DE DESENVOLVIMENTO: Aurélio Cesar Nogueira
ASSISTENTES EDITORIAIS: Larissa Nogueira e Letícia Gabriella Batista
ESTAGIÁRIA DE PRODUÇÃO: Laura Roberti

PREPARAÇÃO DE TEXTO: Paula Brito Araújo
EDIÇÃO: Lyvia Felix
DIAGRAMAÇÃO: Almedina
DESIGN DE CAPA: Roberta Bassanetto

ISBN: 9786556278223
Maio, 2023

Dados Internacionais de Catalogação na Publicação (CIP)
(Câmara Brasileira do Livro, SP, Brasil)

Gabriel, Yasser
Sanções do direito administrativo / Yasser Gabriel. -- 1. ed. -- São Paulo : Almedina, 2023.

Bibliografia.
ISBN 978-65-5627-822-3

1. Direito administrativo - Brasil 2. Licitações - Leis e legislação - Brasil I. Título.

23-146322 CDU-35(81)

Índices para catálogo sistemático:
1. Brasil : Direito administrativo 35(81)
Aline Graziele Benitez - Bibliotecária - CRB-1/3129

Este livro segue as regras do novo Acordo Ortográfico da Língua Portuguesa (1990).

EDITORA: Almedina Brasil
Rua José Maria Lisboa, 860, Conj.131 e 132, Jardim Paulista | 01423-001 São Paulo | Brasil
www.almedina.com.br

Aos meus irmãos mais velhos, Tiago e Serginho.
Que sorte a minha chegar aqui e já encontrar vocês.

AGRADECIMENTOS

Escrevendo o último capítulo deste livro, parte importante de minha trajetória profissional e acadêmica, dei-me conta de que entrei pela primeira vez em uma sala de aula em 1993, aos 2 anos de idade e, desde então, não passei um ano da minha vida sem ter frequentado esse ambiente. As salas e o material trabalhado nelas mudaram com o passar dos anos, mas nenhuma foi mais ou menos importante: cada uma delas – fosse um ambiente para uso de tinta guache ou de Hely Lopes Meirelles – tinha sido essencial para que eu chegasse até aquele momento.

Durante todos esses anos, somente consegui aproveitar tudo o que uma sala de aula proporciona porque tive comigo cinco pessoas que foram incentivadoras constantes dos meus estudos e do alcance dos meus objetivos: a Sylvia, o Sérgio, o Serginho, o Tiago e a Maria de Lourdes (por mim chamados de mãe, pai, irmãos e avó). A vida teria sido difícil sem elas. Cada uma a seu jeito, foram elas que sempre me empurraram para frente, torceram por mim e me ajudaram a crescer e a buscar minha independência. São gigantes o meu agradecimento e o meu amor por essas cinco pessoas.

E a vida também certamente teria sido menos colorida sem elas. Foram elas que, desde cedo, com um mundo de filmes, músicas, livros e séries de TV, encheram meus dias com alegrias, risadas e sonhos. Crescendo, minha sensação era de que saber sobre Tratado de Tordesilhas, Guerra Fria, filo dos espongiários e biomas brasileiros era tão necessário quanto saber sobre *Abbey Road*, Audrey Hepburn, Hitchcock, Agatha Christie, entender o que "Perigo, Will Robinson!" quer dizer e ter uma opinião sobre se Ross e Rachel estavam dando um tempo ou não. Na nossa casa, esses sempre me pareceram temas igualmente importantes – o que certamente explica o motivo de, até os 12 anos, eu ter sérias dúvidas sobre qual Armstrong tinha ido à lua, Neil ou Louis. Que sorte a minha ter sido assim! Não há palavra boa o bastante para expressar exatamente o que essas cinco pessoas extraordinárias significam para mim. Talvez uma: *supercalifragilisticexpialidocious.*

A vida mudou bastante em 2014, quando vim para São Paulo fazer mestrado. A experiência foi mais transformadora do que eu poderia imaginar e, muito mais importante que a titulação, foi a partir dela ter iniciado a convivência com o Carlos Ari Sundfeld, o Jacintho Arruda Câmara, a Vera Monteiro, o André Rosilho, o Liandro Domingos, a Mariana Vilella e a Juliana Bonacorsi de Palma. É com esses amigos que eu tenho a felicidade de dividir o dia a dia. São inspirações muito além do profissional, que, desde o início, fizeram-me acreditar que eu tinha ideias que valiam a pena ser expressadas. As páginas deste livro, mais do que por produção individual, estão preenchidas pelos debates e ensinamentos que surgem da nossa convivência.

Também foi a partir do mestrado que ingressei na Sociedade Brasileira de Direito Público (sbdp) e tomei contato com sua incrível Escola de Formação Pública (EFP). Participar desse projeto, ano após ano, e poder discutir o direito com seus alunos maravilhosos, além de estimulante, é gratificante. Eles foram pacientes cobaias e árduos críticos no desenvolvimento da tese contida neste livro.

São Paulo ainda me permitiu criar uma segunda família. O Álvaro (Beto) Rezende, a Drielle Amate, a Giulia Caruso e a Tilie Avlis, junto com o Tiago, irmão que importei de Belém, fizeram essa cidade virar um lar. Seja conversando sobre os rumos inesperados da vida ou assistindo a testes constrangedores do *Britain's Got Talent* no YouTube, eles me dão muitos dos meus momentos mais felizes. E depois veio o Rodrigo Ziemath, que, durante a produção deste livro, manteve a minha sanidade garantindo que os finais de semana não fossem dedicados apenas à pesquisa e à escrita, mas também à família Rose ("Ew, David!"), Carrie Bradshaw e a diversos serviços de *streaming.*

Realizar a pesquisa e escrever este livro só foi possível em razão da oportunidade que me foi dada pelo professor Floriano de Azevedo Marques Neto, em 2018, de fazer o doutorado na Faculdade de Direito da Universidade de São Paulo. A confiança depositada em mim por um acadêmico que admiro foi, em vários momentos, o incentivo de que eu precisava para continuar pesquisando, continuar escrevendo.

Por fim, muitas outras pessoas colaboraram para que eu pudesse concluir este livro – e espero que elas saibam como (se não, por favor, perguntem-me!). São elas: Ana Luiza Arruda, André de Casto O. P. Braga, Antônio Gabriel, Bruna Pretzel, Conrado Tristão, Guilherme Dourado, Guilherme Jardim Jurksaitis, Guilherme Klafke, Gustavo Leonardo Maia Pereira, José Vicente Santos de Mendonça, Júlia Lillo, Laís Menegon Youssef, Lívia Amorim, Luis Henrique Soares Portela, Marco Antônio Silva Costa, Marcos Augusto Perez, Maria Perpétua de Oliveira Gabriel, Mônica Toscano Simões, Natasha Cruz, Omar Freire, Paula Moura Gabriel, Paulo Moura, Pedro Gabriel, Regina Moura, Roberta Sundfeld, Roberto Maluf Filho, Rodolfo da Costa Arruda Silva, Rodolfo Lobato, Rodrigo Pagani de Souza e Victoria Mutran.

A todos aqui referidos, um super *obrigado* por terem me ajudado nessa trajetória. Ela não teria sido completa sem vocês. Mais do que isso: ela não teria sido divertida.

APRESENTAÇÃO

Yasser Gabriel desenvolveu de modo suave e rápido uma competência docente que impressiona. É um professor inteligente, aberto, instigante, generoso e leve. Os jovens pesquisadores da Escola de Formação Pública, um programa que a Sociedade Brasileira de Direito Público (sbdp) desenvolve há 25 anos, têm sido privilegiados pela intensa convivência com ele – e com seu sorriso permanente. Na FGV DIREITO SP, onde iniciou sua trajetória no mestrado acadêmico em Direito e Desenvolvimento e hoje atua no Grupo Público, ele é sempre capaz de tornar melhores as múltiplas experiências de que participa. Nos últimos oito anos, tenho aprendido com ele a cada dia.

Neste livro, em significativa contribuição, Yasser Gabriel trata da atividade sancionadora não penal dos poderes públicos, típica do estado administrativo contemporâneo, uma atividade cujos volume e profundidade só fazem crescer. O livro é fruto de pesquisa de doutorado orientada pelo professor Floriano de Azevedo Marques Neto, na Faculdade de Direito da USP, e discute a existência de um dever de harmonização para as autoridades que aplicam tais sanções.

Pelo ângulo legislativo, a atualidade do debate veio do surgimento, em 2018, de diretriz geral para o direito público brasileiro segundo a qual as "sanções aplicadas ao agente serão levadas em conta na dosimetria das demais sanções de mesma natureza e relativas ao mesmo fato" (LINDB, Decreto-Lei n. 4.657/1942, art. 22, § 3º).

Essa diretriz procurou impedir o empilhamento ilimitado de punições, que parecia autorizado pela tradicional ideia de que seriam sempre autônomas e incomunicáveis as sanções previstas em normas distintas e aplicadas por autoridades distintas (juízes, administradores públicos, controladores de contas), ainda que motivadas pelos mesmos fatos. O livro explora as facetas da diretriz da nova Lei de Introdução às Normas do Direito Brasileiro (LINDB), a partir de uma cuidadosa análise da experiência sancionatória em vários segmentos.

A diretriz da nova LINDB seria retomada – e, aparentemente, aprofundada – em 2021 pelo legislador, ao se prever que, em relação às pessoas jurídicas, a imposição das sanções da Lei da Improbidade e da Lei Anticorrupção deverá "observar o princípio constitucional do *non bis in idem*" (Lei n. 8.429/1992, art. 12, § 7º), prevalecendo, na coincidência, as sanções da Lei Anticorrupção. Chama bastante atenção, além da solução prática contra o empilhamento das sanções de improbidade e anticorrupção, a abrangente afirmação legislativa de que existe sim, para o campo administrativo, um princípio constitucional de *non bis in idem*.

Este trabalho de Yasser Gabriel nos ajuda a lidar bem com as dificuldades do tema, bem como com as consequências dessas novidades legislativas. Recomendo a leitura.

CARLOS ARI SUNDFELD
Professor Titular da Escola de Direito de São Paulo da Fundação Getulio Vargas (FGV DIREITO SP)

PREFÁCIO

O tema das sanções administrativas ganhou relevância e audiência nos últimos tempos. Não só porque o direito administrativo sancionador se autonomizou como uma área de estudos delimitada e consistente. Ganhou elã também porque o direito positivo passou a construir, pouco a pouco, um arcabouço normativo a reger o poder extroverso estatal de aplicar penas que não aquelas próprias do direito penal.

Desde a disciplina em artigos da Lei de Introdução às Normas do Direito Brasileiro (LINDB) sobre sanções até o universo próprio trazido pela Lei Anticorrupção, acordos substitutivos de sanções, todas essas inovações foram configurando um subsistema jurídico bem identificado. Esse processo atinge o seu ápice com a nova Lei de Improbidade, que expressamente afirma que a ação correspondente não é ação civil e sim se situa no campo do direito administrativo sancionador.

Por muito tempo, da mesma forma como o direito administrativo negava a existência de processo administrativo – mesmo após a Constituição fazer expressa referência ao instituto no art. 50, LV –, negava-se a existência de um ramo do direito administrativo voltado para sanções, pertencente ao mesmo tronco do poder punitivo estatal, do qual deriva também o direito penal. Incrível como nós, administrativistas, somos ortodoxos defensores da doutrina. Como professamos uma fé inabalável de que nossos livros contêm "conceitos eternos", princípios e definições imutáveis, como se fossem escritos em pedra e não admitissem reinterpretação.

Somos, os administrativistas, como missionários da palavra revelada pelos nossos antecessores. E defendemos a prevalência dos entendimentos doutrinários até mesmo quando o direito positivo teima em desconsiderá-la e prescrever ao arrepio da doutrina. E nos surpreendemos quando a lei ou a Constituição teimam em prevalecer sobre os entendimentos hegemônicos até então. E o legislador ou constituinte frequentemente resolve desconsiderá-los. Enfim, acreditamos, nós, cultores do direito administrativo, sermos verdadeiros pandectistas contemporâneos. Porém, infelizmente o direito positivo não nos leva muito a sério.

Contudo, dizia eu, o direito administrativo por muito tempo rejeitou a existência de um ramo seu voltado a aplicar sanções. Penas administrativas e o processo de sua aplicação eram estudados como etapa ou fase do poder de polícia (disso, nós entendemos; tanto de poder quanto de polícia) ou no regime disciplinar do servidor público. Mais tarde, passa-se a assistir a alguma abertura do temário para estudo da motivação e do devido processo.

Mas eis que nos anos 1990 (estes que alguns acham pautados pela influência neoliberal) trouxeram alguns avanços. Leis de processo administrativo começam a fazer menção a processo administrativo sancionador e a seus condicionantes processuais. Administrativistas e processualistas mais jovens partem para tentar abordar, com profundidade, temas como a natureza, os limites e os condicionantes do poder da Administração Pública em aplicar sanções sem recorrer à jurisdição estatal. Na última década, aparece no direito positivo e na doutrina, não necessariamente nesta ordem, como demonstram os trabalhos de Juliana Bonacorsi de Palma, o tema da consensualidade no direito sancionador.

Pois bem. Nessa linha do tempo é que aparece o trabalho de Yasser Gabriel. Tive a satisfação de orientá-lo no doutorado e na tese que ora é convertida neste livro. Pesquisador de primeira, na melhor tradição cunhada na Sociedade Brasileira de Direito Público, sob influência de Carlos Ari Sundfeld, Yasser não se ateve apenas ao foco principal do seu trabalho. Dá conta, com suficiência, profundidade e criatividade, de enfrentar o caoticismo do sistema punitivo brasileiro. Nesse sentido, o trabalho ora apresentado serve como uma bússola para o operador do Direito navegar no caos da coexistência de sistemas e normas punitivas que não conversam entre si. O fato é que nosso sistema jurídico foi concebido a partir de uma visão obtusa, da qual até hoje não entendi a origem, segundo a qual, quanto mais normas e agentes incumbidos de vigiar e punir, menores serão os malfeitos.

Disso decorre um sistema com múltiplas sobreposições de competências e sanções para um mesmo fato punível. Um ato de corrupção pode ser sancionado com base nas penas e nas competências da Lei de Improbidade, da Lei Anticorrupção, da Lei de Licitações e Contratos Administrativos, do Direito Penal e, em cada uma dessas esferas, por vários agentes concomitantemente. Donde temos, muita vez, um sistema que, ao contrário de funcionar em modo ótimo, simplesmente não funciona. Em outra oportunidade, asseverei que aqui no Brasil substituímos o célebre "dilema do prisioneiro" da Teoria dos Jogos pelo "concurso entre agentes", caracterizado pela disputa entre os agentes públicos competentes para processar e punir que, no mais das vezes, reforça a impunidade.

Diria que Yasser dá cabo do desafio a que se propôs. Na tese que ora é oferecida, revisada, como livro, propõe métodos e soluções engenhosas para lidar com a concorrência de efeitos das múltiplas sanções de direito administrativo, mas não oferece apenas isso.

Para chegar à sua proposta de harmonização, faz um instigante percurso sobre a construção do direito sancionador no Brasil, em suas diferentes esferas. Traça um panorama do entendimento do Supremo Tribunal sobre a independência das instâncias e dos subsistemas sancionadores (aqui talvez valha a crítica por ser muito econômico na crítica a esse entendimento que corrobora para o caos vivido) e desenvolve as bases para aplicação ponderada do *non bis in idem* dentro do sistema.

O trabalho de Yasser é, certamente, uma importante colaboração para que, finalmente, o direito administrativo se emancipe de sua autolimitação epistemológica, assuma sua faceta de parte do direito sancionador e passe a, com maturidade, trabalhar no desenvolvimento de ferramentas para enfrentar os desafios de ser o que é. Já era tempo.

FLORIANO DE AZEVEDO MARQUES NETO
Professor Titular da Universidade de São Paulo

LISTA DE ABREVIATURAS E SIGLAS

AGU – Advocacia-Geral da União
Anatel – Agência Nacional de Telecomunicações
Aneel – Agência Nacional de Energia Elétrica
ANP – Agência Nacional do Petróleo
Antaq – Agência Nacional de Transportes Aquaviários
APA – *Administrative Procedure Act*
Cade – Conselho Administrativo de Defesa Econômica
CCJ – Comissão de Constituição, Justiça e Cidadania
CCU – Código de Contabilidade da União
CEIS – Cadastro de Empresas Inidôneas e Suspensas
CGU – Controladoria-Geral da União
CNJ – Conselho Nacional de Justiça
CP – Código Penal
CPC – Código de Processo Civil (Lei n. 13.105/2015)
DNPM – Departamento Nacional de Produção Mineral
ECT – Empresa Brasileira de Correios e Telégrafos
EUA – Estados Unidos da América
FAR – *Federal Acquisition Regulations*
IAA – Instituto do Açúcar e do Álcool
IN – Instrução Normativa
Intosai – Organização Internacional de Entidades Fiscalizadoras Superiores
LAC – Lei Anticorrupção (Lei n. 12.846/2013)
LACP – Lei da Ação Civil Pública (Lei n. 7.347/1985)
LCP – Lei Geral de Contratações Públicas (Lei n. 14.133/2021)
LGL – Lei Geral de Licitações (Lei n. 8.666/1993)
LIA – Lei de Improbidade Administrativa (Lei n. 8.429/1992)
LINDB – Lei de Introdução às Normas do Direito Brasileiro (Decreto-Lei n. 4.657/1942)
LOMP – Lei Orgânica Nacional do Ministério Público Federal (Lei n. 8.625/1993)
LOTCU – Lei Orgânica do Tribunal de Contas da União (Lei n. 8.443/1992)

LPA	–	Lei de Processo Administrativo federal (Lei n. 9.784/1999)
MPF	–	Ministério Público Federal
MPTCU	–	Ministério Público de Contas
MS	–	Mandado de Segurança
ONU	–	Organização das Nações Unidas
PAD	–	Processo Administrativo Disciplinar
PL	–	Projeto de Lei
RE	–	Recurso Extraordinário
Resp	–	Recurso Especial
RGCP	–	Regulamento Geral de Contabilidade Pública (Decreto n. 4.536/1922)
RITCU	–	Regimento Interno do TCU
Serur	–	Secretaria de Recursos do TCU
STF	–	Supremo Tribunal Federal
STJ	–	Superior Tribunal de Justiça
TCU	–	Tribunal de Contas da União

SUMÁRIO

INTRODUÇÃO

Este livro aborda o tema da pluralidade de regimes sancionadores que incidem sobre particular em virtude de irregularidade praticada em prejuízo da administração pública e cujas consequências repercutem nas relações travadas entre ele e o ente público – *sanções de direito administrativo.*

A tese defendida é a de que a aplicação de sanção de direito administrativo pelo Poder Executivo, por tribunais de contas e pelo Poder Judiciário cível, deve considerar, no momento do cálculo da pena (*dosimetria*), sanções previamente culminadas, com efeitos similares e em função da mesma conduta, sob risco de serem geradas repressões desproporcionais em relação à irregularidade praticada. Isso se chama *harmonização de efeitos* das sanções. A hipótese é a de que há elementos no ordenamento jurídico brasileiro, constitucionais e legais, que suportam a necessidade dessa harmonização de efeitos das sanções de direito administrativo.

A ideia da harmonização de efeitos se articula com três conceitos jurídicos muito presentes no direito sancionador, integrados ao ordenamento jurídico brasileiro: *independência das sanções*, "*non bis in idem*" e *proporcionalidade da punição.* A independência das sanções traduz a opção feita por vários ordenamentos jurídicos de dar competências sancionadoras a diferentes autoridades públicas, autônomas em relação umas às outras, para atuarem sobre uma mesma irregularidade. O *non bis in idem* corresponde à vedação da possibilidade de um sujeito ser punido múltiplas vezes por sua conduta. A proporcionalidade exige que a sanção recebida seja condizente com a conduta irregular – sem exagero ou insignificância.

A curiosidade pelo tema foi aguçada pela impressão de que o argumento da independência das sanções, comumente utilizado nas discussões sobre o poder sancionador do Estado para sustentar que a punição em esferas diferentes não configura *bis in idem*, poderia, sob uma perspectiva prática, criar sistemas punitivos alienados e afastar a necessidade de a autoridade pública sancionadora verificar se a situação jurídica do particular, sancionado em outras esferas, restaria mais prejudicada do que o desejável. Ou seja, levaria à desproporcionalidade da punição.

Com essa preocupação em mente, a pesquisa foi proposta para investigar os pontos que permitiriam compreender o grau de autonomia que os sistemas sancionadores administrativo, de contas e judicial cível têm em relação uns aos outros. Para tanto, adotando como material de estudo legislação, jurisprudência e literatura especializada, quatro perguntas orientaram a pesquisa:

1. Qual a finalidade das sanções administrativa, de contas e judicial cível?
2. Quais os efeitos dessas sanções?
3. Que dizem as normas que disciplinam a aplicação dessas sanções?
4. Como ocorre, na prática, a aplicação dessas sanções?

Com olhos voltados a esses questionamentos, foi possível concluir que tais sistemas sancionadores são normalmente enxergados com finalidades diferentes, ligadas à função essencial do poder público que integram. Enquanto as jurisdições de contas e judicial cível aplicam punições com intuito repressivo – e, no caso do tribunal de contas, diz respeito especificamente a finanças públicas –, sanções foram conferidas à administração como instrumento útil para garantir o seu bom funcionamento e ajudar na implementação de objetivos públicos, ligados à essência da atividade administrativa: prestação de serviços públicos e ordenação da vida privada.

Em função das diferentes finalidades a que servem, vige entre os sistemas sancionadores brasileiros a premissa da *autonomia de instâncias*, que justifica a não ocorrência do *bis in idem* quando múltiplas sanções, independentes entre si, são aplicadas por autoridades públicas diferentes em decorrência da mesma irregularidade.

Contudo, embora distintas em suas finalidades, as sanções aplicadas nessas jurisdições muitas vezes possuem os mesmos efeitos práticos. São multas, proibições para contratar com a administração, perdas de função pública e outras mais que, ainda que provenientes de autoridades públicas distintas, promovem sobre o particular sancionado consequências práticas da mesma natureza.

Isso significa que, sob o prisma da finalidade, em função das diferentes competências que possuem, parece justificável dizer que, por exemplo, administração pública, tribunal de contas e Poder Judiciário podem aplicar, cada um, multa no valor X a um particular em função de um mesmo fato. Afinal, as finalidades de suas atuações são diferentes. Porém, do ponto de vista do particular, a finalidade é irrelevante e o efeito concreto desse sistema leva à obrigação do pagamento de três vezes o valor originalmente instituído. E lógica semelhante ocorre em relação a sanções com outros efeitos.

Daí que, se o argumento da autonomia de instâncias faz sentido para justificar a aplicação simultânea de sanções com efeitos semelhantes à luz das diferentes competências dos poderes públicos sancionadores e, por consequência, das diferentes finalidades a que servem as sanções que aplicam, o mesmo não acontece sob a ótica do particular sancionado.

Essa constatação pautou o estudo do regime jurídico de aplicação das sanções. A verdade é que a legislação brasileira, até muito recentemente, não era assertiva em dizer se, no momento da dosimetria, o poder sancionador precisava considerar o efeito de outras sanções ou não. No entanto, havia fundamentos constitucionais para sustentar a necessidade da harmonização de efeitos – ideias como segurança jurídica e proporcionalidade e individualização da pena, que estão bem consolidadas no ordenamento jurídico.

Porém, fundamento explícito e geral em favor da necessidade de harmonização dos efeitos das sanções surgiu em 2018, com a reforma da Lei de Introdução às Normas do Direito Brasileiro (LINDB, Decreto-Lei n. 4.657/1942), promovida pela Lei n. 13.655. Desde então, passou a existir norma expressamente instituindo que sanções serão aplicadas considerando, em sua dosimetria, as demais sanções de mesma natureza e relativas ao mesmo fato (art. 22, § 3º).

A pesquisa buscou então compreender, a partir da legislação brasileira, quais elementos comuns aos procedimentos para aplicação de sanções e quais peculiaridades podem existir para cada jurisdição estudada (administrativa, de contas e judicial cível), concernentes ao tema da harmonização de efeitos. A análise permitiu concluir que todos são estruturados de modo adequado para serem conduzidos de acordo com as múltiplas finalidades do poder sancionador do Estado, sem precisar deixar de promover a harmonização de efeitos e outras garantias conferidas ao particular sancionado.

Vale esclarecer a pertinência de um trabalho com tal enfoque e, para isso, é preciso dizer que ele está inserido em contexto mais amplo, de reconfiguração da forma de atuar do Estado e de seus instrumentos de controle – inclusive sanções. Como diz Floriano de Azevedo Marques Neto:

> Os fenômenos econômicos, sociais e políticos a que se assistiu nas últimas décadas conduzem a um processo de redefinição do Estado, marcado pela superação dos eixos centrais da noção de Estado Moderno. De um lado, vê-se a impossibilidade de permanência do caráter autoritário, monopolista e unilateral que o Estado tinha para estabelecer o que vinha a ser, no caso concreto, o interesse público. De outro, a superação da dicotomia direito público/direito privado acarreta a aproximação entre Estado e sociedade e o afastamento da ideia de que o público corresponderia exclusivamente à estatal. A superação dos dois vetores estruturantes do Estado Moderno, nos quais o Direito Administrativo assentou suas bases, e o processo em curso conduzem a que se pense na reconfiguração de um núcleo de poder político mais transparente e eficiente na tutela e consagração de interesses públicos. Nesse sentido, a reflexão sobre os mecanismos de controle e seu aprimoramento é tarefa imprescindível para avançarmos na estruturação – em sentido largo – do Estado.[1]

É a preocupação com o aprimoramento dos mecanismos de controle que está por trás deste trabalho. E a premissa é que buscar racionalidade para um ordenamento jurídico em que o cenário é de multiplicidade sancionadora não significa restringir ou diminuir o controle sobre a administração pública e sobre aqueles com quem ela se relaciona. Significa definir como os poderes estatais podem agir de modo a proteger interesses gerais sem deixar de lado fundamento muito caro ao Estado de Direito: a submissão de todos, inclusive do Estado, à lei.[2]

[1] MARQUES NETO, Floriano de Azevedo. Os grandes desafios do controle da Administração Pública. *In*: MODESTO, Paulo (coord.). *Nova organização administrativa brasileira*. 2. ed. Belo Horizonte: Fórum, 2009, p. 205.

[2] "*The rule of law can be defined as a system in which the laws are public knowledge, are clear in meaning, and apply equally to everyone.* They enshrine and uphold the political and civil liberties that have gained status as universal human rights over the last half-century. In particular, anyone accused of a crime has the right to a fair, prompt hearing and is presumed innocent until proved guilty. The central institutions of the legal system, including courts, prosecutors, and police, are reasonably fair, competent, and efficient. Judges are impartial and independent, not

O livro está dividido em três capítulos. O Capítulo 1 é destinado à compreensão das sanções de direito administrativo. Mais especificamente: contextos de surgimentos, fundamentos jurídicos e efeitos práticos de sanções aplicadas por administração, tribunal de contas e Poder Judiciário cível. Após esse panorama, é feita breve incursão na discussão sobre *multiplicidade institucional*, a fim de compreender quais são os argumentos prós e contras levantados em relação ao modelo, para, na sequência, pensar nas repercussões que podem ter no cenário de multiplicidade de sanções.

Ainda no Capítulo 1, são estudadas as premissas jurídicas invocadas na discussão sobre multiplicidade sancionadora: *autonomia de instâncias* e *non bis in idem*. O objetivo é entender *se* e *como* elas são contraditórias, considerando suas bases normativas, a jurisprudência do Supremo Tribunal Federal (STF), e, ainda, o que a literatura especializada tem dito sobre esses conceitos.

A partir dessa análise, propõe-se a ideia de que a discussão sobre multiplicidade sancionadora, feita sob as óticas da *independência das sanções* e do *non bis in idem*, pode ter duas perspectivas diferentes: a do poder sancionador (visão da *finalidade* para sancionar) e a do particular sancionado (visão dos *efeitos* da sanção). Ao se compreender essa distinção, é possível jogar nova luz ao debate e sustentar a ideia de que a harmonização dos efeitos é compatível com a premissa da independência das sanções.

O Capítulo 2 parte dessa ideia e olha as premissas normativas gerais, constitucionais e legais, do regime jurídico de aplicação de sanções de direito administrativo. São elas: previsão normativa, devido processo, ampla defesa, motivação e dosimetria da pena. Olham-se, primeiro, as previsões constitucionais, comuns às sanções aplicadas nas três esferas estudadas, e, em seguida, as previsões legais gerais ou específicas a cada uma delas.

O estudo normativo permite concluir que o regime sancionador brasileiro foi arquitetado de modo a prestigiar a proporcionalidade das punições, o que justifica, por si só, a necessidade da harmonização dos efeitos das sanções. Mas foi além: há expressa previsão legal determinando que

subject to political influence or manipulation. *Perhaps most important, the government is embedded in a comprehensive legal framework, its officials accept that the law will be applied to their own conduct, and the government seeks to be law-abiding*" (Carothers, Thomas. The Rule of Law Revival. *In*: Carothers, Thomas [ed.]. *Promoting the Rule of Law Abroad*: In Search of Knowledge. Massachusetts: Carnegie Endowment for International Peace, 2006, p. 4, grifo nosso).

autoridades sancionadoras promovam a harmonização de efeitos para que sejam evitadas punições mais intensas do que o adequado.

O Capítulo 3 é o último. Seu objetivo é olhar a experiência prática da harmonização de efeitos da sanção. Para isso, e por meio de recorte metodológico explicado em sua introdução, são analisadas decisões do Tribunal de Contas da União (TCU) em que se discutiu a proporcionalidade da inidoneidade de particular declarada pelo órgão de contas, em especial a discussão travada em torno do pedido de harmonização dos efeitos da sanção, considerando outras previamente aplicadas por outras autoridades em função da mesma irregularidade.

1
MULTIPLICIDADE DE SANÇÕES NO BRASIL

1.1. Contextualização: administração pública e sanção no Brasil

A relação entre administração pública e sanção é complexa. Na experiência brasileira, ela pode ser enxergada por duas perspectivas, diferentes entre si: *sanção como instrumento do controle* e *sanção como instrumento da regulação*.[1] As óticas existem simultaneamente na realidade da gestão pública e cada uma dá seu próprio giro ao uso da sanção.

Compreendê-las individualmente é essencial para a utilização adequada do poder sancionador do Estado, e, para isso, é útil sua contextualização em dois períodos emblemáticos do Brasil democrático, que ilustram bem a lógica por trás delas. Para o *controle*, esse período é a edição da Constituição Federal de 1988 e os anos seguintes, até o início da reforma do Estado, verificada na presidência de Fernando Henrique Cardoso (FHC, 1995-2003), momento já representativo da ótica da *regulação*.[2]

[1] O conceito de *regulação* adotado é semelhante ao de Egon Bockmann Moreira: "O verbo 'regular' e, especialmente, o substantivo 'regulação' denotam a noção de instaurar normas, de fixar a disciplina. Quem regula algo estabelece os parâmetros pelos quais fatos, condutas ou situações deverão ser considerados regulares, legítimos e/ou válidos (e quais serão os desvios inadmitidos). Nessa acepção, 'regular' significa 'fixar regras' – que podem instalar inovações ou consolidar costumes, mas em ambos os casos pretendem disciplinar. Quem fixa as regras visa a que o sujeito regulado mude seu comportamento natural. O objetivo é o de que a conduta futura seja de acordo com tais pautas" (MOREIRA, Egon Bockmann. Qual é o futuro do direito da regulação no Brasil? *In*: SUNDFELD, Carlos Ari; ROSILHO, André [orgs.]. *Direito da regulação e políticas públicas*. São Paulo: Malheiros, 2014, p. 111).

[2] Sobre o período, Alketa Peci: "O debate acerca da regulação entra na agenda acadêmica nas duas últimas décadas acompanhando a mudança estrutural advinda das reformas de

A Constituição de 1988 foi o *big bang* do universo do controle da administração pública brasileira, que, logo depois, começou a se expandir. Após mais de vinte anos de ditadura militar, veio intrínseca ao diploma constitucional a ideia de colocar limites à atuação estatal, bem como fazer com que esses limites fossem respeitados pelo Estado e por aqueles que com ele se relacionavam. Eram premissas preciosas à redemocratização do país.

Para assegurá-las, o texto constitucional utilizou três estratégias. A primeira, resguardar direitos do cidadão, que deveriam ser protegidos pelo Estado, inclusive em face de sua própria atuação. Foi o que fez, por exemplo, o art. 5º, com seu rol de direitos e garantias fundamentais. A segunda, prever burocracias que condicionariam o agir estatal e, em alguma medida, facilitariam a averiguação de sua conformidade a preceitos constitucionais e interesses gerais (processos como licitação, concurso público e outros mais que evidenciariam a motivação dos atos administrativos). E a terceira, constitucionalizar atribuições de instituições responsáveis pela fiscalização do agir estatal, antes previstas em lei, e dar-lhes outras novas, aumentando seu poder de atuação (como para o Ministério Público e os tribunais de contas).

A proteção de direitos individuais é importante para o controle da administração considerando o seu agir sobre particulares e a proteção dos direitos destes em face do Estado. Dá bases jurídicas para garantir que particulares não fiquem sujeitos a arbitrariedades da administração. Nas duas outras estratégias está o controle que olha para atividades do dia a dia da gestão pública: contratações, expedição de licenças, nomeações para cargos públicos, etc. Nessas atividades, há espaço para agentes públicos e privados mal-intencionados atuarem com finalidades não republicanas, obterem vantagens pessoais e gerarem favorecimentos indevidos. É aí que pode acontecer a corrupção.[3]

desestatização, que modificaram o papel historicamente desempenhado pelo Estado brasileiro, caracterizado pela forte presença direta e indireta na vida econômica e social. O movimento de difusão das agências reguladoras de natureza independente acompanha essa mudança quando, a partir de 1995, se institucionalizaram no país dezenas de entes regulatórios no nível federal, estadual e municipal" (PECI, Alketa. Regulação e administração pública. *In*: GUERRA, Sérgio [org.]. *Regulação no Brasil*: uma visão multidisciplinar. Rio de Janeiro: FGV, 2014, p. 44-45).

[3] Sobre desvios no uso da burocracia estatal, cf. ROSE-ACKERMAN, Susan; PALIFKA, Bonnie. *Corruption and Government*. 2. ed. Nova York: Cambridge University Press, 2016, p. 182-189.

A Constituição Federal colocou bases para que práticas desse tipo fossem evitadas ou combatidas e, a partir de então, um movimento jurídico pró-controle tomou corpo. Houve intensa atuação legislativa para produzir uma "legislação controladora" – leis que instituíam ou reformulavam burocracias estatais, disciplinavam procedimentos e sanções e davam competência de *performance* para diferentes controladores.

Não é coincidência que, alguns anos após a edição da Constituição, foram promulgadas quatro leis muito emblemáticas para o sistema de controle que se configurou com a retomada democrática: Lei de Improbidade Administrativa (LIA, Lei n. 8.429/1992), Lei Orgânica do Tribunal de Contas da União (LOTCU, Lei n. 8.443/1992), Lei Orgânica Nacional do Ministério Público Federal (LOMP, Lei n. 8.625/1993) e Lei Geral de Licitações (LGL, Lei n. 8.666/1993). Foi característica desse bloco de leis a desconfiança com o agente público e com aqueles que com ele se relacionavam, em contraposição à fé no controlador.

A autonomia do agente público foi afetada de duas formas. Por um lado, diminuiu-se seu espaço de discricionariedade, deixando-o com pouca ou nenhuma margem de escolha – como fez a LGL ao vincular contratações públicas a procedimentos licitatórios muito detalhados e objetivos, evitando que sobre elas o gestor pudesse ter qualquer tipo de atuação se não a mera execução da lei. Por outro, aumentaram-se as chances de punição de agentes públicos e privados que travavam relações com a administração, estabelecendo condutas um tanto quanto genéricas para justificar a aplicação de sanção.

Naquele momento, a LIA, por exemplo, considerou ato de improbidade *qualquer* ato que importasse em enriquecimento ilícito em razão do exercício de função pública (art. 9º, redação original); *qualquer* prática que causasse prejuízo patrimonial ao erário (art. 10, redação original); e *qualquer* conduta que atentasse contra princípios da administração (art. 11, redação original).[4] Carlos Ari Sundfeld ilustra bem o espírito da lei, em seu surgimento:

> Em suma, na Lei da Improbidade, para a autoridade, nenhuma simpatia, nenhuma solidariedade, nenhuma condescendência, nenhuma majestade.

[4] Cf. GABRIEL, Yasser. Lei de Improbidade Administrativa, uma lei "qualquer"? *Jota*, 19 set. 2018. Disponível em: https://www.jota.info/opiniao-e-analise/colunas/controle-publico/lei-de-improbidade-administrativa-uma-lei-qualquer-19092018. Acesso em: 4 jul. 2020.

É a autoridade finalmente ali, no banco dos réus, com seus pecados, ameaçada pelo fogo. Essa é a imagem criada pela lei, que se concentrou em desenhar esta cena, e (quase) nada mais.[5]

Para o controlador, no entanto, o cenário posto foi diferente, mais favorável, deixando transparecer a crença em sua atuação. A mesma indeterminação normativa da LIA que fragilizou o agente público deu ao Ministério Público e ao Poder Judiciário ampla margem para avaliação de quais condutas, no seu entender, seriam ímprobas e por isso punir aqueles que as praticavam.

As leis orgânicas do Ministério Público e do TCU, por sua vez, refletiram as novidades que a Constituição havia trazido a essas instituições, no sentido de empoderá-las: ao Ministério Público, foi garantida autonomia funcional em face dos três Poderes, deixando-lhe sujeito apenas à lei e, dentro de limites normativos um tanto quanto amplos, permitiu-se que seus membros agissem de acordo com suas próprias convicções a respeito da proteção do interesse público.[6] Para o TCU, houve ampliação de suas competências, passando o tribunal a utilizar novas métricas de controle e estender a jurisdição de contas a temas que antes não estavam sob sua alçada.[7]

Naquele momento, o enaltecimento dos controladores também foi empolgado pelo ambiente político: Fernando Collor de Mello, primeiro presidente eleito após a redemocratização, havia adotado o discurso de "caça aos marajás", que pregava o combate ao empreguismo, aos altos salários na administração pública estadual e o enfrentamento da corrupção.[8] Foi, inclusive, quem sancionou a LIA e a LOTCU – ironicamente, acabou renunciando à presidência após a abertura de processo de *impeachment* em função de denúncias de corrupção em seu governo.

Seguiu-se à renúncia de Collor escândalo que ficou conhecido por "Anões do Orçamento", em que congressistas teriam favorecido indevidamente outros políticos e desviado mais de R$ 100 milhões do orçamento

[5] Sundfeld, Carlos Ari. Administração e justiça: um novo equilíbrio? *In*: Sundfeld, Carlos Ari. *Direito administrativo para céticos*. 2. ed. São Paulo: Malheiros, 2014, p. 330.

[6] Cf. Arantes, Rogério Bastos. *Ministério Público e política no Brasil*. São Paulo: Sumaré, 2002, p. 80.

[7] Cf. Rosilho, André. *Tribunal de Contas da União*: competências, jurisdição e instrumentos de controle. São Paulo: Quartier Latin, 2019, p. 111.

[8] Cf. Villa, Marco Antonio. *Collor presidente*. Rio de Janeiro: Record, 2016, p. 12.

da União. Todo esse cenário favorecia uma visão de que o gestor público deveria ser mero "braço mecânico" da lei, tendo diminuído seu espaço de discricionariedade, e reforçava a crença na salvação pelo controlador.[9]

Vale dizer que essas normas pró-controle, inclusive as constitucionais, não surgiram apenas de um clamor popular e em virtude da inércia dos órgãos de controle. O panorama político era favorável, mas essa legislação foi promovida por aqueles que com ela ganhavam algum poder e souberam aproveitar a janela de oportunidade.

O Ministério Público, embora tenha tido suas atribuições fortalecidas com a constitucionalização em 1988, desde antes da Constituição vinha se empenhando para aumentar seu espectro de atribuições, tendo sido a Lei da Ação Civil Pública (LACP, Lei n. 7.347/1985) resultado de seu esforço para se tornar o grande defensor dos direitos difusos e coletivos.[10] O órgão também se fez presente durante a Assembleia Nacional Constituinte e conseguiu influenciar na redação final dos dispositivos constitucionais que disciplinam sua atuação.[11] De modo semelhante, a reconfiguração dos poderes e das funções do TCU promovida pela Constituição e por sua lei orgânica resultou de influência exercida pelo próprio tribunal junto ao Congresso Nacional.[12]

Nesse contexto, sanções foram instrumentos utilizados pela legislação como munição do controle para que fossem punidos agentes públicos e privados que agissem em prejuízo do interesse público.

Em decorrência de qualquer das irregularidades listadas na Lei de Improbidade, o Ministério Público pediria ao Poder Judiciário que apli-

[9] A ideia de "braço mecânico" da lei é empregada por Carlos Ari Sundfeld para descrever essa visão do gestor público com reduzido espaço para deliberação, potencializada após a edição da Constituição Federal de 1988 (SUNDFELD, Carlos Ari. Administrar é criar? *In*: SUNDFELD, Carlos Ari. *Direito administrativo para céticos*. 2. ed. São Paulo: Malheiros, 2014, p. 237-242).

[10] A influência do Ministério Público na construção da LACP é mostrada por Rogério Arantes: "O processo que levou à promulgação da Lei da ação civil pública em 1985, que descreveremos a seguir, mostra claramente como o Ministério Público estava disposto a se transformar no defensor desses novos direitos [difusos e coletivos], nem que para isso tivesse de afastar a própria sociedade civil do seu caminho" (ARANTES, Rogério Bastos. *Ministério Público e política no Brasil*. São Paulo: Sumaré, 2002, p. 54).

[11] ARANTES, Rogério Bastos. *Ministério Público e política no Brasil*. São Paulo: Sumaré, 2002, p. 76-95.

[12] ROSILHO, André. *Tribunal de Contas da União*: competências, jurisdição e instrumentos de controle. São Paulo: Quartier Latin, 2019, p. 35-113.

casse, isolada ou cumulativamente, as sanções previstas em seu art. 12: ressarcimento integral do dano, a perda dos bens ou valores acrescidos ilicitamente ao patrimônio, perda da função pública, suspensão dos direitos políticos e proibição para contratar com o poder público. Já o TCU poderia aplicar multa a responsáveis por valores públicos e declarar inidôneo para contratar com a administração pública particular que fraudasse licitação, conforme previsões de sua lei orgânica (arts. 46, 57 e 58). A LGL também trouxe sanções de advertência, multa e proibição para contratar que poderiam ser usadas pela administração para punir licitantes que tentassem frustrar a competitividade do certame ou contratados em razão do descumprimento de obrigações contratuais (arts. 87 e 88).

É compreensível que uma legislação engendrada na ressaca da ditadura militar e de escândalos de corrupção tenha assumido essas características. Afinal, a noção de proteção dos interesses gerais – inclusive por meio do poder sancionador do Estado – está ligada ao próprio surgimento do direito administrativo.[13,14]

Após esse período do final dos anos 1980 e início da década de 1990, intensificou-se o movimento de modernização do Estado, muito característico dos anos do governo FHC. Com um país endividado e sem caixa para realizar investimentos, a solução foi desestatizar a prestação direta de uma série de serviços e atividades, como telecomunicações e energia elétrica, passando-os à exploração pela iniciativa privada.[15] A expectativa era de que atores privados capitalizados modernizassem e aprimorassem

[13] MEDAUAR, Odete. *Direito administrativo moderno*. 23. ed. São Paulo: Revista dos Tribunais, 2018, p. 23.

[14] Entretanto, isso não quer dizer que essas leis tenham produzido resultados ótimos. A LGL, por exemplo, serviu mais a empresas que sabem jogar conforme suas regras – que, com suas exigências burocráticas, acabam por promover o fechamento de mercado – do que ajudou a administração pública a aprimorar seus processos de contratação. Nesse sentido, cf. ROSILHO, André. *Licitação no Brasil*. São Paulo: Malheiros, 2013.

[15] Em seu livro de memórias, Fernando Henrique Cardoso fala sobre esse movimento de desestatização: "Ante a dura realidade da época, não parecia haver muita escolha. O governo brasileiro tinha limitadas disponibilidades financeiras, o que, naturalmente, havia gerado o problema, para começo de conversa. Por outro lado, sabíamos que uma empresa privada independente teria condições de injetar novos recursos financeiros e técnicos. Os serviços melhorariam e um maior número de pessoas teria acesso aos telefones, à internet e outras necessidades básicas de uma sociedade moderna" (CARDOSO, Fernando Henrique. *O improvável presidente do Brasil*. Rio de Janeiro: Civilização Brasileira, 2013, p. 289).

esses serviços ao mesmo passo da desoneração do Estado, que passaria a agir sobre eles como regulador.

Para isso, foram criadas as agências reguladoras, entidades estatais independentes que fariam a ordenação de atividades econômicas desestatizadas e outras sobre as quais se entendesse recair uma especial necessidade de regulação pública – caso do mercado de planos de saúde, por exemplo.[16] A essas agências caberia, por um lado, garantir que as empresas privadas prestassem serviços adequados e cumprissem as obrigações assumidas contratualmente perante o poder público na ocasião da delegação; por outro, dar a essas empresas segurança jurídica de que a regulação à qual estariam submetidas não oscilaria com eventuais instabilidades políticas, permitindo-lhes ter confiança para realizar os investimentos necessários.

A criação das agências reguladoras e das bases jurídicas para a regulação dos setores econômicos a elas submetidos se deu por meio da edição de várias leis. Exemplos são: a Lei Geral de Telecomunicações (Lei n. 9.472/1997), em que foi criada a Agência Nacional de Telecomunicações (Anatel); a Lei do Setor Elétrico (Lei n. 9.427/1996), na qual foi criada a Agência Nacional de Energia Elétrica (Aneel); e a Lei do Petróleo (Lei n. 9.478/1997), em que se instituiu a Agência Nacional do Petróleo (ANP).

Nesse outro contexto de produção legislativa, mais uma vez vieram as sanções. Agora, não como arma do discurso de combate à corrupção e à improbidade, mas como instrumento de regulação do qual as agências reguladoras poderiam fazer uso para alcançar a boa prestação do serviço. A Anatel poderia usar a multa para garantir que empresa prestadora de serviços de telecomunicação instalasse telefones públicos nos locais necessários (claro, desde que existisse essa obrigação contratual para a empresa). Em outro exemplo, a Aneel poderia proibir de disputar novos contratos de distribuição de energia elétrica empresa que anteriormente houvesse causado prejuízo aos usuários por não oferecer um serviço adequado. Assim, apesar de possuir o mesmo efeito punitivo do ambiente do controle, no ambiente da regulação a sanção foi justificada mais pela necessidade de se obter resultados melhores na prestação de serviço pelos regulados.

Embora o exemplo aqui esteja ligado a empresas prestadoras de serviços públicos ou de utilidade pública, é tradicional a noção de sanção

[16] Cf. NUNES, Edson *et al. Agências reguladoras e reforma do Estado no Brasil.* Rio de Janeiro: Garamond Universitária, 2007, p. 15-49.

como instrumento de regulação pelo Estado e, por óbvio, muito anterior ao período da reforma gerencial.[17] Aliás, ambas as óticas de sanção como instrumento de controle e de regulação antecedem muito os contextos aqui empregados para ilustrá-las. A diferença é que, na experiência brasileira, o ambiente jurídico dos períodos mencionados é especialmente tonificado por cada uma delas. No entanto, de lá para cá, as complexidades do controle e da regulação aumentaram, o que também teve efeitos na aplicação de sanções.

No caso do controle, surgiram novas instâncias para fiscalizar a administração pública, como a Controladoria-Geral da União (CGU), criada em 2003, e novas leis para prever competências sancionadoras, a exemplo da Lei Anticorrupção, de 2013 (LAC, Lei n. 12.846). Atualmente, mais do que nunca, existe no Brasil uma multiplicidade de controle, composto de diversos atores (ministérios públicos, tribunais de contas, Poder Judiciário e controladorias internas), muitas vezes competentes para agir simultaneamente sobre uma mesma situação e por meio de diversas possibilidades sancionadoras. Apostou-se na ideia de que, quanto mais controle, melhor: mais controladores e mais sanções diminuiriam a ocorrência de desvios na administração pública.

Curioso é que esse sistema que acredita na abundância parece não ter sido capaz de coibir a corrupção de maneira adequada. Na verdade, sua própria construção foi feita por meio de uma legislação reativa, a reboque de escândalos que envolveram desvios na gestão pública. Essa reatividade, um tanto quanto imediatista, também acabou vindo ao custo de um sistema de controle pensado de maneira integrada e harmônica, o que, na prática, pode resultar em problemas considerando a sobreposição de diversos controladores autônomos que atuam, ao mesmo tempo, sobre determinada situação irregular.[18]

Já no caso da regulação, a ampliação do papel do estado como regulador de diversas atividades da vida privada, especialmente daquelas de natureza econômica, acabou por gerar o aumento de normas sobre sanção nesse ambiente de ordenação. Leis que tratam de concorrência, meio

[17] Cf. SUNDFELD, Carlos Ari. *Direito administrativo ordenador.* São Paulo: Malheiros, 2003, p. 77-82.

[18] Cf. MARQUES NETO, Floriano de Azevedo; PALMA, Juliana Bonacorsi de. Os sete impasses do controle da administração pública no Brasil. *In*: PEREZ, Marcos Augusto; SOUZA, Rodrigo Pagani de (coords.). *Controle da administração pública.* Belo Horizonte: Fórum, 2017, p. 21-38.

ambiente e uso de organismos geneticamente modificados, por exemplo, recorreram à sanção como instrumento de conformação de atividades privadas a interesses gerais.

Assim, foi instituído cenário em que sanções com efeitos idênticos ou muito semelhantes podem ser aplicadas a um mesmo agente, com base em uma mesma conduta, porque provenientes de controladores diferentes.

Nesse panorama, em 2018, foi editada a Lei n. 13.655,[19] que alterou a antiga LINDB, de 1942 (Decreto-Lei n. 4.657), e, entre outras providências, introduziu novas premissas a serem observadas pela atividade sancionadora estatal – seja ela administrativa, seja controladora, seja judicial.

A modificação, em suma, trouxe novos parâmetros a serem observados na avaliação de irregularidade da conduta, de culpabilidade do agente que a pratica e critérios para dosimetria da sanção em caso de punição. Esses parâmetros, importa dizer, são válidos na perspectiva tanto de sanção-controle quanto de sanção-regulação.

A mudança na LINDB foi uma atualização da legislação que considerou os desafios da gestão pública e teve origem em um diagnóstico prático de que havia dificuldade para inovação na atividade administrativa em decorrência da falta de segurança jurídica propiciada pelas normas e por seus intérpretes.

Segundo Carlos Ari Sundfeld e Floriano de Azevedo Marques Neto – criadores do projeto de lei (PL) apresentado ao Senado Federal pelo senador Antônio Anastasia, que deu origem à Lei n. 13.655 –, as normas sobre gestão pública, ainda que cada vez mais crescentes em seu volume, não eram suficientes para dar algum respaldo ao agente público, que, nos limites da legalidade, precisa ser inventivo para atender às cada vez mais complexas demandas públicas; tampouco a agentes privados, sujeitos à regulação estatal, que precisam de previsibilidade na atuação pública para desenvolverem suas atividades com segurança – sobretudo aquelas que demandam investimentos relevantes.[20]

Pelo lado da administração pública, a insegurança acaba por fomentar o chamado "apagão das canetas", fenômeno que denomina a opção do

[19] Cf. MARQUES NETO, Floriano de Azevedo; FREITAS, Rafael Véras de. *Comentários à Lei 13.655/2018 (Lei da Segurança para Inovação Pública)*. Belo Horizonte: Fórum, 2019.

[20] Cf. SUNDFELD, Carlos Ari; MARQUES NETO, Floriano de Azevedo. Uma nova lei para aumentar a qualidade jurídica das decisões públicas e de seu controle. *In*: SUNDFELD, Carlos Ari (org.). *Contratações públicas e seu controle*. São Paulo: Malheiros, 2013, p. 277-285.

agente público por não decidir ante a possibilidade de ser punido por seu ato. Pelo lado do privado que estabelece relações com a administração, o cenário tem potencial para inibir o empreendedorismo e encarecer o valor dos contratos público-privados, uma vez que a instabilidade jurídica tem impactos econômicos.

A reforma da LINDB endereçou esses problemas na tentativa de aprimorar o ambiente jurídico em que as decisões públicas são tomadas e controladas. O poder sancionador estatal naturalmente não poderia ter ficado de fora. Após essa mudança, a "nova LINDB", ao menos sob o enfoque jurídico-positivo, iniciou um novo momento na relação entre administração pública e sanção, mais exigente quanto aos critérios para sancionar. Os termos específicos em que fez isso serão estudados ao longo deste trabalho.

1.2. As múltiplas sanções de direito administrativo

Sanção é repressão. Uma penalidade aplicada a alguém em decorrência de conduta irregular. Em 1764, ano da publicação original de seu *Dos delitos e das penas*, Cesare Beccaria dizia que a sanção foi o instrumento encontrado pelo estado para sufocar o espírito de despotismo daqueles que, prejudicando o pacto de convivência social, infringiam as leis.[21] Na definição mais atual de Carlos Castellví Monserrat, a sanção é um mal imposto pelo estado, com um fim aflitivo, que se inflige forçosamente como um castigo.[22] Por trás desse castigo está a ideia de que cada indivíduo deve ser responsabilizado por seus atos.

Diferentes segmentos estatais podem culminar sanção a quem praticou irregularidade: o Poder Judiciário – com sanções de natureza cível e penal –, os diversos órgãos e entidades da administração pública e os tribunais de contas. Consequentemente, tanto no direito penal quanto no direito administrativo, surgiram conceituações para esse instrumento, que costumam ser bem similares.

Na Espanha, país tradicional no estudo do direito sancionador, administrativistas e penalistas adotam definições muito próximas para sanção. Eduardo García de Enterría e Tomás-Rámon Fernández, ao tratarem

[21] BECCARIA, Cesare. *Dos delitos e das penas*. Tradução Torrieri Guimarães. São Paulo: Hemus, [*s. d.*], p. 14-15.

[22] MONSERRAT, Carlos Castellví. Decomisar sin castigar – Utilidad y legitimidad del decomiso de ganancias. *Revista para el Análisis Del Derecho – InDret*, Barcelona, p. 27, jan. 2019. Disponível em: https://indret.com/decomisar-sin-castigar/. Acesso em: 27 jan. 2023.

de sanção imposta pela administração, definem-na como mal imposto ao cidadão em consequência de conduta ilegal.[23] No mesmo sentido, José Suay Rincón afirma que sanções – referindo-se às administrativas – são males atribuídos pelo estado a alguém em decorrência de conduta ilegal, após processo administrativo, com finalidade puramente repressiva.[24]

De modo semelhante, mas abordando aquela de natureza penal, Santiago Mir Puig afirma que sanção (ou pena) é um mal imposto pelo estado em resposta à prática de um crime.[25] Assim como Jesús-María Silva Sánchez, para quem a sanção é imputação, pelo estado, de mal "simbólico-comunicativo" ao agente responsável por crime, que é legalmente acusado.[26]

Como se percebe, as definições dadas pelos criminalistas para sanção são muito próximas daquelas elaboradas por administrativistas – diferenciando-se que, no caso penal, a conduta irregular necessariamente caracteriza crime. O fato evidencia que, independentemente de quem a aplica, a sanção funciona como uma forma de fazer o indivíduo suportar consequências pela prática de ato irregular. Além disso, para aqueles que não incorreram em irregularidade, a possibilidade da sanção opera como inibidora de condutas: se o indivíduo não quiser ser sancionado, não adotará determinados comportamentos vedados pelo estado.

No Estado de Direito, para que possa ocorrer a responsabilização adequada, ou mesmo para que o caráter inibidor da sanção possa surtir efeito, é necessário que o particular saiba exatamente qual conduta não lhe é permitido praticar e quais as possíveis consequências da transgressão. Para tanto, os elementos da equação punitiva (*conduta proibida + sanção equivalente*) devem sempre estar previstos em norma. Kelsen, em sua teoria do direito, explica a importância da norma para que haja o legítimo uso da sanção pelo estado, considerando os estímulos que o direito positivo tem sobre o comportamento dos indivíduos:

> Juridicamente obrigado está o indivíduo que, através da sua conduta, pode cometer o ilícito, isto é, o delito, e, assim, pode provocar a sanção, a conse-

[23] Enterría, Eduardo García de; Fernández, Tomás-Rámon. *Curso de direito administrativo*. São Paulo: Revista dos Tribunais, 2014, t. II, p. 187.

[24] Rincón, José Suay. *Sanciones administrativas*. Bolonha: Real Colegio de España, 1989, p. 55.

[25] Mir Puig, Santiago. *Derecho penal*: parte general. 10. ed. Barcelona: Reppertor, 2015, p. 102.

[26] Sánchez, Jesús-María Silva. Malum passionis. *Mitigar el dolor del derecho penal*. Barcelona: Atelier, 2018, p. 113.

> quência do ilícito – o delinquente potencial; ou o que pode evitar a sanção pela conduta oposta. No primeiro caso, fala-se da violação do dever, no segundo, em cumprimento do dever. O indivíduo que cumpre o dever que lhe é imposto por uma norma jurídica, observa a norma jurídica; o indivíduo que, em caso de violação do Direito, efetiva a sanção estatuída na norma jurídica, aplica a norma. Tanto a observância da norma jurídica como a sua aplicação representam uma conduta conforme à norma. Se, por eficácia de uma ordem jurídica, se entende o fato de os indivíduos – cuja conduta ela regula enquanto liga a uma conduta por ela determinada um ato coercitivo, igualmente por ela determinado, a título de sanção – se conduzirem em conformidade com as suas normas, então essa eficácia manifesta-se tanto na efetiva observância das normas jurídicas, isto é, no cumprimento dos deveres jurídicos por elas estatuídos, como na aplicação das normas jurídicas, isto é, na efetivação das sanções por elas estatuídas.[27]

As sanções que podem ser impostas pelo estado variam em seu conteúdo, mas, no geral, consistem na privação de bens ou direitos dos quais o particular desfrutava licitamente.[28] Nesse conjunto, há determinadas sanções que são especialmente relevantes ao direito administrativo por terem origem em irregularidades praticadas por particulares no âmbito de relações instituídas com a administração pública, e suas consequências implicarem algum tipo de afetação negativa de direito desse particular também no âmbito dessas relações.[29] Essas sanções, chama-se neste trabalho de *sanções de direito administrativo.*

Apesar de não ser a sancionada, mas por estar no outro polo da relação, as consequências da sanção podem ser, de alguma maneira, percebidas também pela administração. Por exemplo, o particular sancionado

[27] Kelsen, Hans. *Teoria pura do Direito.* 6. ed. São Paulo: Martins Fontes, 1999, p. 83-84.

[28] Carlos Castellví Monserrat, ao discutir os possíveis conteúdos da sanção, refere-se a esses mesmos tipos e remete à sentença do Tribunal Constitucional espanhol, em que houve o posicionamento da corte nesse sentido (Sentença 48, de 13 de março de 2003): "[...] el carácter de castigo criminal o administrativo de la reacción del ordenamiento sólo aparece cuando, al margen de la voluntad reparadora, se inflige un perjuicio añadido con el que se afecta al infractor en el círculo de los bienes y derechos de los que disfrutaba lícitamente" (Monserrat, Carlos Castellví. Decomisar sin castigar – Utilidad y legitimidad del decomiso de ganancias. *Revista para el Análisis Del Derecho – InDret,* Barcelona, p. 27, jan. 2019. Disponível em: https://indret.com/decomisar-sin-castigar/. Acesso em: 27 jan. 2023).

[29] Essas relações serão exploradas nas seções 2.2.1, 2.2.2 e 2.2.3.

irá pagar uma multa, e isso, consequentemente, aumentará a arrecadação da fazenda pública; ou, em outro exemplo, irá deixar de participar de licitações, diminuindo as opções da administração para selecionar seus parceiros comerciais.

As sanções de direito administrativo podem ser dos seguintes gêneros: (i) advertência; (ii) multa; (iii) interdição de local ou estabelecimento; (iv) inabilitação temporária para alguma atividade; (v) término de relação jurídica havida com a administração pública; (vi) apreensão de bens.[30]

Cada um desses gêneros abriga diferentes espécies. A inabilitação temporária pode dizer respeito à possibilidade de o particular celebrar contratos públicos ou de ocupar cargo ou função pública. O término da relação jurídica com a administração pode se referir à rescisão de um contrato, à cassação de licença ou alvará de funcionamento, ou mesmo à perda de cargo público. O que importa é, com exceção da advertência (cujo efeito é apenas de alerta), elas implicam restrição de direitos do particular em face da administração pública.

No Brasil, essas espécies estão espalhadas pelo ordenamento jurídico, previstas em diversos diplomas normativos que tratam dos mais diferentes temas: contratações públicas, regulação de setores econômicos, finanças públicas, recursos humanos da administração e meio ambiente. Os diplomas são vários e, muitas vezes, nada instintivos quanto à existência de conteúdo sancionador – em princípio, não é óbvio imaginar que a Lei de Biossegurança, que trata de organismos geneticamente modificados (Lei n. 11.105/2005), por exemplo, carrega rol próprio de sanções de direito administrativo, como a proibição para contratar com a administração (art. 21, XII).

As sanções brasileiras de direito administrativo podem decorrer da manifestação de três atores diferentes. As chamadas *sanções administrativas* são aquelas aplicadas pelos órgãos e pelas entidades do Poder Executivo (federal, estadual, municipal e distrital). As *sanções de contas* ocorrem na jurisdição dos tribunais de contas. As *sanções judiciais cíveis* decorrem do Poder Judiciário, em processos de natureza civil. A todos esses atores foi conferida, à sua própria maneira, função de zelo pelos interesses gerais e, por isso, há leis outorgando-lhes competências sancionadoras que tra-

[30] No contexto específico das sanções administrativas, cf. BANDEIRA DE MELLO, Celso Antônio. *Curso de direito administrativo*. 32. ed. São Paulo: Malheiros, 2015, p. 872.

zem alguma restrição de direito para particular, com algum impacto na atividade administrativa. Há, portanto, uma multiplicidade de instâncias sancionadoras.

Com essa multiplicidade em vista, e tomando por base elementos normativos, jurisprudenciais e acadêmicos, as seções a seguir resgatam a história por trás desses diferentes tipos de sanções e seus fundamentos jurídicos. O objetivo é reunir elementos para tentar entender se elas têm finalidades semelhantes ou se os motivos que as justificam são diferentes.

1.2.1. Sanção administrativa

Órgãos e entidades da administração pública direta e indireta podem sancionar, desde que tal competência lhes tenha sido conferida. Assim, empresas estatais, autarquias, ministérios, secretarias e outros órgãos e entidades públicas podem utilizar sanções como forma de punir alguém por prática irregular.

Os contextos em que a sanção ocorre são variados. Pode-se tratar de um servidor público que praticou alguma das condutas proibidas pelo Estatuto do Servidor Público Federal (art. 117 da Lei n. 8.112/1990) e por ela será punido, nos termos do normativo (art. 127). Ou também pode ser um contratado por empresa estatal que deixou de cumprir com suas obrigações, e, por isso, a contratante irá lhe aplicar sanção, de acordo com o previsto na Lei das Estatais (art. 83 da Lei n. 13.303/2016). Nesses e em outros casos, está-se diante de *sanção administrativa* em função de ser a administração pública a autoridade sancionadora.[31]

Tradicionalmente, tanto no Brasil quanto em outros países, essa competência da administração para sancionar tem sido o ingrediente utilizado

[31] Ressalte-se que, mesmo no caso da aplicação de sanções administrativas, talvez seja necessário eventual manifestação do Judiciário. Isso em razão de duas situações. A primeira é que, para surtirem efeitos práticos, algumas sanções, como a multa, dependem da não objeção do sancionado. Nesse caso, ainda que a administração expeça, ela própria, o ato sancionador (multa), precisará o particular pagar a importância. Caso não o faça, em regra, não pode a administração, espontaneamente, confiscar a quantia. Ela então precisará buscar no Judiciário a execução dessa multa. A segunda situação é que, embora algumas sanções possam ter efeitos práticos imediatos, como a proibição para contratar com a administração pública, pode ser que o sancionado conteste sua legalidade junto ao Judiciário, que terá a última análise sobre o cabimento ou não daquela sanção. No entanto, a competência para aplicar a sanção é da própria administração e somente haverá participação do Poder Judiciário no caso de problemas em sua execução.

para qualificar uma sanção como "administrativa".[32] Tal conceituação não está prevista em norma, é essencialmente uma criação da literatura especializada. Decorreu da compreensível ligação feita com a teoria dos atos administrativos e foi utilizada para explicar o ato executado pela administração com efeito punitivo.

Muitos costumam atribuir ao jurista italiano Guido Zanobini, em sua obra *Le sanzioni amministrative*, de 1924, uma das primeiras definições de sanção administrativa, sendo ela uma categoria de ato administrativo, praticado em reação à violação de preceito legal.[33] Da mesma forma, o francês Marcel Waline, em sua obra *Manuél élémentaire de droit administratif*, de 1946, relata que, desde antes de 1940, a jurisprudência do *Conseil d'État* da França reconhecia o poder de a administração pública infligir, ela mesma, atos punitivos não somente a seus próprios funcionários, mas a particulares que descumprissem deveres, como o pagamento de tributos, chamando esses atos de *sanctions administratives*.[34]

Nessa linha, outros autores europeus como Santi Romano e Pierre Wigny desenvolveram definições de sanção administrativa a partir da teoria dos atos administrativos, e adotaram, consequentemente, o critério subjetivo (administração pública) para qualificação da sanção.[35]

Esses autores, cuja produção é feita, em sua maioria, na primeira metade do século XX, reportaram a sanções administrativas com brevidade e utilizaram exemplos sobretudo ligados ao poder disciplinar da administração sobre servidores públicos e a questões fiscais – assuntos intrinsecamente vinculados ao próprio desempenho da atividade administrativa. Em seus livros, é notório que não é despendida maior atenção ao tema, sendo a abordagem feita em poucas páginas e sem considerações mais aprofundadas, restringindo-se, em regra, a comentários para dizer que tais atos existiam.

[32] Celso Antônio Bandeira de Mello, nesse sentido: "Reconhece-se a natureza administrativa de uma infração pela natureza da sanção que lhe corresponde, e reconhece-se a natureza da sanção pela autoridade competente para impô-la. Não há, pois, cogitar de qualquer distinção substancial entre infrações e sanções administrativas e infrações ou sanções penais. O que as aparta é única e exclusivamente a autoridade competente para impor a sanção [...]" (Bandeira de Mello, Celso Antônio. *Curso de direito administrativo*. 32. ed. São Paulo: Malheiros, 2015, p. 871).

[33] Zanobini, Guido. *Le sanzioni amministrative*. Torino: Fratelli Bocca, 1924.

[34] Waline, Marcel. *Manuél élémentaire de droit administratif*. 4. ed. Paris: Recueil Sirey, 1946, p. 366-369.

[35] Romano, Santi. *Corso di diritto amministrativo*. Milão: Padova, 1930; Wigny, Pierre. *Principes généraux du droit administratif*. 2. ed. Bruxelas: E. Bruylant, 1948.

Atenção maior à sanção administrativa começou a ser dada pela doutrina europeia quando o instrumento passou a ser utilizado para regulação pública da economia, durante e após a Segunda Guerra Mundial. Estudo sobre a evolução do tema na Europa, produzido em 1972, por ocasião do 3º Colóquio da Associação de Conselhos de Estado e Supremas Jurisdições Administrativas da União Europeia (*Association of the Councils of State and Supreme Administrative Jurisdictions of the European Union*), com base em levantamentos feitos por Alemanha, Bélgica, França, Itália, Luxemburgo e Holanda, apontou como uma de suas conclusões o seguinte:

> As sanções administrativas existem há muito tempo na maioria dos países em que o direito conhece sanções fiscais e sanções disciplinares adotadas em relação aos funcionários públicos, consideradas sanções administrativas. E se pudéssemos dizer que as sanções administrativas permaneceram, até em 1940, uma "curiosidade jurídica" é que apenas lhes foi dada atenção agora por consequência de sua crescente importância no campo da economia. Os regulamentos de guerra sobre suprimentos foram acompanhados por uma procissão de sanções administrativas. E embora o desenvolvimento da repressão administrativa tenha sido posteriormente desacelerado, ele não foi interrompido.[36]

Entre 1939 e 1945, foram vários os regulamentos editados pelos países europeus para regulamentar a distribuição e o racionamento de comida, bem como para coibir e punir as práticas ilícitas que ocorriam nesse âmbito – a *Instruction du Secrétariat d'Etat à l'Intérieur sur le marché noir et le ravitaillement*, de 24 de fevereiro de 1942, editada pelo estado francês e direcionada a punir pessoas envolvidas no mercado clandestino de suprimentos, é um exemplo.

Nesse contexto, as sanções administrativas foram utilizadas como uma forma eficiente de o governo conseguir dar eficácia às suas medidas regulatórias. A opção por recorrer a sanções dessa natureza decorreu da inadequação das sanções penais, por vezes consideradas muito pesadas ou muito leves e, de qualquer forma, insuficientes às necessidades administrativas, bem como da lentidão e da imprevisibilidade da decisão judicial que poderia aplicá-las. Assim, estava na raiz do aumento do uso do instrumento (considerando parâmetros normativos) a preocupação da adminis-

[36] ASSOCIATION OF THE COUNCILS OF STATE AND SUPREME ADMINISTRATIVE JURISDICTIONS OF THE EUROPEAN UNION. *La Sanction Administrative – Rapport General*. 1972, p. 469, tradução livre.

tração em buscar um sistema de sanção mais flexível, rápido e eficaz, útil para implementar determinadas políticas públicas.[37]

Vale anotar que essa inflação de sanções aconteceu no momento em que, em função da guerra, várias democracias europeias experimentaram algum colapso para uma espécie de *estado de exceção*, como aponta Giorgio Agamben. O autor observa que, nesse período, ocorreu significativa modificação nos limites dos poderes estatais instituídos em regimes democráticos para que houvesse gradativo aumento das capacidades do Poder Executivo em função da situação de emergência provocada pela guerra.[38] Assim, embora justificada no cumprimento de interesses gerais, é necessário perceber que o aumento de sanções administrativas importou no aumento de poder do estado.

Após a guerra, preocupação semelhante motivou a expansão do uso das sanções administrativas para outras conjunturas. Nos anos seguintes, foi com considerações similares que o governo belga, por exemplo, justificou a edição de leis que instituíram um sistema de multas administrativas em matéria de relações trabalhistas, bem como a sanção de fechamento de empresas para garantir o cumprimento da regulação pública de preços – nesse último caso, dava-se competência ao Ministro da Economia para que ordenasse o fechamento temporário, por período não superior a cinco dias, dos estabelecimentos comerciais que não respeitassem os preços regulados.[39]

Passou-se a utilizar sanção também como instrumento de regulação de mercado e das relações da vida privada em que residiam preocupações de cunho social. Nota-se que a motivação que levava à criação dessas sanções era diferente daquela por trás da ideia da sanção como punição para desvios na conduta de funcionários públicos ou para sonegação de imposto.

[37] ASSOCIATION OF THE COUNCILS OF STATE AND SUPREME ADMINISTRATIVE JURISDICTIONS OF THE EUROPEAN UNION. *La Sanction Administrative – Rapport General*. 1972, p. 469, tradução livre.

[38] A expressão "Estado de exceção" é atribuída ao jurista alemão Carl Schmitt e utilizada para descrever uma situação de emergência que justificaria o Estado agir com poderes totalitários, como aquela prevista no art. 48 da Constituição de Weimar. Observando regimes democráticos que, em tempos de guerra, também experimentaram esse incremento de poder do Executivo, ainda que mantendo uma estrutura democrática, outros autores cunharam o termo "ditadura constitucional" para descrever o fenômeno. Cf. AGAMBEN, Giorgio. *State of Exception*. Chicago: The University of Chicago Press, 2005, p. 6.

[39] ASSOCIATION OF THE COUNCILS OF STATE AND SUPREME ADMINISTRATIVE JURISDICTIONS OF THE EUROPEAN UNION. *La Sanction Administrative – Rapport General*. 1972, p. 469.

Não era mais questão de disciplinar e punir condutas que impactavam internamente na atividade administrativa, mas sim uma forma de conformar condutas privadas e punir eventuais transgressões por uma via que se mostrasse mais célere do que a judicial e mais adequada aos objetivos regulatórios do Estado.

Diante dessa nova realidade, a doutrina europeia passou a dedicar mais atenção ao estudo do tema. Obras produzidas nesse momento já davam abordagem mais ampla e condizente com o uso que a administração pública passou a fazer de sanções. Renato Alessi, em 1953, ao dissertar sobre o que chamou de "supremacia especial da administração" em seu livro *Sistema istituzionale del diritto amministrativo italiano*, conceituou sanções administrativas como atos da administração pública cujo propósito era garantir ordem nas atividades geridas pelo Estado.[40]

No Brasil, em linha com a inspiração europeia que lhe animava, a abordagem dada pela produção acadêmica à sanção administrativa surgiu também ligada essencialmente aos temas de funcionalismo público e irregularidade fiscal. Mário Masagão, nas primeiras edições de seu *Curso de direito administrativo*, tratava da matéria brevemente ao dizer que havia atos da administração de caráter punitivo, "como no regime disciplinar dos funcionários públicos, em matéria fiscal, na vigilância do exercício de profissões, etc."[41] Em capítulo intitulado "Responsabilidade dos Funcionários", explicava as sanções administrativas aplicadas a servidores públicos como decorrência do poder disciplinar do Estado.[42] Os autores referidos por Masagão para fundamentar sua explicação eram Guido Zanobini, Claude-Albert Colliard e os uruguaios Enrique Sayagués Laso e Aparicio Méndez – que, por sua vez, também buscavam na Europa suas fontes teóricas.

Themistocles Cavalcanti foi um dos primeiros autores brasileiros a construir maiores reflexões sobre o tema, e dedicou-lhe capítulo próprio em

[40] ALESSI, Renato. *Sistema istituzionale del diritto amministrativo italiano*. Milão: Dott A. Giuffrè, 1953, p. 210-211.

[41] MASAGÃO, Mário. *Curso de direito administrativo*. 3. ed. São Paulo: Max Limonad, 1962, p. 169.

[42] "A faculdade de aplicar, a pessoas que se encontram em determinada situação, penas que não possuem caráter criminal, chama-se Poder Disciplinar. Há manifestações dêle em várias esferas, como no regime escolar, no das prisões, etc. Em relação ao funcionalismo público, cabe o poder disciplinar ao Presidente da República, aos Ministros de Estado, aos chefes de repartição ou de serviço, e a outros superiores hierárquicos do faltoso, de conformidade com a gravidade da infração e com a espécie de pena aplicável (Estatutos, art. 210)" (MASAGÃO, Mário. *Curso de direito administrativo*. 3. ed. São Paulo: Max Limonad, 1962, p. 256).

sua obra *Tratado de direito administrativo*. Tal como seus contemporâneos, a abordagem dada considerava essencialmente as "sanções internas aplicadas aos funcionários públicos e a pessoas que vivem na dependência imediata dos órgãos da administração".[43]

O motivo de ter despendido mais páginas ao tema parece ter sido a preocupação que o autor tinha de rechaçar uma corrente europeia que defendia a independência do "direito disciplinar" em face do direito administrativo. A argumentação construída por Cavalcanti é para sustentar que a atividade disciplinar é inerente às relações da administração com seus funcionários. Talvez por isso é que o autor optou por desenvolver o tópico dentro do título I do livro, chamado *Princípios gerais do direito administrativo*, e não junto com os títulos que tratavam de ato administrativo ou funcionalismo público, como faziam seus pares.

Cavalcanti também tinha preocupação em traçar paralelos entre as sanções administrativa e penal e esclarecer que seus propósitos eram diferentes, embora fosse possível utilizar algumas premissas de direito penal para proceder à operação da sanção aplicada pelo Poder Executivo. Novamente, a literatura utilizada para construir o racional de seu argumento era europeia, sobretudo a italiana.[44]

A lateralidade da sanção administrativa é notável nesses livros e naqueles que lhes sucederam como referências do direito administrativo brasileiro. Inclusive, algumas obras influentes, publicadas pela primeira vez no final da década de 1960 e início da década de 1970, nem sequer se reportavam a sanções administrativas de forma autônoma, e davam a entender que estavam contempladas de maneira ampla pela teoria do ato administrativo, como no *Manual de direito administrativo*, de José Cretella Júnior, que apenas remete ao exemplo de ato punitivo de demissão de servidor público.[45]

Oswaldo Aranha Bandeira de Mello, nas versões iniciais de seu *Princípios gerais de direito administrativo*, também remetia brevemente às sanções administrativas como "penalidade imposta ao elemento ativo do órgão, ao agente público, que transgrediu a disciplina formal a que se sujeitava a sua

[43] Cavalcanti, Themistocles Brandão. *Tratado de direito administrativo*. 3. ed. Rio de Janeiro: Freitas Bastos, 1955, v. I, p. 106.

[44] Cavalcanti, Themistocles Brandão. *Tratado de direito administrativo*. 3. ed. Rio de Janeiro: Freitas Bastos, 1955, v. I, p. 106-117.

[45] Cretella Júnior, José. *Manual de direito administrativo*. Rio de Janeiro: Forense, 1975, p. 345.

ação, penalidade simplesmente disciplinar, e, outrossim, civil, de composição de danos, que acaso defluam da sua desobediência".[46]

Apesar da concisão doutrinária, as sanções administrativas já encontravam previsão há algum tempo na legislação brasileira, e não eram direcionadas somente ao funcionalismo público (estas eram dispostas em normas como o Estatuto dos Funcionários Públicos Civis da União, de 1952 – art. 201 da Lei n. 1.711) ou a infrações tributárias, como aquelas preceituadas no art. 66 da Lei n. 4.502/1964 e nos arts. 116 e 117 do Decreto-Lei n. 37/1966.[47] Nas contratações públicas, por exemplo, a declaração de inidoneidade aparecera em 1922, no Regulamento Geral de Contabilidade Pública (RGCP, art. 741, § 2º, Decreto n. 4.536/1922), e, posteriormente, ela e outras sanções administrativas foram previstas no Decreto-Lei n. 200/1967 (art. 136), que lhe sucedeu na disciplina da celebração de contratos pela administração.

Ou ainda, no setor sucroalcooleiro, era prevista a suspensão do financiamento obtido junto a instituições públicas como sanção a ser aplicada a usinas ou destilarias e aos fornecedores de cana em atraso no pagamento das taxas, sobretaxas e contribuições devidas ao Instituto do Açúcar e do Álcool (IAA), autarquia federal criada em 1933 para fomentar e controlar a produção brasileira de açúcar e álcool (art. 58 da Lei n. 4.870/1965).

Para além de casos dessa natureza, que diziam respeito a sanções ligadas ao adequado funcionamento da própria administração, viu-se no Brasil, em especial a partir da década de 1960, uma expressiva utilização da sanção administrativa também para fins de regulação de atividades econômicas. Novamente no setor sucroalcooleiro, foi prevista a aplicação de multa para usinas e destilarias que deixassem de efetuar o pagamento da cana aos seus fornecedores com base nos preços fixados pelo IAA (art. 5º da Lei n. 4.071/1962).

Em outros casos, estando o Brasil naquele momento submetido a uma ditadura militar, as infrações tinham menos a ver com regulação econômica e eram mais ligadas a questões de "manutenção da ordem" e "defesa nacional". Ainda assim, as sanções tinham por efeito a regulação do mercado.

[46] BANDEIRA DE MELLO, Oswaldo Aranha. *Princípios gerais de direito administrativo*. Rio de Janeiro: Forense, 1974, v. II, p. 127.

[47] A Lei n. 4.502/1964 dispõe sobre o imposto de consumo, e o Decreto-Lei n. 37/1966, sobre o imposto de importação. Para nenhum dos dois normativos consta revogação expressa.

O Código Brasileiro de Telecomunicações (Lei n. 4.117/1962), por exemplo, trouxe as sanções de multa, suspensão para operar, cassação e detenção a serem aplicadas a empresas de radiodifusão que praticassem alguma das infrações previstas na lei (arts. 53 e 59) – constituíam infrações condutas como "ultrajar a honra nacional" e "caluniar, injuriar ou difamar os Poderes Legislativo, Executivo ou Judiciário ou os respectivos membros" (art. 53, *c* e *i*, respectivamente). As sanções eram aplicadas pelo Conselho Nacional de Telecomunicações ou pelo próprio Presidente da República (art. 60).

Outro exemplo foi no setor cinematográfico. Como forma de obrigar os cinemas brasileiros a cumprirem cotas de exibição de conteúdo nacional e constrangê-los a não exibirem filmes proibidos pela censura, o governo federal editou o Decreto-Lei n. 43, em 1966, no qual, além de criar o Instituto Nacional de Cinema, órgão responsável pela regulação do setor, previu penas de multa e interdição de funcionamento de suas salas de exibição para o cinema que praticasse alguma das irregularidades previstas no normativo (arts. 36 e 37).

Vale ainda mencionar que, nesse período, surgiram normas especificamente voltadas a sancionar particulares que praticassem irregularidades de ordem sanitária. Foi editado o Decreto-Lei n. 785/1969, determinando, por exemplo, que poderia punido com advertência, multa, suspensão, impedimento ou interdição temporária ou definitiva, cassação ou cancelamento de registro ou licenciamento, ou intervenção, aquele que deixasse de executar, dificultasse ou se opusesse à execução de medidas sanitárias voltadas à prevenção das doenças transmissíveis e sua disseminação (art. 8º, VIII). Em outro caso, quem exercesse, sem habilitação ou autorização legal, profissões como de enfermagem, técnico em radiologia médica e outras profissões congêneres sujeitas a controle e fiscalização das autoridades sanitárias, poderia ser punido com multa e suspensão temporária ou definitiva do exercício profissional (art. 8º, III).

Posteriormente, em 1977, a Lei n. 6.437 revogou o Decreto-Lei n. 785 e formulou um processo sancionador com sofisticação incomum para os diplomas da época. Além de prever irregularidades e punições, foram estabelecidas formalidades para a lavração do auto de infração (art. 12 e seguintes), possibilidade de recurso da decisão condenatória (arts. 30 a 32), prazo prescricional para punição (art. 38) e até mesmo elementos para a dosimetria da sanção, como agravantes, atenuantes e concurso de irregularidades (arts. 7º, 8º e 9º).

Os exemplos mostram que, no Brasil, tal como já acontecia na Europa desde o período da guerra, as sanções administrativas ganhavam contornos diferentes daqueles dentro dos quais haviam sido originalmente utilizadas. Seu uso não decorria da intenção apenas de garantir o regular funcionamento da administração, mas sim de alcançar objetivos de políticas públicas. As sanções administrativas tornavam-se verdadeiros instrumentos de regulação, capazes de estimular comportamentos e configurar mercados.

A essa altura, algumas discussões relevantes sobre sanções administrativas já eram feitas no Judiciário brasileiro, em especial no STF e no contexto do poder disciplinar da administração sobre agentes públicos. Entre 1953 e o início da década de 1980, o tribunal analisou diversos casos que diziam respeito essencialmente à punição de agentes públicos.[48]

A principal questão jurídica discutida era a interseção entre as instâncias penal e administrativa, tendo o Supremo reiteradamente decidido que a absolvição criminal não impediria a punição administrativa, uma vez que a conduta do servidor poderia não ser tão grave a ponto de justificar a punição penal, mas ser suficiente para ensejar a repressão administrativa. A exceção seria se a absolvição criminal decorresse da conclusão do juízo pela inexistência do fato ou pelo não envolvimento do servidor na prática, casos em que não poderia a administração aplicar sanção.[49] Veja-se:

> Um fato pode não ser bastante grave para autorizar uma pena criminal e ser, no entanto, suficiente para justificar uma pena administrativa, como a demissão. Claro que, negada no crime a existência do fato, ou reconhecido

[48] Cf. RE 22.330/DF – 1ª Turma, rel. Min. Luiz Gallotti, j. 23.04.1953; MS 15.166/DF – Plenário, rel. Min. Luiz Gallotti, j. 02.03.1966; RHC 45.207/PR – 2ª Turma, rel. Min. Evandro Lins, j. 13.02.1968; RE 63.047/SP – Plenário, rel. Min. Gonçalves de Oliveira, j. 14.02.1968; RE 67.837/PR – 1ª Turma, rel. Min. Djaci Falcão, j. 31.10.1969; RE 68.780/GB – 2ª Turma, rel. Min. Bilac Pinto, j. 30.10.1970; RE 80.113/SP – 2ª Turma, rel. Min. Thompson Flores, j. 27.05.1975; RE 81.168/SP – 2ª Turma, rel. Min. Thompson Flores, j. 27.05.1975; RE 75.421 EDv/BA – Plenário, rel. Min. Xavier de Albuquerque, j. 18.09.1975; AR 976/RJ – Plenário, rel. Min. Moreira Alves, j. 14.10.1976; RE 85.191/CE – 1ª Turma, rel. Min. Rodrigues Alckmin, j. 07.06.1977.

[49] Sobre o posicionamento do STF a respeito da independência das instâncias administrativa e penal, cf. Parisio, Isabela de Oliveira. *Independência entre esferas x comunicabilidade de instâncias*: como o STF considera esses conceitos quando se trata das esferas administrativa e penal. Monografia (Iniciação Científica) – Sociedade Brasileira de Direito Público (sbdp), São Paulo, 2016.

não ser seu autor o funcionário, não será possível impor a este a sanção administrativa com base no mesmo fato.[50]

Os casos tratavam de servidores públicos que haviam sido destituídos de suas funções (sanção administrativa), mas, por não terem sido condenados criminalmente, buscavam a anulação da sanção e a reintegração. O argumento da independência de instâncias utilizado pelo STF era baseado no fato de a autoridade administrativa e a autoridade judicial criminal estarem fazendo análises que tinham consequências jurídicas com gravidades distintas – sanções administrativas com efeitos "mais brandos", como repreensão, multa, suspensão e destituição de função; e sanções penais cujos efeitos eram mais graves, como a reclusão e a detenção.

Houve ainda dois casos no Supremo que versaram sobre sanção aplicada em decorrência de débito fiscal do contribuinte, cuja discussão central se dava em torno da adequação de uma sanção administrativa ao regime constitucional então vigente. Nos dois, decidiu-se serem inconstitucionais sanções que importassem na interdição das operações de estabelecimento comercial como forma de o Estado coagir o devedor a saldar seus débitos com a fazenda pública, dizendo que a medida violaria o princípio constitucional do livre exercício de trabalho, ofício ou profissão (art. 153, § 23, da Constituição Federal de 1967, com as emendas de 1969). Foram as decisões do período em que se discutiram os limites materiais da sanção administrativa; o que a administração poderia ou não fazer em termos de punição.[51]

[50] BRASIL. Supremo Tribunal Federal. *Mandado de Segurança 15.166/DF* (Plenário). Demissão a bem do serviço público. Absolvição no juízo criminal. As cominações civis, penais e disciplinares poderão cumular-se [...]. Relator: Min. Luiz Gallotti. Julgamento: 2 de março de 1966, ementa. Disponível em: https://redir.stf.jus.br/paginadorpub/paginador.jsp?docTP=AC&docID=84275. Acesso em: 19 jan. 2023.

[51] BRASIL. Supremo Tribunal Federal (Tribunal Pleno). *Recurso Extraordinário 63.047/SP*. Sanção administrativa. A interdição de transacionar com o Fisco do DL. n. 5, de 1937. Inconstitucionalidade por constituir bloqueio de atividades lícitas. Segurança concedida. Nega-se provimento. Relator: Min. Gonçalves de Oliveira. Julgamento: 14 de fevereiro de 1968. Disponível em: https://jurisprudencia.stf.jus.br/pages/search/sjurl29844/false. Acesso em: 8 nov. 2022; BRASIL. Supremo Tribunal Federal (2. Turma). *Agravo Regimental no Agravo de Instrumento 79.468/MG*. Legitimidade de sanções administrativas que impliquem em restrição a atividade do contribuinte em débito, como meio de alcançar o pagamento de tributo. Entre elas não se inclui a proibição de celebrar o devedor remisso negócio com banco oficial. Agravo regimental improvido. Relator: Min. Djaci Falcão. Julgamento: 2 de dezembro de

Voltando ao âmbito acadêmico, o tema começou a aparecer com mais frequência nas obras brasileiras de direito administrativo com o correr dos anos, sobretudo em "manuais" produzidos a partir do final da década de 1970. Reedições de obras antigas, como as de Oswaldo Aranha Bandeira de Mello e Ruy Cirne Lima, passaram a conter seção específica para sanções administrativas e pararam de associá-las sobretudo a questões de funcionalismo público.[52]-[53]

Em contrapartida, obras lançadas pela primeira vez e ao longo das décadas de 1980 e 1990, como as de Celso Antônio Bandeira de Mello, Odete Medauar, Maria Sylvia Zanella Di Pietro e Lúcia Valle Figueiredo, apresentavam abordagem tímida sobre o tema e mantinham sua associação à teoria dos atos administrativos e ao regime punitivo de servidores públicos. A novidade foi que começaram a comentá-lo também na perspectiva de sanções aplicadas pela administração em contratações públicas.[54]

Porém, a diferença importante dessa literatura em comparação à que lhe antecedeu foi que ela passou a sustentar que ao particular, sancionado em potencial, eram dadas garantias para o exercício de sua defesa semelhantes às que possuía em um processo penal. Ele teria direito a conhecer o fato pelo qual estava sendo acusado, bem como exercer a ampla defesa e o contraditório em um processo específico para apuração da infração administrativa e, se fosse o caso, aplicação da sanção. Essa abordagem estava em linha com o previsto na Constituição Federal de 1988, que havia garantido ao particular o direito à ampla defesa e ao contraditório mesmo em processos administrativos (art. 5º, LV).

No período, o primeiro argumento mais forte sobre o tema parece ter sido feito não em manuais, mas no artigo acadêmico de Carlos Ari

1980. Disponível em: https://jurisprudencia.stf.jus.br/pages/search/sjur77734/false. Acesso em: 8 nov. 2022.

52 BANDEIRA DE MELLO, Oswaldo Aranha. *Princípios gerais de direito administrativo*. 3. ed. São Paulo: Malheiros, 2007, v. I, p. 569-575. A obra foi uma republicação de sua última versão, confeccionada em 1979, conforme dispõe o prefácio escrito por Celso Antônio Bandeira de Mello.

53 LIMA, Ruy Cirne. *Princípios de direito administrativo*. 5. ed. São Paulo: Revista dos Tribunais, 1982, p. 215-219.

54 Cf. BANDEIRA DE MELLO, Celso Antônio. *Elementos de direito administrativo*. 2. ed. São Paulo: Revista dos Tribunais, 1991; MEDAUAR, Odete. *Direito administrativo moderno*. São Paulo: Revista dos Tribunais, 1996; DI PIETRO, Maria Sylvia Zanella. *Direito administrativo*. São Paulo: Atlas, 1990; FIGUEIREDO, Lúcia Valle. *Curso de direito administrativo*. 2. ed. São Paulo: Malheiros, 1995.

Sundfeld, "A defesa nas sanções administrativas", de 1985. Nele, o autor sustentou que seria necessário sistematizar um processo administrativo sancionador em função de cinco elementos: oportunidade de defesa anterior à punição; publicidade do procedimento; motivação do ato punitivo; decisão tomada com base nos elementos dos autos; e direito do particular ao recurso.[55] Atente-se que o ano de publicação do artigo mostra que, mesmo antes da promulgação da Constituição Federal, a literatura especializada já apresentava preocupação com a defesa do particular perante a administração pública.

Paralelamente, na legislação, a partir da década de 1990, proliferaram previsões de sanções que poderiam ser aplicadas por órgãos e entidades administrativas com intuito de garantir o bom funcionamento do mercado. O Conselho Administrativo de Defesa Econômica (Cade), cuja competência sancionadora anteriormente se restringia a multar empresas que abusassem de seu poder econômico (art. 44, *c*, da Lei n. 4.137/1962), passou a também poder proibir empresas de contratarem com instituições financeiras oficiais e de participarem de licitações, entre outras possibilidades punitivas (arts. 23 e 24 da Lei n. 8.884/1994). De modo similar, as agências reguladoras criadas naquele período foram dotadas de competência punitiva sobre agentes regulados que praticassem irregularidades em sua prestação de serviço.

Nesse momento, os casos que chegavam ao STF continuavam a tratar essencialmente de funcionalismo público. A diferença foi apenas de que o tribunal passou a tratar também de sanções aplicadas a militares (anteriormente, os casos diziam respeito apenas a servidores civis). Nessas decisões, o Supremo, seguindo as novas premissas constitucionais e os argumentos doutrinários, começou a impor a necessidade de a autoridade administrativa sancionadora observar o direito de defesa do servidor em processo administrativo prévio à aplicação da sanção.[56]

Relevante ressaltar que, mesmo nesse contexto de aumento e diversificação das previsões normativas sancionadoras, observado desde os anos 1960, foram poucas as produções acadêmicas brasileiras dedicadas especificamente à sanção administrativa. Talvez a primeira a trabalhar o tema

[55] SUNDFELD, Carlos Ari. A defesa nas sanções administrativas. *Revista Forense*, Rio de Janeiro, v. 298, p. 99-106, 1985.

[56] Cf. RE 197.649/SP – Plenário, rel. Min. Carlos Velloso, j. 04.06.1997; RE 199.800/SP – Plenário, rel. Min. Carlos Velloso, j. 04.06.1997; RE 168.612/SP – 2ª Turma, rel. Min. Carlos Velloso, j. 10.11.1997; RE 206.971/SP – 1ª Turma, rel. Min. Moreira Alves, j. 18.04.2000.

de modo autônomo tenha sido a de Fábio Medina Osório, *Direito administrativo sancionador*, lançada em 2000.[57]

Na Faculdade de Direito da Universidade de São Paulo, por exemplo, conforme levantamento feito por Fernando Dias Menezes de Almeida sobre teses e dissertações elaboradas entre 1933 e 2012, apenas oito trataram do tema com algum destaque. As pesquisas realizadas nesse longo intervalo se dedicaram mais amplamente a temas como teoria do ato administrativo (em especial, até o início dos anos 1990), regulação e contratações públicas (dos anos 1990 em diante).[58]

No Programa de Pós-Graduação da Faculdade de Direito da Pontifícia Universidade Católica de São Paulo, considerada a década de 1990 e o início dos anos 2000, é possível encontrar duas obras dedicadas ao tema, ambas orientadas por Celso Antônio Bandeira de Mello e publicadas na coleção de livros por ele coordenada, *Temas de direito administrativo*.[59]

No geral, essas produções assumiram dois perfis: ou preocuparam-se em conceituar sanção administrativa e sistematizar um regime jurídico para sua aplicação considerando limites e garantias principiológicas, ou buscaram analisar desafios da aplicação de sanções administrativas em contextos específicos, também para estabelecer um regime jurídico formal que deveria ser observado – por exemplo, no tema ambiental e em acordos substitutivos de sanção. Apesar de poucas, elas aprofundaram a construção do tema, que, *grosso modo*, havia sido objeto apenas de análises modestas em manuais.

[57] OSÓRIO, Fábio Medina. *Direito administrativo sancionador*. 2. ed. São Paulo: Revista dos Tribunais, 2005.

[58] São elas: em 1969, *Do poder disciplinar na administração pública*, de Carlos Schmidt de Barros Júnior; em 1985, *O ilícito administrativo*, de Edmir Netto de Araújo; em 2002, *Sanções administrativas ambientais*, de Anadil Abujabra Amorim; em 2004, *O poder sancionatório na administração pública*, de Dora Maria de Oliveira Ramos; em 2005, *Acordos ambientais*, de Nelson de Freitas Porfírio Júnior; em 2008, *A sanção no direito administrativo brasileiro*, de Maysa Abrahão Tavares Verzola; em 2010, *Atuação administrativa consensual*: estudos dos acordos substitutivos no processo administrativo sancionador, de Juliana Bonacorsi de Palma; em 2012, *Os limites do poder discricionário da administração pública na imposição de sanções administrativas*: análise das sanções aplicáveis pelo Banco Central do Brasil, de Eduardo Tognetti (ALMEIDA, Fernando Dias Menezes de. *Formação da teoria do direito administrativo no Brasil*. São Paulo: Quartier Latin, 2015, p. 315- 319 e 377-390).

[59] São elas: *Sanções administrativas*, de Daniel Ferreira, publicada em 2001; e *Princípios constitucionais de direito administrativo sancionador*, de Rafael Munhoz de Mello, publicada em 2007.

Ressalte-se que a obra de Medina Osório destoou das demais por lançar uma corrente que também considera sanção administrativa aquela com efeitos produzidos no âmbito da administração pública, mas cuja competência originária para imposição é do Poder Judiciário, e rechaça a autoridade sancionadora como elemento definidor do conceito. Esse, no entanto, é o entendimento isolado do autor; a doutrina majoritária segue conceituando sanção administrativa em função de a própria administração ser a autoridade sancionadora.[60,61]

De fato, a definição dada por Medina Osório à sanção administrativa mistura sanções com regimes jurídicos de processamento muito diferentes entre si. Sanções aplicadas pela administração seguem ritos processuais próprios, diversos daquele observado por sanções aplicadas pelo Judiciário. Prazos, competências, recursos, acordos substitutivos e muitos outros temas tornam essa ótica da produção de efeitos um tanto quanto confusa para classificar sanções como administrativas, pois coloca sanções submetidas a procedimentos diferentes em uma mesma categoria.

De qualquer forma, a provocação feita pelo autor joga luz a fato relevante: há outras sanções, externas ao Executivo, que impactam na gestão pública. E, de maneira geral, essas obras, gerais ou específicas, não problematizaram a integração na aplicação das diferentes sanções com base em uma mesma conduta.

Por fim, é necessário mencionar que, em 2018, Alice Voronoff lançou obra que assumiu perfil diferente daquelas que lhe antecederam. Em *Direito*

[60] Veja-se: "Consiste a sanção administrativa, portanto, em um mal ou castigo, porque tem efeitos aflitivos, com alcance geral e potencialmente *pro futuro*, imposto pela Administração Pública, materialmente considerada, pelo Judiciário ou por corporações de direito público, a um administrado, jurisdicionado, agente público, pessoa física ou jurídica, sujeitos ou não a especiais relações de sujeição com o Estado, como consequência de uma conduta legal, tipificada em norma proibitiva, com uma finalidade repressora ou disciplinar, no âmbito de aplicação formal ou material do Direito Administrativo" (Osório, Fábio Medina. *Direito administrativo sancionador*. 2. ed. São Paulo: Revista dos Tribunais, 2005, p. 104).

[61] Por todos, Rafael Munhoz de Mello: "[...] não parece correta a posição de Fábio Medina Osório, que entende que 'juízes podem impor sanções administrativas, ainda que no desempenho de atividades jurisdicionais, desde que habilitados pelo legislador.' Ora 'no desempenho de atividades jurisdicionais' os magistrados exercem função jurisdicional, e não administrativa. Se não exercem função administrativa, seus atos não são disciplinados pelo direito administrativo; não se há de falar, portanto, em direito administrativo sancionador" (Mello, Rafael Munhoz de. *Princípios constitucionais de direito administrativo sancionador*. São Paulo: Malheiros, 2007, p. 67).

administrativo sancionador no Brasil, a autora propôs modelo diferenciado de aplicação de sanção a partir de premissas de legalidade e interpretação do poder sancionador da administração. Em suma, sustenta que sanções administrativas devem ser enxergadas como instrumentos da administração para implementação de fins públicos e não somente como forma de punição do particular, e, com base nesse racional, ser aplicadas respeitando os parâmetros legais instituídos.[62]

1.2.2. Sanção de contas

A *sanção de contas* é operada na jurisdição dos tribunais de contas. A Constituição Federal de 1988 foi a primeira a prever expressamente competência sancionadora para o TCU exercer sobre aqueles sujeitos ao seu controle – tendo estendido o regime de organização, composição e fiscalização do TCU a tribunais de contas estaduais e municipais (art. 75).[63] Em seus arts. 70, *caput* e parágrafo único, e 71, *caput* e inciso VIII, o diploma constitucional dispõe:

> Art. 70. A fiscalização contábil, financeira, orçamentária, operacional e patrimonial da União e das entidades da administração direta e indireta, quanto à legalidade, legitimidade, economicidade, aplicação das subvenções e renúncia de receitas, será exercida pelo Congresso Nacional, mediante controle externo, e pelo sistema de controle interno de cada Poder.
>
> Parágrafo único. Prestará contas qualquer pessoa física ou jurídica, pública ou privada, que utilize, arrecade, guarde, gerencie ou administre dinheiros, bens e valores públicos ou pelos quais a União responda, ou que, em nome desta, assuma obrigações de natureza pecuniária.
>
> Art. 71. O controle externo, a cargo do Congresso Nacional, será exercido com o auxílio do Tribunal de Contas da União, ao qual compete:
>
> [...]

[62] VORONOFF, Alice. *Direito administrativo sancionador no Brasil*: justificação, interpretação e aplicação. Belo Horizonte: Fórum, 2018.

[63] Constituição Federal de 1988: "Art. 75. As normas estabelecidas nesta seção aplicam-se, no que couber, à organização, composição e fiscalização dos Tribunais de Contas dos Estados e do Distrito Federal, bem como dos Tribunais e Conselhos de Contas dos Municípios" (BRASIL. *Constituição da República Federativa do Brasil de 1988*. Brasília: Presidência da República, 1988. Disponível em: http://www.planalto.gov.br/ccivil_03/constituicao/constituicaocompilado.htm. Acesso em: 3 nov. 2022).

> VIII – aplicar aos responsáveis, em caso de ilegalidade de despesa ou irregularidade de contas, as sanções previstas em lei, que estabelecerá, entre outras cominações, multa proporcional ao dano causado ao erário;[64]

Com base nesses dispositivos, quando constatada ilegalidade de despesa ou irregularidade de contas, há três grupos de particulares submetidos ao poder sancionador do TCU: (i) aqueles que gerenciem dinheiro, bens ou valores públicos; (ii) aqueles que gerenciem recursos, mesmo que privados, pelos quais a União responda; (iii) aqueles que, em nome da União, assumam obrigações de natureza pecuniária.

Apesar da amplitude do termo "responsáveis", utilizado pela Constituição (art. 71, VIII), existe algum consenso no entendimento de que o TCU detém poderes sancionadores sobre integrantes da administração pública direta e indireta, bem como sobre particulares externos à estrutura estatal que recebem e gerem recursos públicos – como as entidades do terceiro setor.[65]

Há polêmica, contudo, sobre se o regime constitucional teria permitido ao TCU aplicar sanção sobre particulares contratados pela administração.[66] É que não é óbvio conceituar como "públicos" os recursos recebidos por esses contratados depois que saíram dos cofres da administração e entraram no patrimônio privado. Embora públicos na origem, tais recursos ganham natureza privada uma vez internalizados pelo contratado como remuneração pelo serviço prestado, de modo que ele não estaria *utilizando*, *arrecadando*, *guardando*, *gerenciando* ou *administrando* recursos públicos e, portanto, não restaria abarcado pelo texto constitucional. Apesar disso, a Lei Orgânica do TCU (LOTCU) previu sanção específica a ser aplicada a particulares contratados pela administração.

[64] BRASIL. *Constituição da República Federativa do Brasil de 1988*. Brasília: Presidência da República, 1988. Disponível em: http://www.planalto.gov.br/ccivil_03/constituicao/constituicaocompilado.htm. Acesso em: 3 nov. 2022.

[65] Rosilho, André. *Tribunal de Contas da União*: competências, jurisdição e instrumentos de controle. São Paulo: Quartier Latin, 2019, p. 186.

[66] Cf. Gabriel, Yasser; Rosilho, André. É constitucional a inidoneidade declarada pelo TCU? *Jota*, 21 out. 2020. Disponível em: https://www.jota.info/opiniao-e-analise/colunas/controle-publico/constitucional-inidoneidade-declarada-tcu-21102020. Acesso em: 13 nov. 2020.

A LOTCU traz duas sanções principais que podem ser utilizadas pela Corte de Contas: a *multa* (arts. 56, 57 e 58, *caput* e incisos)[67] e a *declaração de inidoneidade*, cujo efeito é a proibição para contratar com a administração pública (art. 46).[68] Elas têm eficácia imediata: a inidoneidade gera a restrição de direitos assim que é aplicada, passando o sancionado a não mais poder participar de procedimentos de contratação pública; a multa, se direcionada a gestores públicos, será descontada nos salários, vencimentos ou proventos do sancionado.[69]

[67] LOTCU: "Art. 56. O Tribunal de Contas da União poderá aplicar aos administradores ou responsáveis, na forma prevista nesta Lei e no seu Regimento Interno, as sanções previstas neste capítulo. Art. 57. Quando o responsável for julgado em débito, poderá ainda o Tribunal aplicar-lhe multa de até cem por cento do valor atualizado do dano causado ao Erário. Art. 58. O Tribunal poderá aplicar multa de Cr$ 42.000.000,00 (quarenta e dois milhões de cruzeiros), ou valor equivalente em outra moeda que venha a ser adotada como moeda nacional, aos responsáveis por: I – contas julgadas irregulares de que não resulte débito, nos termos do parágrafo único do art. 19 desta Lei; II – ato praticado com grave infração à norma legal ou regulamentar de natureza contábil, financeira, orçamentária, operacional e patrimonial; III – ato de gestão ilegítimo ou antieconômico de que resulte injustificado dano ao Erário; IV – não atendimento, no prazo fixado, sem causa justificada, a diligência do Relator ou a decisão do Tribunal; V – obstrução ao livre exercício das inspeções e auditorias determinadas; VI – sonegação de processo, documento ou informação, em inspeções ou auditorias realizadas pelo Tribunal; VII – reincidência no descumprimento de determinação do Tribunal. § 1º Ficará sujeito à multa prevista no *caput* deste artigo aquele que deixar de dar cumprimento à decisão do Tribunal, salvo motivo justificado. § 2º O valor estabelecido no *caput* deste artigo será atualizado, periodicamente, por portaria da Presidência do Tribunal, com base na variação acumulada, no período, pelo índice utilizado para atualização dos créditos tributários da União. § 3º O Regimento Interno disporá sobre a gradação da multa prevista no *caput* deste artigo, em função da gravidade da infração" (BRASIL. *Lei n. 8.443, de 16 de julho de 1992.* Dispõe sobre a Lei Orgânica do Tribunal de Contas da União e dá outras providências. Brasília: Presidência da República, 1992. Disponível em: https://www.planalto.gov.br/ccivil_03/Leis/L8443.htm#:~:text=Lei%20N%C2%BA%20 8.443%2C%20DE%2016%20DE%20JULHO%20DE%201992.&text=Disp%C3%B5e%20 sobre%20a%20Lei%20Org%C3%A2nica,Uni%C3%A3o%20e%20d%C3%A1%20outras%20 provid%C3%AAncias. Acesso em: 3 nov. 2022).

[68] LOTCU: "Art. 46. Verificada a ocorrência de fraude comprovada à licitação, o Tribunal declarará a inidoneidade do licitante fraudador para participar, por até cinco anos, de licitação na Administração Pública Federal" (BRASIL. *Lei n. 8.443, de 16 de julho de 1992.* Dispõe sobre a Lei Orgânica do Tribunal de Contas da União e dá outras providências. Brasília: Presidência da República, 1992. Disponível em: https://www.planalto.gov.br/ccivil_03/Leis/L8443. htm#:~:text=Lei%20N%C2%BA%208.443%2C%20DE%2016%20DE%20JULHO%20DE%20 1992.&text=Disp%C3%B5e%20sobre%20a%20Lei%20Org%C3%A2nica,Uni%C3%A3o%20 e%20d%C3%A1%20outras%20provid%C3%AAncias. Acesso em: 3 nov. 2022).

[69] LOTCU: "Art. 28. Expirado o prazo a que se refere o *caput* do art. 25 desta Lei, sem manifestação do responsável, o Tribunal poderá: I – determinar o desconto integral ou parcelado

A LOTCU ainda prevê que, quando a irregularidade verificada pelo tribunal for considerada grave pela maioria absoluta de seus ministros, a multa pode vir acompanhada da *inabilitação*, por um período de cinco a oito anos, do particular sancionado para exercício de cargo em comissão ou função de confiança na administração pública (art. 60).[70] Em todos os casos, é possível que o sancionado questione a adequação da sanção no Judiciário e obtenha eventual reversão de seus efeitos.

É possível extrair das previsões legais que a multa – e, consequentemente, a inabilitação – se destina a gestores públicos e a "responsáveis" quando eles: (i) causem dano à administração; (ii) pratiquem ato irregular, ainda que sem dano à administração; e (iii) não cooperem com a fiscalização do tribunal ou descumpram reiteradamente determinação sua. Os parâmetros para a avaliação sobre se uma conduta se enquadra em alguma dessas situações são amplos e dão margem para que o tribunal analise, caso a caso, se, em sua percepção, o ato justifica sanção.

Como exemplo dessa amplitude, cita-se o art. 58, *caput* e inciso II, que prevê que o tribunal poderá aplicar multa aos responsáveis "por ato praticado com grave infração à norma legal ou regulamentar de natureza contábil, financeira, orçamentária, operacional e patrimonial". Sobre o inciso,

da dívida nos vencimentos, salários ou proventos do responsável, observados os limites previstos na legislação pertinente; ou II – autorizar a cobrança judicial da dívida por intermédio do Ministério Público junto ao Tribunal, na forma prevista no inciso III do art. 81 desta Lei" (BRASIL. *Lei n. 8.443, de 16 de julho de 1992.* Dispõe sobre a Lei Orgânica do Tribunal de Contas da União e dá outras providências. Brasília: Presidência da República, 1992. Disponível em: https://www.planalto.gov.br/ccivil_03/Leis/L8443.htm#:~:text=Lei%20N%C2%BA%20 8.443%2C%20DE%2016%20DE%20JULHO%20DE%201992.&text=Disp%C3%B5e%20 sobre%20a%20Lei%20Org%C3%A2nica,Uni%C3%A3o%20e%20d%C3%A1%20outras%20 provid%C3%AAncias. Acesso em: 3 nov. 2022).

70 LOTCU: "Art. 60. Sem prejuízo das sanções previstas na seção anterior e das penalidades administrativas, aplicáveis pelas autoridades competentes, por irregularidades constatadas pelo Tribunal de Contas da União, sempre que este, por maioria absoluta de seus membros, considerar grave a infração cometida, o responsável ficará inabilitado, por um período que variará de cinco a oito anos, para o exercício de cargo em comissão ou função de confiança no âmbito da Administração Pública" (BRASIL. *Lei n. 8.443, de 16 de julho de 1992.* Dispõe sobre a Lei Orgânica do Tribunal de Contas da União e dá outras providências. Brasília: Presidência da República, 1992. Disponível em: https://www.planalto.gov.br/ccivil_03/Leis/L8443. htm#:~:text=Lei%20N%C2%BA%208.443%2C%20DE%2016%20DE%20JULHO%20DE%20 1992.&text=Disp%C3%B5e%20sobre%20a%20Lei%20Org%C3%A2nica,Uni%C3%A3o%20 e%20d%C3%A1%20outras%20provid%C3%AAncias. Acesso em: 3 nov. 2022).

André Rosilho e Marcia Pelegrini apontam que são inúmeros os parâmetros normativos (leis e regulamentos) e qualitativos (contábeis, financeiros, orçamentários, operacionais e patrimoniais) que podem ser utilizados pelo TCU para avaliação de conformidade da conduta praticada ao ordenamento jurídico, o que gera grande dificuldade para identificar, *a priori*, condutas que são ou não passíveis de sanção.[71]

Já a declaração de inidoneidade é direcionada a licitantes ou contratados que tenham fraudado licitação e, por isso, restarão impedidos de disputar novos contratos públicos por até cinco anos. Pela literalidade da lei, a sanção seria destinada especificamente a licitantes, mas o TCU reiteradamente já decidiu que pode aplicá-la a contratados em geral da administração pública.[72]

A atividade sancionadora do TCU naturalmente tem causa e consequência na gestão pública. Afinal, sua própria existência é justificada pelo controle que o tribunal realiza sobre a administração. O órgão, criado em 1890 por iniciativa de Rui Barbosa, então Ministro da Fazenda do Governo Provisório, teve em sua origem a preocupação com o controle orçamentário da União, cuja contabilidade era tida como problemática. Na exposição de motivos que acompanhou o Decreto-Lei n. 966-A, instituidor do órgão, Rui Barbosa dizia:

> É, entre nós, o sistema de contabilidade orçamentária defeituoso em seu mecanismo e fraco de sua execução. O Governo Provisório reconheceu a urgência inadiável de reorganizá-lo; e a medida que vem propor-vos é a criação de um Tribunal de Contas, corpo de magistratura intermediaria à administração e à legislatura, que, colocado em posição autônoma, com atribuições de revisão e julgamento, cercado de garantias – contra quaisquer ameaças, possa exercer as suas funções vitais no organismo constitucional, sem risco de converter-se em instituição de ornato aparatoso e inútil. [...] A necessidade de confiar a revisão de todas as operações orçamentárias da receita e despesa a uma corporação com as atribuições que vimos de expor, está hoje reconhecida em todos os países, e satisfeita em quase todos os sistemas de governo estabelecidos, que apenas divergem quanto à escolha dos moldes;

[71] PELEGRINI, Marcia. *A competência sancionatória do Tribunal de Contas*: contornos constitucionais. Belo Horizonte: Fórum, 2014, p. 131; ROSILHO, André. *Tribunal de Contas da União*: competências, jurisdição e instrumentos de controle. São Paulo: Quartier Latin, 2019, p. 193.

[72] Cf. Acórdão 1.280/2018 – Plenário, rel. Min. Benjamin Zymler, j. 06.06.2018.

havendo não menos de quatorze constituições, onde se consigna o princípio do Tribunal de Contas.[73]

O intuito era constituir um órgão autônomo que colocasse ordem na contabilidade pública, à luz do que faziam outros países. Alfredo Buzaid, antigo ministro do STF, em artigo que analisava o histórico de criação do órgão e suas funções, publicado em 1967, disse que o movimento foi compreensível em face das dificuldades práticas que teria o Poder Legislativo para fiscalizar diretamente o orçamento público:

> Nada mais natural, pois, que o corpo legislativo, que votou a lei orçamentária, lhe verificasse o cumprimento. Como, no entanto, esta atribuição dificilmente poderia ser exercida pela casa dos representantes, porque lhe absorveria uma parte considerável do tempo que deve ser dedicado à elaboração legislativa, o direito moderno dos povos civilizados houve por bem confiá-la a uma corporação distinta, chamada *Tribunal de Contas*, para que sua atividade, exercida de modo permanente, ficasse a salvo das agitações políticas.[74] (Grifo do autor)

Pouco tempo após a edição do Decreto-Lei n. 966-A, adveio a Constituição da República de 1891 e, com ela, a constitucionalização do órgão de contas. Dali em diante, todas as Constituições brasileiras trouxeram previsões a respeito das competências do TCU.[75] No entanto, não foi até o diploma de 1988 que se estipulou expressamente a sua competência sancionadora. Anteriormente, a possibilidade de o TCU aplicar sanções já existia, mas havia sido disciplinada exclusivamente por meio de normas infraconstitucionais.

O resgate dessas normas, antecedentes à Constituição Federal de 1988, revela quais eram os sujeitos que historicamente estiveram submetidos à jurisdição de contas, quais deles eram alcançados pela competência sancionadora do TCU e por quais motivos poderiam ser sancionados. Também demonstra que o termo "responsáveis" – presente na Constituição Federal

[73] Barbosa, Rui. A exposição de motivos de Rui Barbosa sobre a criação do TCU. *Revista do Tribunal de Contas da União*, [*s. l.*], n. 82, p. 254-256, out. 1999.

[74] Buzaid, Alfredo. O Tribunal de Contas no Brasil. *Revista da Faculdade de Direito da Universidade de São Paulo*, São Paulo, v. 62, n. 2, p. 37, 1967.

[75] Cf. Medauar, Odete. *Controle da administração pública*. 3. ed. São Paulo: Revista dos Tribunais, 2014, p. 136-138.

de 1988 – sempre foi utilizado para designar aqueles obrigados a prestarem contas ao tribunal. Ao usarem o termo, essas normas se reportavam essencialmente a agentes públicos e privados responsáveis pela gestão e guarda de valores ou bens públicos.

Porém, nem todos os responsáveis sujeitos à fiscalização do tribunal poderiam ser sancionados. Ser responsável perante a Corte de Contas não necessariamente significava poder ser por ela punido. Além disso, particulares contratados pela administração pública para execução de obras, serviços ou fornecimento de bens, até a LOTCU de 1992, nunca haviam sido considerados responsáveis perante o TCU, tampouco estavam submetidos a sanções do tribunal.

No ano seguinte à criação do TCU, em 1892, foi editado o Decreto n. 1.166, cujo Capítulo II disciplinava jurisdição, competências e atribuições do tribunal. De largada, era declarado que a jurisdição de contas abrangia todos os responsáveis por dinheiros e valores pertencentes à República (art. 27).[76] Na sequência, dispunha que competia ao tribunal fazer fiscalizações de dois tipos: (i) exame e revisão de contas ministeriais; e (ii) tomada das contas dos responsáveis por dinheiros e valores pertencentes à República (art. 29, §§ 1º e 2º).

Apesar de ambas dizerem respeito ao controle do patrimônio público, eram situações diferentes. Na primeira, cabia ao TCU examinar todos os atos ministeriais suscetíveis de criar despesas, registrá-los, se estivessem de acordo com a legalidade, e comparar os balanços que realizava com os resultados financeiros apresentados pelo governo. Era uma fiscalização que olhava para a movimentação financeira do órgão e permitia despesas mediante seus registros (art. 30, §§ 1º a 4º).

A segunda fiscalização tinha caráter pessoal. O TCU olhava para as contas dos responsáveis por valores e bens públicos e julgava sua regularidade (art. 31, §§ 1º a 11). O termo "responsáveis" era utilizado para designar agentes públicos ou particulares que tivessem sob sua guarda patrimônio público. Segundo o decreto, era nessa tomada de contas que poderia ser

[76] Decreto n. 1.166/1892: "Art. 27. A jurisdicção do Tribunal de Contas abrange todos os responsaveis por dinheiros e valores pertencentes á Republica, ainda mesmo no caso de residirem fóra do paiz" (BRASIL. Câmara dos Deputados. *Decreto n. 1.166, de 17 de dezembro de 1892*. Dá regulamento para execução da lei n. 23 de 30 de outubro de 1891, na parte referente ao Ministerio da Fazenda. Disponível em: https://www2.camara.leg.br/legin/fed/decret/1824-1899/decreto-1166-17-dezembro-1892-523025-publicacaooriginal-1-pe.html. Acesso em: 7 nov. 2022).

manifestado o poder sancionador do tribunal. A situação era específica: ele imporia multa aos responsáveis que não apresentassem as contas, os livros e os documentos de sua gestão no prazo determinado, o que impediria o tribunal de realizar sua análise (art. 31, § 4º).[77]

Não era prevista no decreto outra situação em que o TCU poderia aplicar multa ou mesmo outro tipo de sanção. O tribunal poderia propor a suspensão e até mesmo a prisão temporária dos responsáveis que faltassem com seus deveres, mas essas eram medidas aplicadas especificamente a agentes públicos pelo ministério ao qual estavam vinculados (art. 31, §§ 2º e 3º). Além disso, tinham natureza de medida preventiva, não de sanção.

Em 1896, sobreveio o Decreto n. 392, editado para "reorganizar" o TCU sem revogar o Decreto n. 1.166. Suas disposições mantiveram as mesmas premissas do decreto anterior relativas aos responsáveis sujeitos à jurisdição de contas (art. 2º) e à aplicação de multa pelo TCU (art. 3º, item 4).[78] Mudanças aconteceram em relação às medidas preventivas: o tribunal passou a poder, ele mesmo, ordenar a prisão e a suspensão dos responsáveis por valores públicos, bem como determinar o sequestro de seus bens (art. 3º, itens 2, 3 e 4).

Também em 1896 foi editado o primeiro Regimento Interno do TCU (RITCU), que submetia à jurisdição de contas todos que, por ato de governo ou contrato, tivessem sob sua guarda e administração valores públicos ou recursos de terceiros pelos quais a União respondesse (arts.

[77] Decreto n. 1.166/1892: "Art. 31. Compete ao Tribunal, na tomada de contas dos responsaveis por dinheiros e valores pertencentes á Republica: [...] § 4º Impôr multas aos responsaveis que não apresentarem as contas, ou os livros e documentos de sua gestão, nos prazos que lhes houverem sido marcados, quando não o tiverem feito nos prescriptos nas leis, regulamentos, instrucções e ordens em vigor" (BRASIL. Câmara dos Deputados. *Decreto n. 1.166, de 17 de dezembro de 1892.* Dá regulamento para execução da lei n. 23 de 30 de outubro de 1891, na parte referente ao Ministerio da Fazenda. Disponível em: https://www2.camara.leg.br/legin/fed/decret/1824-1899/decreto-1166-17-dezembro-1892-523025-publicacaooriginal-1-pe.html. Acesso em: 7 nov. 2022).

[78] Decreto n. 392/1896: "Art. 3º O Tribunal exercita a sua jurisdicção contenciosa: [...] 4) Impondo multas aos responsaveis remissos ou omissos em fazerem a entrega dos livros e documentos para o ajuste de contas nas épocas marcadas nas leis, regulamentos, instrucções e ordens relativos ao assumpto ou nos prazos que lhes forem designados" (BRASIL. Câmara dos Deputados. *Decreto n. 392, de 8 de outubro de 1896.* Reorganiza o Tribunal de Contas. Disponível em: https://www2.camara.leg.br/legin/fed/decret/1824-1899/decreto-392-8-outubro-1896-540205-publicacaooriginal-40163-pl.html. Acesso em: 6 nov. 2022).

73, 74 e 75). A relação contratual mencionada, por óbvio, não dizia respeito a particular remunerado pela União em decorrência da prestação de serviço. Tratava-se de casos em que o particular estivesse guardando ou gerindo valor que não lhe pertencia.[79]

Tal como nos Decretos n. 1.166 e 392, a palavra "responsáveis" era utilizada para designar aqueles que deveriam prestar contas ao tribunal e que, por isso, estavam sujeitos ao seu julgamento. O RITCU foi mais específico na referência: eram tesoureiros, pagadores das despesas, chefes de repartições (arts. 29 e 30) e outros responsáveis por valores públicos, inclusive nas contadorias da guerra e da marinha, dos correios e telégrafos, das estradas de ferro custeadas pelo Estado, nas agências brasileiras em países estrangeiros e nas alfândegas e delegacias fiscais dos estados (art. 24).[80] Vale lembrar que, à época, correios e telégrafos, assim como ferrovias, já

[79] RITCU de 1896: "Art. 73. O gestor de facto de dinheiros publicos só por acto do tribunal póde ser liberado da sua responsabilidade. Art. 74. Todos quanto houverem tido sob sua guarda e administração valores da Republica, por acto do governo ou por contracto, estão adstrictos á prestação de contas perante o tribunal. Art. 75. Estão sujeitos á jurisdicção do tribunal de contas os funccionarios que houverem recebido em nome da Republica depositos de terceiros pelos quaes a Republica responde como obrigada, si taes depósitos forem subtrahidos ou extraviados" (BRASIL. Tribunal de Contas da União. *Regimento Interno do Tribunal de Contas*. Rio de Janeiro, 1896. Disponível em: https://portal.tcu.gov.br/data/files/BA/E5/A2/06/9CB3C710D79E7EB7F18818A8/RITCU_1896_revogado.pdf. Acesso em: 6 nov. 2022).

[80] RITCU de 1896: "Art. 24. O tribunal de contas exerce, como tribunal de justiça, jurisdicção contenciosa, proferindo julgamentos em única instancia sobre as contas dos responsaveis para com a fazenda publica, comprehendidas as tomadas nas contadorias da guerra e da marinha, da administração dos correios e da dos telegraphos, e a das estradas de ferro custeadas pelo estado, sobre as agencias brasileiras em paizes estrangeiros e sobre as tomadas provisoriamente pelas alfândegas e delegacias fiscaes dos estados. [...] Art. 29. Nas contas prestadas mensalmente pelos thesoureiros, pagadores e mais responsaveis dessa natureza, não farão objecto de condemnação como debito os saldos de caixa apurados mensalmente e o tribunal poderá julgar boas as contas prestadas pelo emprego das quantias adiantadas pelo thesouro a taes responsaveis, mencionando, porém, com precisão, os saldos da caixa que passarão á conta do mez seguinte. Art. 30. O tribunal fixará prazo, dento do qual os chefes de repartições e mais estações subordinadas deverão apresentar os livros e documentos da escripturação e lançamento das contas dos dinheiros e valores da republica, para que se possa verificar a tomada annualmente das contas dos responsaveis" (BRASIL. Tribunal de Contas da União. *Regimento Interno do Tribunal de Contas*. Rio de Janeiro, 1896. Disponível em: https://portal.tcu.gov.br/data/files/BA/E5/A2/06/9CB3C710D79E7EB7F18818A8/RITCU_1896_revogado.pdf. Acesso em: 6 nov. 2022).

eram setores custeados e geridos, no todo (correios e telégrafos) ou em parte (ferrovias), pelo Estado.[81]

O TCU poderia entender que esses responsáveis estariam em débito com a fazenda pública. Nesse caso, a decisão traria o valor do débito e condenaria o responsável ao seu pagamento (art. 28).[82] A condenação não tinha natureza de sanção, mas de restituição do prejuízo. Se o condenado não efetuasse o pagamento, o caso seria encaminhado ao Ministério Público, que promoveria a execução judicial da condenação (art. 127).[83]

Não havia, no RITCU de 1896, previsão de sanção a ser aplicada para casos de dano ao erário. Novamente, o que havia era a multa destinada a responsáveis que não apresentassem as contas e os livros de sua gestão à fiscalização do tribunal, o que também alcançava seus respectivos chefes, se tivessem contribuído para o fato (art. 31).[84]

Quanto aos contratos firmados com particulares para prestação de obras, serviços ou fornecimento de bens, não é que o TCU não realizasse nenhuma fiscalização sobre eles. O regime jurídico desenhado em con-

[81] Cf. MESQUITA, Clarissa Ferreira de Melo. *Regime jurídico do setor postal*. São Paulo: Saraiva, 2014, p. 45; SUMMERHILL, William. *Trilhos do desenvolvimento*: as ferrovias no crescimento da economia brasileira 1854-1913. São Paulo: Alfaiatar, 2018, p. 62-63.

[82] RITCU de 1896: "Art. 28. Quando o tribunal julgar o responsavel em debito, fixará em termos precisos na sentença a importância desse debito, e condemnará ao pagamento" (BRASIL. Tribunal de Contas da União. *Regimento Interno do Tribunal de Contas*. Rio de Janeiro, 1896. Disponível em: https://portal.tcu.gov.br/data/files/BA/E5/A2/06/9CB3C710D79E7EB7F18818A8/RITCU_1896_revogado.pdf. Acesso em: 6 nov. 2022).

[83] RITCU de 1896: "Art. 127. Na falta de pagamento do alcance e juros devidos será extrahida na sub-directoria a conta corrente do responsavel e na secretaria cópia autenticada pelo secretario da decisão do tribunal e ambos os documentos serão enviados ao representante do ministerio publico, para que seja promovida judicialmente a execução da condemnação proferida pelo tribunal" (BRASIL. Tribunal de Contas da União. *Regimento Interno do Tribunal de Contas*. Rio de Janeiro, 1896. Disponível em: https://portal.tcu.gov.br/data/files/BA/E5/A2/06/9CB3C710D79E7EB7F18818A8/RITCU_1896_revogado.pdf. Acesso em: 6 nov. 2022).

[84] RITCU de 1896: "Art. 31. Os responsaveis que não apresentarem as contas e os livros de sua gestão, e os chefes que, por omissão ou por facto proprio, derem causa á falta de apresentação de taes contas e livros, nos prazos que o tribunal houver fixado, ou nos legaes, incorrerão nas multas comminadas nos regulamentos respectivos, as quaes serão impostas pelo tribunal de contas, em virtude de representação do directo respectivo" (BRASIL. Tribunal de Contas da União. *Regimento Interno do Tribunal de Contas*. Rio de Janeiro, 1896. Disponível em: https://portal.tcu.gov.br/data/files/BA/E5/A2/06/9CB3C710D79E7EB7F18818A8/RITCU_1896_revogado.pdf. Acesso em: 6 nov. 2022).

junto pelos Decretos n. 1.166, 392 e pelo RITCU instituía um controle prévio das contratações públicas realizado pelo tribunal.

O Decreto n. 1.166 estatuía que contratos de obras públicas, de garantias de juros e subvenções a estradas de ferro, engenhos centrais e navegação, de "importação de imigrantes", de auxílios a "empresas de colonização", de construção de docas e edifícios públicos, e, em geral todos os de compra e venda, seriam submetidos à apreciação da Corte de Contas (art. 37).

Por usa vez, pelo RITCU, o tribunal poderia deixar de registrar esses contratos quando fossem detectadas desconformidades com atos legislativos (art. 20) e, depois de registrados, não autorizar o pagamento de suas prestações caso não fosse comprovada a execução (art. 16, *d*). No entanto, o dever de prestar contas ao tribunal não era do particular contratado, mas da administração contratante, e sobre ele não recaía possibilidade de punição pelo TCU.

Em 1922, com o Decreto 4.536, chamado Código de Contabilidade da União (CCU), as situações que permitiam a incidência da multa foram ampliadas. O CCU mencionava que o tribunal poderia multar funcionários públicos que praticassem, sem ordem de ministro, atos contrários às leis orçamentárias (art. 40); funcionários das diretorias de contabilidade dos ministérios e do TCU que não realizassem a análise e o registro da distribuição dos créditos orçamentários da União (art. 45); e chefes de repartições que não fizessem o empenho de despesas decorrentes de contratos de serviço ou fornecimento (art. 59, *b*).[85] As situações jurídicas aumenta-

[85] CCU: "Art. 40. Os funccionarios administrativos que praticarem, sem ordem escripta dos ministros, actos contrarios a taes leis, incorrerão, além da responsabilidade criminal, em multas de 200$ a 10:000$, que serão impostas pelo Tribunal de Contas e cobradas por meio de descontos da quinta parte dos vencimentos. [...] Art. 45. Aos funccionarios das directorias de Contabilidade dos Ministerios e aos do Tribunal de Contas, com exercicio nas mesmas repartições, inclusive aos que faltarem ao serviço e sem excepção de categoria, será applicada uma multa correspondente aos vencimentos que tiverem de receber durante todo o tempo que exceder aos prazos marcados no art. 42, para a organização de creditos e seu registro e devolução. [...] Art. 59. Ao pagamento de credores da União por serviços ou fornecimentos feitos precederá o seguinte processo: [...] b) os chefes das repartições, logo que receberem as contas, ordenarão que se proceda á verificação da entrada do material da respectiva escripturação, ou da prestação do serviço e, isso apurado, que se faça a classificação da despesa no verso das contas e o devido lançamento destas na escripturação das despesas empenhadas, o que tudo se fará, dentro de oito dias, sob pena de multa imposta na fórma do art. 40" (BRASIL. *Decreto n. 4.536, de 28 de janeiro de 1922.* Organiza o Código de Contabilidade

ram, mas foram todas ligadas a agentes públicos cuja atuação impactasse negativamente em questões orçamentárias da União.

Editado para fins de regular a execução do CCU, o RGCP, também de 1922, reforçava os termos do RITCU de 1986 – que seguia vigente naquele momento no que fosse compatível com o CCU – e especificava ainda mais quais responsáveis deveriam prestar contas ao tribunal. Novamente, o grupo era composto essencialmente de pessoas que ocupassem cargos ligados à gestão pública ou particulares que guardassem valores públicos (arts. 880 e 881).[86]

O RGCP instituiu ainda que, nas tomadas de contas dos cobradores de impostos, dos tesoureiros e dos pagadores, caso fosse apurada alguma irregularidade e o responsável não pagasse em 30 dias a quantia indicada pelo TCU, o tribunal poderia suspendê-lo do exercício do cargo (art. 891).[87] A medida se assemelhava àquela outrora sugerida pelo tribunal, mas aplicada por ministérios.

Nesse contexto, o TCU passava a dispor de mais instrumentos coercitivos para executar suas funções. Podia aplicar diretamente medida cautelar (suspensão de determinados agentes públicos, ordenação de prisão temporária e sequestro de bens) para preservação do patrimônio público

da União. Rio de Janeiro, 1922. Disponível em: https://www.planalto.gov.br/ccivil_03/decreto/Historicos/DPL/DPL4536-1922.htm. Acesso em: 6 nov. 2022).

[86] RGCP de 1922: "Art. 880. A prestação de contas perante o Tribunal estão sujeitos os responsaveis, como: os thesoureiros, pagadores, fies de armazéns, administradores de mesas de rendas, de postos fiscaes, de trapiches e capatazias, de próprios e fazendas da União, os almoxarifes, os claviculários, os collectores, os commissarios, cirurgiões e pharmaceuticos da Armada, os agentes-compradores, os directores de arsenaes e hospitaes, os mestres e contra-mestres das officina dos estabelecimentos industriaes civis e militares, os capitães dos portos, os encarregados dos pharóes, os thesoureiros das caixas econômicas e montes de socorro, os engenheiros dos disctrictos telegraphicos, os administradores e agentes dos correios, estações telegraphicas e de estradas de ferro custeadas pela União, os cobradores, os encarregados dos consulados e todos os outros demais responsaveis por qualquer fórma comprehendidos no art. 876. Art. 881. A essa prestação estão também sujeitos todos quantos receberem dinheiro por adeantamentos ou por comissões, ou tiverem valores sob sua guarda em virtude de contractos com o Governo, e, bem assim, todos os funccionarios estipendiados pelos cofres públicos, que derem causa á perda de valores perda de valores pertencentes á Fazenda Nacional ou pelos quaes esta deva responder, com a excepção prevista no final do art. 876".

[87] RGCP de 1922: "Art. 891. [...] No caso de se apurar qualquer ilegalidade ou desvio de bens publicos, será intimado o responsável para que entre com a respectiva importancia dentro de 30 dias, sob pena de suspensão do exercício do cargo".

e aumentaram as hipóteses de cabimento da multa, agora não mais relacionadas apenas à não apresentação de documentos.

Posteriormente, em 1949, a Lei n. 830 promoveu a reorganização do TCU e revogou as disposições contrárias existentes. No que toca a aspectos sancionatórios, as hipóteses da aplicação de multa instituídas pela legislação anterior foram mantidas (art. 70, II).

Quanto aos jurisdicionados, além daqueles anteriormente previstos, pela primeira vez foi dito que contratados pela administração para realizar obra ou fornecer bens estavam sujeitos à prestação de contas ao tribunal (art. 40).[88] Nessas situações, a competência do TCU se manifestava de duas maneiras: para efetuar o exame prévio de legalidade e o respectivo registro dos contratos celebrados pela administração pública, bem como sua prorrogação, alteração, suspensão ou rescisão (art. 41, II e XIV); e para julgar a legalidade da execução dos contratos e determinar a restituição das cauções apresentadas pelo contratado (arts. 70, VI, e 71).[89]

Embora tenha havido a inclusão expressa dos contratados na jurisdição de contas, a verdade é que não houve grandes novidades, pois ao tribunal

[88] Lei n. 830/1949: "Art. 40. Estão sujeitos à prestação de contas e só por ato do Tribunal de Contas podem ser liberados de sua responsabilidade: I – o gestor dos dinheiros públicos e todos quantos houverem arrecadado, despendido, recebido depósitos de terceiros, ou tenham sob a sua guarda e administração dinheiros, valores e bens da União; II – todos os servidores públicos civis e militares, ou qualquer pessoa ou entidade, estipendiados pelos cofres públicos, ou não, que derem causa à perda, extravio ou estrago de valores, ou de material da União, ou pelos quais seja esta responsável; III – os que se obrigarem por contrato de empreitada ou fornecimento e os que receberem dinheiro por antecipação ou adiantamento; IV – os administradores das entidades autárquicas" (BRASIL. *Lei n. 830, de 23 de setembro de 1949.* Reorganiza o Tribunal de Contas da União. Brasília: Presidência da República, 1949. Disponível em: http://www.planalto.gov.br/ccivil_03/leis/1930-1949/l0830.htm. Acesso em: 3 nov. 2022).

[89] Lei n. 830/1949: "Art. 70. Compete ao Tribunal de Contas, como Tribunal de Justiça: [...] VIII – autorizar a restituição das cauções dos responsáveis, quando constituídas por hipotecas e as aos contratantes, provada a execução ou rescisão legal do contrato. Art. 71. Nenhuma tomada de contas às companhias e emprêsas que tenham concessão ou contrato com o Govêrno Federal para obras públicas, arrendamento de estrada de ferro, obras de portos e outras, quer gozem, ou não, de garantias de juros ou de outros favores, será válida, nem poderá produzir efeito legal, sem que tenham sido acompanhadas por funcionário do Tribunal, especialmente designado, e que deverá assinar as atas respectivas" (BRASIL. *Lei n. 830, de 23 de setembro de 1949.* Reorganiza o Tribunal de Contas da União. Brasília: Presidência da República, 1949. Disponível em: http://www.planalto.gov.br/ccivil_03/leis/1930-1949/l0830.htm. Acesso em: 3 nov. 2022).

já competia realizar a análise e o registro prévio dos contratos celebrados pela administração, bem como verificar sua execução para autorizar pagamentos.

Mudanças mais significativas ocorreram no poder do tribunal para utilizar medidas preventivas. A Lei n. 830 conferiu ao TCU, em termos mais detalhados do que as normas que lhe antecederam, poder para ordenar prisão preventiva, por até três meses, daqueles que, em razão de receio quanto às consequências da fiscalização de contas, tentassem se ausentar ou abandonar função, emprego, comissão ou serviço de que se achavam encarregados, inclusive em virtude de contratos de empreitada. A ordem de prisão poderia ser direcionada a agentes públicos e a particulares contratados pela administração para realização de obras (art. 70, III).[90]

Nesse tempo todo, as consequências da imputação do débito continuaram sujeitas ao Judiciário. Se o agente público ou privado não pagasse o montante devido, o Ministério Público buscaria executar a decisão pela via judicial. Eventuais implicações criminais, por óbvio, também seriam resolvidas nesse âmbito.

Em 1967, durante a ditadura militar, o TCU ganhou uma nova lei orgânica (Decreto-Lei n. 199), que revogou a Lei n. 830 e as demais disposições a ela contrárias. A rigor, continuaram sujeitos à jurisdição do tribunal todos aqueles "responsáveis" que arrecadassem ou gerissem dinheiros, valores e bens da União ou pelos quais ela respondesse, bem como, quando houvesse expressa disposição legal, os administradores da administração indireta e de entidades privadas que fizessem a gestão de recursos públicos (art.

[90] Lei n. 830/1949: "Art. 70. Compete ao Tribunal de Contas, como Tribunal de Justiça: [...] III – ordenar a prisão dos responsáveis que, com alcance julgado em sentença definitiva do Tribunal, ou intimados para dizerem sôbre o alcance verificado em processo corrente de tomada de contas, procurarem ausentar-se furtivamente, ou abandonarem a função, o emprêgo, comissão ou serviço, de que se acharem encarregados, ou que houverem tomado por empreitada. Essa prisão não poderá exceder de três meses. Findo êsse prazo, os documentos que serviram de base à decretação da medida coercitiva, serão remetidos ao Procurador Geral da República, para a instauração do respectivo processo criminal. Essa competência, conferida ao Tribunal, não prejudica a do Govêrno e seus agentes, na forina da segunda parte do artigo 14 da Lei n. 221, de 20 de novembro de 1894, para ordenar imediatamente a detenção provisória do responsável alcançado, até que o Tribunal delibere sôbre esta, sempre que assim o exigir a segurança da Fazenda Nacional" (BRASIL. *Lei n. 830, de 23 de setembro de 1949.* Reorganiza o Tribunal de Contas da União. Brasília: Presidência da República, 1949. Disponível em: http://www.planalto.gov.br/ccivil_03/leis/1930-1949/l0830.htm. Acesso em: 3 nov. 2022).

33). A referência aos contratados, feita expressamente pela primeira vez na Lei n. 830, foi suprimida.

Tal omissão não parece ter sido produto do acaso. Ela também aconteceu em relação à possibilidade de o TCU ordenar a prisão provisória de particulares contratados, mesmo tendo continuado a poder ordenar a dos demais responsáveis, referidos na legislação anterior, que, em decorrência da fiscalização de contas, tentassem abandonar função, emprego, comissão ou serviço de que se achavam encarregados (art. 40, III).

Os poderes sancionadores do TCU também foram substancialmente modificados. De um lado, a hipótese de incidência da multa ficou mais genérica e, consequentemente, mais abrangente. O art. 53 da lei preceituava que as infrações das leis e dos regulamentos relativos à administração financeira sujeitariam seus autores a multa de até dez vezes o valor do maior salário mínimo, independentemente das sanções disciplinares aplicáveis. Porém, de outro, o parágrafo único do dispositivo tirou a competência para a efetiva aplicação da sanção do TCU, que passaria apenas a informar sua conclusão pela necessidade da sanção à autoridade administrativa competente, e, esta sim, poderia aplicá-la.[91] Esses termos foram replicados no segundo RITCU, editado em 1977 em substituição àquele de 1896 (art. 105, *caput*).

A aplicação de multa pelo TCU, no Decreto-Lei n. 199/1967, ficou restrita a uma situação específica: se a autoridade administrativa informada deixasse de aplicar a multa decorrente de infração à legislação financeira. Nesse caso, uma multa, limitada a 50% dos vencimentos mensais da autoridade, seria efetivamente aplicada pelo próprio TCU a essa autoridade administrativa (art. 51, parágrafo único, do Decreto-Lei n. 199/1967 c/c art. 105, parágrafo único, do RITCU de 1977).[92]

[91] Decreto-Lei n. 199/1967: "Art. 53. As infrações das leis e regulamentos relativos à administração financeira, sujeitarão seus autores a multa não superior a 10 (dez) vêzes o valor do maior salário-mínimo, independentemente das sanções disciplinares aplicáveis. Parágrafo único. A multa de que trata o presente artigo será, à vista da comunicação feita pelo Tribunal, imposta pela autoridade administrativa que, não atendendo a esta disposição, ficará sujeita às penas disciplinares e à multa referidas no parágrafo único do art. 51" (BRASIL. *Decreto-Lei n. 199, de 25 de fevereiro de 1967.* Dispõe sôbre a Lei Orgânica do Tribunal de Contas da União e dá outras providências. Brasília: Presidência da República, 1967. Disponível em: http://www.planalto.gov.br/ccivil_03/decreto-lei/1965-1988/del0199.htm. Acesso em: 3 nov. 2022).

[92] Decreto-Lei n. 199/1967: "Art. 51. O Tribunal de Contas fixará prazo para conclusão dos expedientes necessários à aplicação das penas referidas no art. 49. Parágrafo único. Aos

Note-se que, mesmo com o alargamento das hipóteses de incidência da multa, particulares contratados não chegaram a ser abrangidos pela previsão legal. O dispositivo claramente se referia a agentes públicos ou privados que faziam gestão financeira de recursos e bens públicos e, por isso, estavam submetidos a normas da administração financeira. A menção feita à aplicação de sanções disciplinares e à multa reforça o fato de que eram sobretudo agentes públicos o alvo da punição. Também é relevante apontar que, com essas normas, pela primeira vez foram estabelecidos limites nominais para o valor das multas decorrentes da fiscalização de contas.

O regime criado pelo Decreto-Lei n. 199/1967 e pelo RITCU de 1977 foi o último produzido anteriormente à Constituição Federal de 1988. Assim, até então, a legislação referente ao TCU, nos aspectos analisados, tinha adotado as seguintes características:

(i) Eram responsáveis perante o TCU agentes públicos ou privados que guardassem ou gerissem valores ou bens públicos.

(ii) Alguns desses responsáveis estavam sujeitos ao poder sancionador do TCU, cuja manifestação se traduzia em multa. A multa era direcionada: (ii.i) entre 1896 e 1921, a agentes públicos ou privados que deixassem de entregar ao tribunal os documentos necessários à fiscalização de contas; (ii.ii) entre 1922 e 1966, além dos anteriormente mencionados, a agentes públicos que atuassem em prejuízo da legislação financeira e orçamentária; (ii.iii) a partir de 1967, a agentes públicos ou privados, infratores da legislação administrativa financeira. No entanto, o TCU indicaria a infração

servidores que deixarem de observar ou prejudicarem a observância do disposto neste artigo, além das penas disciplinares aplicáveis pelas autoridades administrativas de que dependem, imporá o Tribunal de Contas multa de até 50% (cinqüenta por cento) de seus vencimentos mensais" (BRASIL. *Decreto-Lei n. 199, de 25 de fevereiro de 1967.* Dispõe sôbre a Lei Orgânica do Tribunal de Contas da União e dá outras providências. Brasília: Presidência da República, 1967. Disponível em: http://www.planalto.gov.br/ccivil_03/decreto-lei/1965-1988/del0199.htm. Acesso em: 3 nov. 2022).

RITCU de 1977: "Art. 105 [...] Parágrafo único. A multa de que trata o presente artigo será comunicada à autoridade administrativa competente que, não providenciando a sua imediata execução, ficará sujeita às penas disciplinares e à multa a que se refere o parágrafo único do art. 51 do Decreto-lei n. 199/67" (BRASIL. Tribunal de Contas da União. *Regimento Interno do Tribunal de Contas da União.* Brasília: TCU, 1977. Disponível em: https://portal.tcu.gov.br/data/files/CB/E5/83/06/9CB3C710D79E7EB7F18818A8/RITCU_1977_revogado.pdf. Acesso em: 7 nov. 2022).

à autoridade administrativa, que faria a aplicação da multa. O próprio TCU somente poderia efetivamente aplicar multa (isto é, independentemente da manifestação de outra autoridade pública) às autoridades administrativas que tivessem deixado de aplicar a multa decorrente da infração da legislação financeira.

(iii) Particulares contratados para prestar serviços, obras ou fornecer bens à administração estavam sujeitos à fiscalização do TCU incidentalmente, em razão da análise da legalidade contratual e de sua execução feita pelo órgão. No entanto, a eles não eram direcionadas sanções, pois nunca foram abarcados pelo conceito de "responsáveis", utilizado na legislação.

(iv) Com o passar dos anos, houve real alargamento de competências do TCU sobre particulares contratados no uso de instrumentos voltados à prevenção de danos à fazenda pública, de efetividade provisória – medidas cautelares. Ao longo das décadas, o tribunal passou a poder, inclusive, ordenar a prisão de particulares contratados para realização de obras para que tentassem fugir de suas obrigações em decorrência da fiscalização de contas. Contudo, essa possibilidade foi eliminada na legislação produzida durante a ditadura militar.

Nota-se que as sanções conferidas ao tribunal estiveram ligadas a garantir que o órgão pudesse realizar a fiscalização que lhe cabia de modo adequado (normas editadas entre 1896 e 1921) ou a punir agentes públicos ou privados, responsáveis por valores ou bens públicos, que agissem de modo contrário à burocracia orçamentária da administração (normas de 1922 e 1967).

A Constituição Federal de 1988, ao disciplinar as competências do TCU, utilizou vocabulário muito semelhante ao das normas que lhe antecederam para determinar quem estava sujeito às sanções de contas. Ao dispor que seriam aplicadas a "responsáveis" nos casos de "ilegalidade de despesa" ou "irregularidade de contas", considerando o contexto histórico da atuação sancionadora do tribunal e o parágrafo único do art. 70, parece que o legislador constituinte tinha em mente aqueles agentes públicos ou privados que estivessem gerindo ou guardando recursos públicos.

Óbvio: não era vedado o alargamento de competências do TCU se fosse essa a vontade do legislador constituinte. Poder-se-ia ter optado pela inclusão de particulares contratados pela administração para obtenção de serviços, obras ou bens contratados nas possibilidades sancionadoras da jurisdição de contas. Contudo, o fato de essa inclusão não ter sido expressa, bem como o uso de uma terminologia que historicamente não abarcava esses sujeitos, leva à conclusão de que não foi essa a opção da Constituição.

Inclusive, para outros fins, como o de definir quem está sujeito ao julgamento de contas e à imposição de medidas restritivas pelo TCU, por muitos anos após a edição da Constituição, houve intensa divergência interna no tribunal para saber se particulares contratados estavam abrangidos pela expressão "responsáveis".

Em 2013, decisão tomada por maioria do plenário do TCU considerou que o final do inciso II do art. 71 da Constituição Federal lhe conferiria competência para abrir processo de tomada de contas especial contra particulares que dessem causa à perda, ao extravio ou a outra irregularidade de que resultasse prejuízo ao erário.[93]

Sua jurisprudência alternou nos anos que seguiram, mas foi uniformizada pelo Plenário em 2019, quando decidiu que, especificamente para fins do art. 71, II, particulares que causassem dano ao erário em relação jurídica decorrente de ato ou contrato administrativo estariam submetidos à tomada de contas especial (ressalvou-se, contudo, que o tribunal não julga contas de particulares que descumpram contratos, sem prejuízo ao erário, apenas porque têm vínculo com a administração pública).[94]

[93] BRASIL. Tribunal de Contas da União (Plenário). *Acórdão 946/2013.* Tomada de Contas Especial decorrente da conversão do processo de auditoria relativo ao FISCOBRAS/2001. Sobrepreço nos custos unitários dos serviços de escavação, carga e transporte de materiais de 1ª e 3ª Categoria, nas obras do canal adutor da Serra da Batateira/BA. [...] Relator: Min. Benjamin Zymler. Julgamento: 17 de abril de 2013. Disponível em: https://pesquisa.apps.tcu.gov.br/#/documento/acordao-completo/*/NUMACORDAO%253A946%2520ANOACORDAO%253A2013/DTRELEVANCIA%2520desc%252C%2520NUMACORDAOINT%2520desc/0/%2520. Acesso em: 11 nov. 2022.

[94] BRASIL. Tribunal de Contas da União (Plenário). *Acórdão 321/2019.* Incidente de uniformização de jurisprudência com o objetivo de dirimir divergência de entendimentos a respeito da competência do TCU para julgar contas de terceiros particulares que causem dano ao erário. Fixação de entendimento sobre o assunto. [...]. Relator: Min. Ana Arraes. Julgamento em: 20 de fevereiro de 2019. Disponível em: https://pesquisa.apps.tcu.gov.br/#/documento/acordao-completo/*/NUMACORDAO%253A321%2520ANOACORDAO%253A2019%2520RELATOR%253A%2522ANA%2520ARRAES%2522/DTRELEVANCIA%2520desc%252C%2520NUMACORDAOINT%2520desc/0/%2520. Acesso em: 11 nov. 2022.

Apesar da decisão do TCU, é duvidoso que "responsáveis", considerados aqueles que gerenciam e guardam valores e bens públicos, possa dizer respeito a particulares contratados para fins de tomadas de conta especial, ainda que tenham ocasionado prejuízo à administração pública contratante.[95] No contexto da atividade sancionadora do tribunal, considerando o histórico legislativo, é ainda mais claro que a Constituição não endereçou a esse grupo as punições que pudessem ser aplicadas pela Corte de Contas.

Ainda assim, em 1992, quando da edição da atual LOTCU – diploma que contou com intenso envolvimento do próprio TCU em sua elaboração[96] –, foi prevista a sanção de declaração de inidoneidade destinada a licitantes fraudadores de certame, cuja literalidade legal foi posteriormente ignorada pelo tribunal para a sanção atingir também os contratados. A verdade é que tal sanção é inadequada ao regime constitucional vigente desde 1988. Em outras palavras: é inconstitucional.

Em 2015, o Plenário do STF, por maioria, teria decidido ser constitucional a declaração de inidoneidade de particular aplicada pelo TCU prevista no art. 46 de sua lei orgânica.[97] O relator do caso, ministro Marco Aurélio, entendeu que o dispositivo ultrapassava os limites constitucionais do poder sancionador do órgão. No entanto, o voto vencedor foi do ministro Luís Roberto Barroso, que achou ser constitucional a sanção, baseado em dois fundamentos: (i) que a Constituição permitiu ao TCU sancionar particulares que recebam recursos públicos; (ii) que a sanção não se confunde com a prevista na LGL de 1993 (Lei n. 8.666), pois esta é destinada à punição de contratado por inexecução contratual, enquanto a do TCU visa licitantes fraudadores de licitação.[98]

[95] Quanto ao conteúdo do termo "responsáveis" e sustentando que ele não abriga particulares contratados pela administração, cf. SUNDFELD, Carlos Ari; CÂMARA, Jacintho Arruda. Limites da jurisdição dos tribunais de contas sobre particulares. *Revista Justiça do Direito*, [*s. l.*], v. 33, n. 2, p. 198-221, 2019.

[96] ROSILHO, André. *Tribunal de Contas da União*: competências, jurisdição e instrumentos de controle. São Paulo: Quartier Latin, 2019, p. 91-113.

[97] BRASIL. Supremo Tribunal Federal (Tribunal Pleno). *Mandado de Segurança 30.788/2015*. Mandado de segurança. Direito constitucional e administrativo. Tribunal de Contas. Devido processo legal. Sanção de inidoneidade. [...]. Relator: Min. Marco Aurélio. Redator: para acórdão Min. Luís Roberto Barroso. Julgamento: 21 de maio de 2015. Disponível em: https://jurisprudencia.stf.jus.br/pages/search/sjur313769/false. Acesso em: 11 nov. 2022.

[98] "Assim, o art. 46 da Lei n. 8.443/1992 – que institui sanção de inidoneidade por 'fraude comprovada à licitação' –, encontra fundamento de validade nas previsões constitucionais

Contudo, os fundamentos apresentam problemas.[99] A dúvida central quanto à constitucionalidade da declaração de inidoneidade do TCU não é se o órgão pode ou não aplicar sanção a particulares, mas se contratados pela administração pública que recebem remuneração pelas prestações contratuais executadas podem ser qualificados como responsáveis por valores públicos, nos termos da Constituição Federal. E essa dúvida não foi enfrentada pelo Supremo.

Quanto às hipóteses de incidência, o argumento do ministro baseou-se apenas no *caput* do art. 87 da Lei n. 8.666/1993, que se refere à aplicação da sanção em decorrência de descumprimento contratual. No entanto, o inciso II do art. 88 estende a sanção para particulares que tentem frustrar a licitação, hipótese que se assemelha àquela da LOTCU.[100]

Daí, pode-se concluir que o STF ainda não se manifestou sobre o real problema de constitucionalidade do art. 46 da LOTCU.

que autorizam a lei a prever penalidades aplicáveis pelo TCU a pessoas físicas e jurídicas que recebam recursos públicos, independentemente da sua natureza pública ou privada (CF, arts. 70, p. único, e 71, II e VIII). E seu âmbito de incidência não se confunde com o do art. 87 da Lei n. 8.666/1993, que trata de hipótese de inidoneidade por inexecução contratual" (BRASIL. Supremo Tribunal Federal [Tribunal Pleno]. *Mandado de Segurança 30.788/2015*. Mandado de segurança. Direito constitucional e administrativo. Tribunal de Contas. Devido processo legal. Sanção de inidoneidade. [...]. Relator: Min. Marco Aurélio. Redator para acórdão: Min. Luís Roberto Barroso. Julgamento: 21 de maio de 2015, p. 19-20. Disponível em: https://jurisprudencia.stf.jus.br/pages/search/sjur313769/false. Acesso em: 11 nov. 2022).

[99] Nesse sentido, também entende André Rosilho (*Tribunal de Contas da União*: competências, jurisdição e instrumentos de controle. São Paulo: Quartier Latin, 2019, p. 200).

[100] LGL: "Art. 87. Pela inexecução total ou parcial do contrato a Administração poderá, garantida a prévia defesa, aplicar ao contratado as seguintes sanções: [...] III – suspensão temporária de participação em licitação e impedimento de contratar com a Administração, por prazo não superior a 2 (dois) anos; IV – declaração de inidoneidade para licitar ou contratar com a Administração Pública enquanto perdurarem os motivos determinantes da punição ou até que seja promovida a reabilitação perante a própria autoridade que aplicou a penalidade, que será concedida sempre que o contratado ressarcir a Administração pelos prejuízos resultantes e após decorrido o prazo da sanção aplicada com base no inciso anterior. [...] Art. 88. As sanções previstas nos incisos III e IV do artigo anterior poderão também ser aplicadas às empresas ou aos profissionais que, em razão dos contratos regidos por esta Lei: [...] II – tenham praticado atos ilícitos visando a frustrar os objetivos da licitação" (BRASIL. *Lei n. 8.666, de 21 de junho de 1993*. Regulamenta o art. 37, inciso XXI, da Constituição Federal, institui normas para licitações e contratos da Administração Pública e dá outras providências. Brasília: Presidência da República, 1993. Disponível em: http://www.planalto.gov.br/ccivil_03/leis/l8666cons.htm. Acesso em: 3 nov. 2022).

É interessante entender a origem do dispositivo. O PL que levou à LOTCU foi apresentado ao Congresso Nacional por iniciativa do próprio TCU. Originalmente, o texto não previa a declaração de inidoneidade. No entanto, após aprovação na Câmara dos Deputados, e ao longo dos trabalhos da Comissão de Constituição, Justiça e Cidadania (CCJ) do Senado, emenda do senador Pedro Simon, relator do projeto, promoveu a inserção.

O parecer da CCJ revela que as emendas apresentadas no curso dos trabalhos da comissão foram fruto de sugestões de parlamentares e dos próprios ministros do TCU – inclusive a declaração de inidoneidade. Segundo consta, essa e outras inserções feitas no PL seriam "imperiosas" para dotar o tribunal de instrumentos de atuação que pudessem conferir maior eficácia e eficiência à ação fiscalizadora.[101] Assim, parece a sanção ter sido parte de um projeto de poder do tribunal para engrandecimento de suas competências – ainda que em contradição com o regime constitucional.

É relevante ainda mencionar que, à época da edição da LOTCU, a declaração de inidoneidade já era prevista em outra norma como sanção a ser aplicada por autoridades do Poder Executivo em decorrência de irregularidades praticadas em contratações públicas (Decreto-Lei n. 2.300/1986). Contudo, no curso do processo legislativo, o fato não foi mencionado e a eventual duplicidade de punições em um mesmo caso nem sequer cogitada.[102]

Compreendido esse trajeto até a edição da LOTCU, é relevante dizer que, de maneira geral, as sanções de contas brasileiras, até mais do que sanções administrativas, não foram objeto de estudos acadêmicos mais aprofundados. Em regra, os trabalhos que se debruçam sobre o TCU as mencionam apenas para dizer que o tribunal tem competência para aplicá-las e ilustram a experiência prática de sua aplicação a partir da jurisprudência. Poucos são os que olham para o poder sancionatório do tribunal a partir de seu regime constitucional para analisá-lo e, eventualmente, questioná-lo – como fazem as obras de Marcia Pelegrini e André Rosilho[103] –,

[101] BRASIL. Congresso Nacional. Parecer CCJ 62, de 1992. *Diário do Congresso Nacional* (31.03.1992), p. 1566-1581. Disponível em: https://legis.senado.leg.br/diarios/ver/6290?sequencia=1. Acesso em: 16 set. 2020.

[102] ROSILHO, André. *Tribunal de Contas da União*: competências, jurisdição e instrumentos de controle. São Paulo: Quartier Latin, 2019, p. 197.

[103] PELEGRINI, Marcia. *A competência sancionatória do Tribunal de Contas*: contornos constitucionais. Belo Horizonte: Fórum, 2014; ROSILHO, André. *Tribunal de Contas da União*: competências, jurisdição e instrumentos de controle. São Paulo: Quartier Latin, 2019.

e praticamente nenhum aborda as implicações da sobreposição da sanção de contas com sanções provenientes do Executivo e do Judiciário.

A demora na constitucionalização da sanção de contas, ocorrida quase cem anos após o tribunal ter adquirido tal competência, talvez justifique tal ausência.[104] Durante esses anos, foram publicados muitos livros e artigos cujo objeto era o TCU, mas a principal polêmica era a respeito da natureza das atividades do órgão – se era um órgão jurisdicional, um preposto do Poder Legislativo ou se tinha natureza singular.[105]

Outra razão pode ser o fato de muitos considerarem as sanções de contas uma modalidade de sanção administrativa imposta por autoridade controladora, o que as deixaria abarcadas por análises mais amplas a respeito do poder sancionador estatal.[106]

Acontece que, tomando a classificação de sanção administrativa como sanção aplicada pelo Poder Executivo, não seria adequado chamar de administrativa a sanção de contas. A Constituição Federal dispõe que o tribunal atuará como auxiliar do Congresso Nacional no controle externo realizado sobre a administração pública (art. 71, *caput*). E, ao mesmo tempo em que não o coloca explicitamente como parte do Poder Legislativo, deixa clara a função assessória do órgão ao controle externo sobre a administração pública que cabe ao Congresso Nacional exercer. A Constituição também preceitua que competirá ao TCU "julgar as contas dos administradores e demais responsáveis por dinheiros, bens e valores públicos da administração direta e indireta" (art. 71, II), o que lhe concede função, em alguma medida, semelhante àquela exercida pelo Poder Judiciário.

A natureza das funções do TCU causou muitas discussões na doutrina brasileira, e é possível achar argumentos que sustentam as mais diversas opiniões ao longo dos anos de existência do órgão. Uns já afirmaram que o tribunal desempenha funções essencialmente jurisdicionais. Outros reconhecem alguma dimensão parlamentar ao órgão em decorrência de sua proximidade com o Legislativo. Olhando especificamente para a atividade

[104] Tal cogitação também é feita por Marcia Pelegrini (*A competência sancionatória do Tribunal de Contas*: contornos constitucionais. Belo Horizonte: Fórum, 2014, p. 103).

[105] BUZAID, Alfredo. O Tribunal de Contas no Brasil. *Revista da Faculdade de Direito da Universidade de São Paulo*, São Paulo, v. 62, n. 2, p. 44-50, 1967.

[106] ROSILHO, André. *Tribunal de Contas da União*: competências, jurisdição e instrumentos de controle. São Paulo: Quartier Latin, 2019, p. 163; PELEGRINI, Marcia. *A competência sancionatória do Tribunal de Contas*: contornos constitucionais. Belo Horizonte: Fórum, 2014, p. 104.

sancionadora do TCU, há ainda aqueles que alegam que, independentemente da função que se atribua ao tribunal, suas sanções têm natureza administrativa – embora não cogitem de ao TCU ter sido conferida função administrativa.[107]

Porém, conquanto o TCU não integre o Poder Executivo, e, por isso, a sanção de contas não se encaixe na tradicional definição doutrinária de sanção administrativa, há pertinência em tal aproximação. É que, em ambos os casos, a sanção é externa ao Poder Judiciário e fica sujeita à sua revisão. Pelo critério excludente "não judicial" e pela unidade de jurisdição adotada no ordenamento jurídico brasileiro, há semelhança entre a sanção administrativa e a sanção de contas, reforçada pelo fato de a multa e a proibição para contratar serem espécies de sanção utilizadas nos dois âmbitos.

Vale ainda dizer que, embora a multa encontre equivalência na atividade de entidades fiscalizatórias que desempenham funções semelhantes às do TCU em outros países, a declaração de inidoneidade aplicada na jurisdição de contas é uma peculiaridade brasileira.

Em regra, no cenário internacional, o poder sancionatório das *audit courts* recai sobre agentes públicos ou privados, responsáveis pela gestão de patrimônio público, que causaram prejuízo ao erário, e a multa (ou ônus financeiro equivalente) costuma ser a sanção utilizada para penalizá-los. No caso de agentes públicos, é possível também ser aplicada alguma sanção disciplinar. Em alguma medida, o regime se assemelha ao brasileiro anterior à LOTCU.

A informação é da Organização Internacional de Entidades Fiscalizadoras Superiores (Intosai), órgão consultivo do Conselho Econômico e Social da Organização das Nações Unidas (ONU), do qual o TCU é membro, em documento intitulado *Princípios da Atividade Jurisdicional das Entidades Fiscalizadoras Superiores* (*INTOSAI-P50 – Principles of jurisdictional activities of SAIs*). Veja-se:

> As Entidades Fiscalizadoras Superiores (EFSs) com funções jurisdicionais têm a possibilidade de responsabilizar diretamente gestores de recursos públicos quando seus achados mostram irregularidades ou quando tais

[107] Cf. Jacoby, Jorge Ulisses Fernandes. *Tribunais de Contas do Brasil*: jurisdição e competência. Belo Horizonte: Fórum, 2003, p. 138-146; Campos, Francisco. *Direito constitucional*. Rio de Janeiro: Freitas Bastos, 1956, p. 134-136; Pelegrini, Marcia. *A competência sancionatória do Tribunal de Contas*: contornos constitucionais. Belo Horizonte: Fórum, 2014, p. 105.

> irregularidades são apontadas a elas por um terceiro. [...] as observações feitas em um relatório de auditoria financeira, de desempenho ou de conformidade de uma organização pública, sejam eles denunciados ao tribunal civil ou criminal ou não, podem ser seguidos por meio de procedimentos legais rápidos e adequados conduzidos pela própria EFS, dentro do quadro de suas atividades jurisdicionais. As atividades jurisdicionais das EFs consistem no controle da regularidade das contas e operações de gestão de funcionários e outros gerentes de recursos públicos. Essas atividades incluem a responsabilização pessoal dos responsáveis em caso de irregularidades na gestão desses recursos ou de perdas causadas por essas irregularidades ou má gestão. [...] A atividade jurisdicional visa compensar, no todo ou em parte, as perdas sofridas por uma entidade pública e/ou sancionar, seja financeira ou disciplinarmente, os indivíduos considerados culpados.[108]

Por fim, considerando esse contexto particular dos poderes sancionadores do TCU, há duas situações reveladoras de nítido comportamento do tribunal que busca alargar suas competências para além dos parâmetros legalmente estabelecidos: a extensão da inabilitação para ocupar cargo público ou função pública, bem como da *indisponibilidade de bens*, para particulares contratados pela administração.

Em relação à primeira, no acórdão 2.240/2018, o plenário do TCU decidiu que a sanção de inabilitação pode ser aplicada a dirigente de pessoa jurídica contratada que tiver concorrido para causar dano ao erário. Os fundamentos para que seja feita tal interpretação do art. 60 da LOTCU não foram expostos, tendo sido apenas dito pelo ministro relator, em voto acatado por unanimidade: "Considero que a penalidade de inabilitação de responsável para o exercício de cargo em comissão ou função de confiança (art. 60 da Lei n. 8.443/1992) pode ser aplicada a terceiros estranhos ao serviço público".[109]

[108] INTOSAI. *INTOSAI-P50 – Principles of jurisdictional activities of SAIs*. 2019, p. 4, tradução livre. Disponível em: https://www.intosai.org/fileadmin/downloads/documents/open_access/INT_P_11_to_P_99/INTOSAI_P_50/INTOSAI_P_50_en.pdf. Acesso em: 26 jan. 2023.

[109] BRASIL. Tribunal de Contas da União (Plenário). *Acórdão 2.240/2018*. Tomada de Contas Especial. Superfaturamento decorrente de preços excessivos. Contrato 58/209, referente ao Lote 2 Ferrovia Norte-Sul no Estado de Goiás. Citação dos responsáveis. Indisponibilidade dos bens. Irregularidades confirmadas. [...]. Relator: Min. Benjamin Zymler. Julgamento: 26 de setembro de 2018, p. 56. Disponível em: https://pesquisa.apps.tcu.gov.br/#/documento/

Quanto à segunda, embora não se trate de uma sanção, a indisponibilidade de bens produz efeitos prejudiciais àquele que a ela fica sujeito, que terá seu patrimônio bloqueado. A medida, segundo a LOTCU (art. 44, § 2º), visa garantir o ressarcimento dos danos em apuração pela Corte de Contas, e é direcionada a "responsáveis" – que, conforme visto anteriormente, são aqueles que têm sob sua guarda recursos públicos e não abarca particulares contratados.[110] Contudo, o plenário do TCU já decidiu em várias ocasiões, como na do acórdão 296/2018, decretar a indisponibilidade de bens de pessoa jurídica contratada pela administração.[111]

São situações graves, que demonstram clara atuação do tribunal fora dos limites da lei. Embora a pertinência da declaração de inidoneidade possa ser questionada em função das previsões constitucionais, ela ao menos está prevista na LOTCU. A expansão da inabilitação e da indisponibilidade de bens para particulares contratados, entretanto, nem sequer encontra fundamentos normativos para que ocorra. E, se a atuação de qualquer

acordao-completo/*/NUMACORDAO%253A2240%2520ANOACORDAO%253A2018/DTRELEVANCIA%2520desc%252C%2520NUMACORDAOINT%2520desc/0/%2520. Acesso em: 8 nov. 2022.

[110] LOTCU: "Art. 44. No início ou no curso de qualquer apuração, o Tribunal, de ofício ou a requerimento do Ministério Público, determinará, cautelarmente, o afastamento temporário do responsável, se existirem indícios suficientes de que, prosseguindo no exercício de suas funções, possa retardar ou dificultar a realização de auditoria ou inspeção, causar novos danos ao Erário ou inviabilizar o seu ressarcimento. [...] § 2º Nas mesmas circunstâncias do *caput* deste artigo e do parágrafo anterior, poderá o Tribunal, sem prejuízo das medidas previstas nos arts. 60 e 61 desta Lei, decretar, por prazo não superior a um ano, a indisponibilidade de bens do responsável, tantos quantos considerados bastantes para garantir o ressarcimento dos danos em apuração" (BRASIL. *Lei n. 8.443, de 16 de julho de 1992.* Dispõe sobre a Lei Orgânica do Tribunal de Contas da União e dá outras providências. Brasília: Presidência da República, 1992. Disponível em: https://www.planalto.gov.br/ccivil_03/Leis/L8443.htm#:~:text=Lei%20N%C2%BA%208.443%2C%20DE%2016%20DE%20JULHO%20DE%201992.&text=Disp%C3%B5e%20sobre%20a%20Lei%20Org%C3%A2nica,Uni%C3%A3o%20e%20d%C3%A1%20outras%20provid%C3%AAncias. Acesso em: 3 nov. 2022).

[111] BRASIL. Tribunal de Contas da União (Plenário). *Acórdão 296/2018.* Tomada de Contas Especial. Contrato 14/2006, referente ao lote 1 da Ferrovia Norte-Sul em Goiás. Superfaturamento decorrente de preços excessivos. Quantificação do débito. Citação dos responsáveis. Indisponibilidade dos bens. Relator: Min. Benjamin Zymler. Julgamento: 21 de fevereiro de 2018. Disponível em: https://pesquisa.apps.tcu.gov.br/#/documento/acordao-completo/*/NUMACORDAO%253A296%2520ANOACORDAO%253A2018%2520RELATOR%253A%2522BENJAMIN%2520ZYMLER%2522/DTRELEVANCIA%2520desc%252C%2520NUMACORDAOINT%2520desc/0/%2520. Acesso em: 11 nov. 2022.

autoridade pública sem embasamento legal é juridicamente problemática, situações que impõem prejuízos a direito de terceiros são ainda mais preocupantes e afrontam a segurança jurídica.

Tais situações, aliadas à constitucionalização de competências sancionadoras do tribunal, bem como à previsão legal da declaração de inidoneidade – ambas reformas normativas que contaram com o envolvimento do TCU –, mostram um tribunal determinado a expandir suas competências sancionadoras, inclusive, ao que parece, para além dos limites normativos.

1.2.3. Sanção judicial cível

Desde a edição da LIA, em 1992, sanções aplicadas pelo Poder Judiciário ganharam significativa relevância para o debate sobre sanções de direito administrativo. É que a LIA instituiu um dever para agentes públicos, bem como para agentes privados que com eles se relacionarem, de obediência e zelo por princípios da boa administração pública. Se falharem no exercício desse dever, público e privado serão punidos. A avaliação a respeito da ocorrência ou não dessas falhas é feita pelo Judiciário, e as correspondentes sanções por ele aplicadas têm efeitos diretamente ligados à atividade administrativa.

A LIA foi alterada, em 2021, pela Lei n. 14.230. Em sua atual redação, embora as condutas que possam ser consideradas falhas sejam descritas de maneira ampla pela lei (arts. 9º, 10º e 11), elas têm em comum o fato de haver um prejuízo para a administração – financeiro ou principiológico – decorrente da prática de ato doloso. Veja-se:

> Art. 9º Constitui ato de improbidade administrativa importando em enriquecimento ilícito auferir, mediante a prática de ato doloso, qualquer tipo de vantagem patrimonial indevida em razão do exercício de cargo, de mandato, de função, de emprego ou de atividade nas entidades referidas no art. 1º desta Lei, e notadamente: [...]
>
> Art. 10. Constitui ato de improbidade administrativa que causa lesão ao erário qualquer ação ou omissão dolosa, que enseje, efetiva e comprovadamente, perda patrimonial, desvio, apropriação, malbaratamento ou dilapidação dos bens ou haveres das entidades referidas no art. 1º desta Lei, e notadamente: [...]
>
> Art. 11. Constitui ato de improbidade administrativa que atenta contra os princípios da administração pública a ação ou omissão dolosa que viole os

deveres de honestidade, de imparcialidade e de legalidade, caracterizada por uma das seguintes condutas: [...][112]

Como consequência dessas condutas, podem ser aplicadas sanções que restrinjam direito do particular ou causem-lhe impacto patrimonial. Várias delas se manifestam no campo das relações com a administração pública. As sanções trazidas pela lei são: (i) perda de bens ou valores acrescidos ilicitamente a patrimônio particular, caso haja; (ii) perda da função pública; (iii) suspensão dos direitos políticos; (iv) pagamento de multa civil; (v) proibição de contratar com o poder público; (vi) proibição de receber benefícios ou incentivos fiscais ou creditícios; (vii) ressarcimento integral do dano causado (art. 12, *caput* e incisos).

Uma vez aplicadas, essas sanções judiciais repercutem, por exemplo, no mercado de contratações públicas ao impedir que alguém dele participe; ou no incentivo público à atividade empresarial ao proibir a percepção de benefícios e incentivos fiscais; até mesmo nos mercados político e do funcionalismo público ao determinar quem deles não poderá fazer parte. Portanto, a sanção judicial impacta diretamente a configuração das relações que a administração estabelece com particulares, sejam eles agentes públicos, sejam agentes privados.

Esse deslocamento para o Poder Judiciário de decisões que conformam a atividade pública não teve início com a LIA. Ela decorre da opção feita no Brasil, desde a Constituição de 1891, sob influência do direito norte-americano, por um sistema de jurisdição una, em que a administração pública sujeita o controle de seus atos ao Judiciário.

Desde então, além do uso de ações ordinárias, surgiram ainda instrumentos processuais específicos para se questionar judicialmente a atuação administrativa (ou a falta dela), como o *habeas data*, a ação civil pública e o mandado de segurança (MS). Esse fato tornou o Judiciário, grande parte das vezes provocado pelo Ministério Público, outro lócus para definição dos interesses gerais e de como a gestão pública deve agir para alcançá-los em cada caso. É justamente por isso que Carlos Ari Sundfeld diz:

[112] BRASIL. *Lei n. 8.429, de 2 de junho de 1992.* Dispõe sobre as sanções aplicáveis em virtude da prática de atos de improbidade administrativa, de que trata o § 4º do art. 37 da Constituição Federal; e dá outras providências. Brasília: Presidência da República, 1992. Disponível em: http://www.planalto.gov.br/ccivil_03/leis/l8429.htm. Acesso em: 3 nov. 2022.

> [...] o direito do interesse público não pode mais ser entendido como o direito apenas da Administração Pública (direito administrativo), devendo ser objeto de disciplina mais ampla, que aborde a construção do interesse público também na esfera judicial (um direito mais que administrativo, um amplo direito público).[113]

As sanções judiciais começaram a fazer parte desse movimento mais fortemente com a LIA. Verdade que, antes dela já existiam, fragmentadas em meio a vários diplomas jurídicos brasileiros, sanções aplicadas pelo Judiciário que repercutiam em questões de gestão pública, em parte similares àquelas trazidas na LIA.

O Código Penal (CP, Decreto-Lei n. 2.848), de 1940, previa a perda de cargo, função pública ou mandato eletivo em decorrência de condenações criminais em geral (art. 92, I). Em âmbito cível, a Lei n. 3.164/1957, revogada pela LIA, dava ao juiz civil poder para decretar, em favor da administração, o sequestro e a perda de bens adquiridos por agente público, por influência ou abuso de cargo ou função pública (art. 1º, *caput* e § 1º). Também havia a Lei n. 3.502/1958, que regulava o sequestro e o perdimento de bens nos casos de enriquecimento ilícito. De modo mais geral, e não ligado apenas a casos que envolvam o erário, o ressarcimento por prejuízo poderia ser ordenado pelo Judiciário com base no Código Civil de 1916, à época vigente (art. 1.518).

Por sua vez, a Lei Complementar n. 5/1970, que tratava dos casos de inelegibilidade política, previa que aqueles que, por ato de improbidade, tivessem sido condenados à destituição de cargo, função ou emprego, em virtude de sentença judicial transitada em julgado ou mediante processo administrativo, perderiam seu direito de concorrer a cargos eletivos (art. 1º, *h*). Havia na lei, portanto, um tipo de punição associada, composta da perda de cargo e da inelegibilidade, em decorrência de decisão judicial.

E parece que colocar ordem nesse arcabouço punitivo, útil à punição judicial e ao ressarcimento de prejuízos suportados pela administração, estava na mente do legislador constituinte. Quando do advento da Constituição Federal de 1988, fixou-se, no § 4º de seu art. 37, que os atos de improbidade administrativa seriam punidos com perda da função pública,

[113] SUNDFELD, Carlos Ari. Administração e justiça: um novo equilíbrio? *In*: SUNDFELD, Carlos Ari. *Direito administrativo para céticos*. 2ª ed. São Paulo: Malheiros, 2014, p. 339.

suspensão dos direitos políticos, ressarcimento ao erário e indisponibilidade de bens.

A norma constitucional ressalvou que a forma e a gradação para que a punição acontecesse seriam previstas em lei, sugerindo a edição de uma lei que reunisse essas diversas sanções em um único normativo, voltado ao combate da improbidade. No entanto, não acresceu à causa nenhuma sanção que já não fosse possível de ser aplicada pelo Judiciário com base na legislação que lhe antecedia.

Por ocasião da LIA, foram aumentadas as espécies de sanção judicial que poderiam decorrer de conduta ímproba e também a legislação as vinculou a condutas de agentes públicos e privados – antes, com exceção da genérica previsão de ressarcimento do Código Civil, as sanções eram voltadas especificamente a agentes públicos. Foi então com a Lei de Improbidade que o Judiciário pôde, de maneira mais ampla, intervir na gestão pública por meio de instrumentos sancionadores, utilizando-se de mais espécies de sanções e alcançando uma gama maior de potenciais sancionados.[114]

Curioso é que no PL que deu origem à LIA (PL n. 1.446/1991), submetido ao Congresso Nacional por Fernando Collor de Mello e elaborado por seu Ministro da Justiça, Jarbas Passarinho, as sanções previstas eram apenas aquelas trazidas no texto constitucional. A ementa do projeto dizia que a lei estabeleceria "procedimento para a suspensão dos direitos políticos, a perda da função pública, a indisponibilidade dos bens e o ressarcimento ao erário" nos casos em que houvesse "enriquecimento ilícito no exercício de cargo, emprego ou função da administração pública direta, indireta ou fundacional".[115]

O aumento de sanções ocorreu no curso do processo legislativo, após a votação dos destaques das inúmeras emendas aditivas e modificativas no substitutivo apresentado pela Comissão de Constituição e Justiça da Câmara dos Deputados. Embora algumas dessas sanções já encontrassem equivalência em sanções administrativas à época vigentes – como a multa e a proibição para contratar, previstas no Decreto-Lei n. 2.300/1986, sobre contratações públicas –, o tema da sobreposição não apareceu nos debates

[114] Cf. PIMENTA, José Roberto. *Improbidade administrativa e sua autonomia constitucional*. Belo Horizonte: Fórum, 2009, p. 295-337.

[115] BRASIL. *Dossiê do Projeto de Lei 1.446/1991*, p. 17. Disponível em: https://www.camara.leg.br/proposicoesWeb/prop_mostrarintegra?codteor=1141402&filename=Dossie-PL%201446/1991. Acesso em: 20 jan. 2023.

legislativos, o que demonstra que o sistema da Lei de Improbidade foi de fato pensado autonomamente em relação àquele interno à administração.

Desde a edição da lei, houve bastante produção acadêmica dedicada ao seu estudo, sobretudo em relação às suas sanções.[116] De maneira geral, os enfoques que essa produção assumiu foram sobre a natureza jurídica das sanções (se cível ou penal), os critérios para dosagem da pena, o processo judicial para culminação da sanção e para diferenciar a LIA dos demais sistemas sancionadores (administrativo, criminal e de contas).

Quanto a esse último ponto, em linha com o que foi imaginado no curso do processo legislativo, é possível verificar grande esforço da doutrina para enfatizar a independência sancionadora entre instâncias, sustentando que a aplicação de sanções com base na LIA não é impactada por aquelas provenientes de outras leis.[117]

Esse esforço pode ter sido animado, em alguma medida, pelo debate que há muito tempo já vinha sendo feito a respeito da independência das instâncias administrativa e penal. No entanto, é provável que a discussão tenha sido fomentada sobretudo por dispositivo da LIA, que, em sua redação original, estabelecia que as sanções trazidas na lei seriam impostas "independentemente das sanções penais, civis e administrativas previstas na legislação específica" (art. 12, *caput*).[118] Esse modelo de previsão normativa não foi inaugurado pela Lei de Improbidade, mas a partir dela foi repetido com frequência na legislação com conteúdo sancionador de direito administrativo.[119]

[116] Por todos, cf. BUENO, Cassio Scarpinella; PORTO FILHO, Pedro Paulo de Rezende (coords.). *Improbidade administrativa*: questões polêmicas e atuais. 2. ed. São Paulo: Malheiros, 2003; MARQUES, Mauro Campbell (org.). *Improbidade administrativa*: temas atuais e controvertidos. Rio de Janeiro: Forense, 2017; PESTANA, Marcio; AMARAL, Luís Fernando de Camargo Prudente. *Improbidade administrativa*. Belo Horizonte: Casa do Direito, 2018; OSÓRIO, Fábio Medina. *Teoria da improbidade administrativa*. 5. ed. São Paulo: Revista dos Tribunais, 2020; CARVALHO FILHO, José dos Santos. *Improbidade administrativa*: prescrição e outros prazos extintivos. 3. ed. São Paulo: Atlas, 2019; CAPEZ, Fernando. *Improbidade administrativa*: limites constitucionais. 2. ed. São Paulo: Saraiva, 2015.

[117] Por todos, cf. PIMENTA, José Roberto. *Improbidade administrativa e sua autonomia constitucional*. Belo Horizonte: Fórum, 2009, p. 445-454.

[118] BRASIL. *Lei n. 8.429, de 2 de junho de 1992*. Dispõe sobre as sanções aplicáveis em virtude da prática de atos de improbidade administrativa, de que trata o § 4º do art. 37 da Constituição Federal; e dá outras providências. Brasília: Presidência da República, 1992. Disponível em: http://www.planalto.gov.br/ccivil_03/leis/l8429.htm. Acesso em: 3 nov. 2022.

[119] Como na LGL de 1993 (art. 82), na LOTCU (art. 60) e na LAC (art. 30 da Lei n. 12.846/2013). Mais sobre esse tema na seção 1.4.

O inusitado disso tudo é que a LIA, ao mesmo tempo que assumiu discurso da independência de instâncias, trouxe para o Judiciário a possibilidade de aplicar sanções já existentes em outras normas, muitas das quais associadas ao poder punitivo da administração – sanções administrativas, portanto.

A proibição para contratar com a administração, por exemplo, já existia há 70 anos no ordenamento jurídico brasileiro, sempre como sanção a ser aplicada pela administração em decorrência de irregularidades ocorridas em contratações públicas.[120] De modo semelhante, a proibição para particular gozar de incentivos fiscais e creditícios já figurava na legislação tributária como sanção a ser aplicada pela administração pública em decorrência de irregularidades fiscais.[121] A multa também era sanção administrativa bem familiar, encontrando previsão em inúmeros normativos.[122]

Diante desse quadro, é inevitável se perguntar o porquê de a LIA ter previsto sanções judiciais de efeitos semelhantes a sanções administrativas preexistentes. Se, pelo lado das sanções judiciais, fazia sentido a organização do arcabouço sancionador em uma mesma norma, o que levava a dar para o Judiciário novos instrumentos, notoriamente integrantes de uma legislação que dizia respeito a competências administrativas?

Um primeiro motivo a se cogitar é que as sanções anteriormente conferidas ao Judiciário miravam apenas na punição de agentes públicos. Como a Lei de Improbidade também poderia ser direcionada a agentes privados, eram necessárias outras punições adequadas. Porém, outra possível resposta à pergunta está ligada diretamente ao contexto de edição da lei: a desconfiança para com autoridades públicas, até então as responsáveis pela aplicação dessas sanções.

Se a punição de particulares por irregularidades na gestão pública ficasse nas mãos apenas da própria gestão pública, poderia ser a vitória da impunidade. Possivelmente está aí o motivo de se possibilitar que atores externos também as aplicassem. Na prática, a LIA deu a juízes poderes que antes haviam sido reservados a agentes públicos. Mais: ampliou as hipóteses em que aquelas sanções poderiam ser utilizadas. Se em outros

120 A proibição para contratar esteve presente no RGCP de 1922, no Decreto-Lei n. 200/1967 e no Decreto-Lei n. 2.300/1986, vigente à época da edição da LIA.

121 Por exemplo, na lei que dispunha sobre o imposto sobre o consumo (art. 66, III e V, da Lei n. 4.502/1964).

122 Por exemplo, no Decreto-Lei n. 2.300/1986 (art. 73, II) e na Lei n. 4.502/1964 (art. 66, I).

normativos tais sanções ficavam restritas a contextos específicos (contratações públicas, irregularidades fiscais, etc.), a partir da LIA elas poderiam ser usadas como consequência de qualquer conduta caracterizada como ímproba. Considerando a conjuntura de elaboração da lei, a justificativa parece ser bem plausível.

A função da aplicação dessas sanções com base na LIA é muito clara: punir, combater a corrupção. Assinada por Jarbas Passarinho e dirigida ao presidente Collor, a exposição de motivos que acompanhava o PL n. 1.446/1991 era enfática nesse sentido:

> Sabendo Vossa Excelência que uma das maiores mazelas que, infelizmente, ainda afligem o País é a prática desenfreada e impune de atos de corrupção no trato com os dinheiros públicos, e que a sua repressão, para ser legítima, depende de procedimento legal adequado – o devido processo legal – impõe-se criar meios próprios à consecução daquele objetivo sem, no entanto, suprimir as garantias constitucionais pertinentes, caracterizadoras do Estado de Direito.[123]

A exaltação da punição deu a juízes a possibilidade de aplicar sanções muito relacionadas a preocupações de gestão pública. Essa não é uma opção comum na experiência estrangeira, e o exemplo da proibição para contratar ilustra bem isso. Segundo estudo de Sope Williams-Elegbe, considerando Estados Unidos da América (EUA), África do Sul e os países integrantes da União Europeia, essa sanção é aplicada pela própria administração pública em decorrência de diversos motivos previstos em norma e associados a violações legais ou éticas, como forma de impedir que o particular celebre novos contratos públicos ou renove outros dos quais já seja parte.[124] É uma sanção administrativa, portanto.

Em algumas dessas jurisdições, uma condenação judicial, criminal ou cível, pode ser motivo para que a administração aplique a proibição para contratar. Também, nas jurisdições em que os atos administrativos são submetidos a revisão judicial, a sanção pode ser contestada no Judiciário.

[123] BRASIL. *Dossiê do Projeto de Lei 1.446/1991*, p. 11-12. Disponível em: https://www.camara.leg.br/proposicoesWeb/prop_mostrarintegra?codteor=1141402&filename=Dossie-PL%20 1446/1991. Acesso em: 20 jan. 2023.

[124] WILLIAMS-ELEGBE, Sope. *Fighting Corruption in Public Procurement*: A Comparative Analysis of Disqualification and Debarment Measures. Oxford: Heart Publishing, 2014, p. 38-46.

Ambas as situações acontecem, por exemplo, no Reino Unido e nos EUA.[125] Entretanto, em ambos os casos, a aplicação da sanção é competência da própria administração pública, não do Judiciário.

É compreensível a opção por reservar tal poder à administração. Afinal, seus efeitos repercutem diretamente em negócios público-privados, e, em princípio, cabe à administração instituir as diretrizes para decidir com quem ela poderá contratar. Essa mesma lógica pode ser replicada para a multa baseada em falta do particular para com a administração pública e a proibição para concessão de benefícios fiscais e creditícios – essa última, inclusive, claramente ligada a opções feitas em caráter de políticas públicas. No entanto, o legislador brasileiro optou por dar essas sanções também à competência de juízes.

E o Judiciário tem aplicado as sanções da Lei de Improbidade. Segundo dados do Conselho Nacional de Justiça (CNJ), só no ano de 2019, 904 condenações por improbidade administrativa nos cinco Tribunais Regionais Federais transitaram em julgado. Nos 27 tribunais de justiça estaduais e distrital, foram 2.302.[126]

Em 2013, a LAC (Lei n. 12.846), ao dispor sobre a responsabilização administrativa e civil de pessoas jurídicas pela prática de atos contra a administração pública, também trouxe uma sanção aplicada pelo Judiciário, relevante ao direito administrativo.

Previu que, por atos que "atentem contra o patrimônio público nacional ou estrangeiro, contra princípios da administração pública ou contra os compromissos internacionais assumidos pelo Brasil" (art. 5º, *caput*),[127] a empresa pode ficar proibida de receber "incentivos, subsídios, subvenções, doações ou empréstimos de órgãos ou entidades públicas e de instituições financeiras públicas ou controladas pelo poder público, pelo prazo

[125] WILLIAMS-ELEGBE, Sope. *Fighting Corruption in Public Procurement*: A Comparative Analysis of Disqualification and Debarment Measures. Oxford: Heart Publishing, 2014, p. 53-55 e 61-64.

[126] Dados retirados do sítio eletrônico do CNJ. Disponíveis em: www.cnj.jus.br. Acesso em: 8 set. 2020.

[127] BRASIL. *Decreto n. 11.129, de 11 de julho de 2022*. Regulamenta a Lei n. 12.846, de 1º de agosto de 2013, que dispõe sobre a responsabilização administrativa e civil de pessoas jurídicas pela prática de atos contra a administração pública, nacional ou estrangeira. Brasília: Presidência da República, 2022. Disponível em: http://www.planalto.gov.br/ccivil_03/_ato2019-2022/2022/decreto/D11129.htm. Acesso em: 3 nov. 2022.

mínimo de 1 (um) e máximo de 5 (cinco) anos" (art. 19, IV)[128] – há ainda outras sanções que podem ser aplicadas, mas cujas repercussões se dão em âmbito privado.

A punição é muito semelhante àquela da LIA (proibição de receber benefícios ou incentivos fiscais ou creditícios). A diferença é que, enquanto a LAC prevê prazo de um a cinco anos para vigência de sua sanção, a LIA estipula que sua sanção pode viger por catorze, doze ou quatro anos – a depender da gravidade da irregularidade praticada. Além disso, a LIA mira em pessoas físicas e jurídicas, enquanto apenas essas últimas estão no alvo da LAC.

Afora esses dois pontos, a verdade é que uma mesma irregularidade está submetida aos regimes de responsabilização judicial da LIA e da LAC. Talvez seja por isso que não é comum encontrar sanções judiciais aplicadas com base na LAC.[129] Sendo o Ministério Público o legitimado para propor a ação judicial em ambos os casos, e considerando o número de condenações por improbidade constantes disponibilizadas pelo CNJ, parece que as ações de improbidade administrativa continuam sendo a preferência para responsabilização judicial de empresas.

Tal como no caso da LIA, o discurso utilizado por ocasião da edição da LAC foi uma vez mais o moralizador, de combate a irregularidades na gestão pública. O PL havia sido enviado ao Congresso Nacional em 2010 (PL n. 6.826), pelo governo da presidente Dilma Rousseff. Parecer redigido pelo relator da Comissão Especial criada para analisar a constitucionalidade do projeto, deputado Carlos Zarattini, deixa claro o seu mote:

> Temos confiança de trazer à sociedade brasileira uma proposição legal arrojada, inovadora, e suficientemente fundamentada nos mais caros princípios constitucionais e legais. Estamos convencidos da necessidade e premência de aprovarmos esse projeto de lei para entregar à sociedade brasileira um

[128] BRASIL. *Decreto n. 11.129, de 11 de julho de 2022*. Regulamenta a Lei n. 12.846, de 1º de agosto de 2013, que dispõe sobre a responsabilização administrativa e civil de pessoas jurídicas pela prática de atos contra a administração pública, nacional ou estrangeira. Brasília: Presidência da República, 2022. Disponível em: http://www.planalto.gov.br/ccivil_03/_ato2019-2022/2022/decreto/D11129.htm. Acesso em: 3 nov. 2022.

[129] Não foi encontrada jurisprudência nesse sentido nos sítios eletrônicos do STF, do STJ e dos Tribunais de Justiça de São Paulo, do Rio de Janeiro e do Distrito Federal. Acesso em: 8 set. 2020.

dos instrumentos mais demandados, nessa quadra de nossa história: o quadro normativo para que se punam as pessoas jurídicas envolvidas em atos ilícitos contra a Administração Pública, no Brasil e no exterior.[130]

A motivação por trás da LIA, ainda ecoando muitos anos depois na LAC, é a punição. As sanções judiciais de direito administrativo, segundo o legislador que as instituiu, são instrumentos para punir aqueles que lesionam a administração pública e os interesses gerais.

Entretanto, é necessário apontar que a alteração da LIA em 2021, por meio da Lei n. 14.230, partiu de premissas merecedoras de atenção. Na justificativa que acompanhou o PL, proposto pelo deputado federal Roberto de Lucena (Podemos/SP), foi dito que a lei "carecia de revisão para sua adequação às mudanças ocorridas na sociedade e também para adaptar-se às construções hermenêuticas da própria jurisprudência, consolidadas em decisões dos Tribunais".[131]

A LIA foi modificada em pontos emblemáticos, com origem em uma percepção de que sua aplicação poderia alcançar situações que não mereceriam estar sujeitas às suas punições. Retirou-se, por exemplo, a possibilidade de que atos praticados sem dolo, mas apenas com culpa, pudessem ser caracterizados como ímprobos. Sobre o tema, constou na justificativa:

> [...] que não é dogmaticamente razoável compreender como ato de improbidade o equívoco, o erro ou a omissão decorrente de uma negligência, uma imprudência ou uma imperícia. Evidentemente tais situações não deixam de poder se caracterizar como ilícitos administrativos que se submetem a sanções daquela natureza e, acaso haja danos ao erário, às consequências da lei civil quanto ao ressarcimento. O que se compreende neste anteprojeto é que tais atos desbordam do conceito de improbidade administrativa e não devem ser fundamento de fato para sanções com base neste diploma e nem devem

[130] BRASIL. Comissão Especial Destinada a Proferir Parecer ao Projeto de Lei n. 6.826, de 2010. *Projeto de Lei n. 6.826, de 2010.* Parecer da Comissão Especial de 22.04.2013, p. 141. Disponível em: https://www.camara.leg.br/proposicoesWeb/prop_mostrarintegra?codteor=1084183&filename=Avulso+-. Acesso em: 7 nov. 2022.

[131] BRASIL. Câmara dos Deputados. *Projeto de Lei 2.505/2021.* Altera a Lei n. 8.429, de 2 de junho de 1992, que dispõe sobre improbidade administrativa. p. 18. Disponível em: https://www.camara.leg.br/proposicoesWeb/fichadetramitacao?idProposicao=2184458. Acesso em: 7 nov. 2022.

se submeter à simbologia da improbidade, atribuída exclusivamente a atos dolosamente praticados.[132]

Outro exemplo significativo foi a restrição das condutas que caracterizam ofensa aos princípios da administração pública àquelas previstas nos incisos do art. 11. Anteriormente, a ausência de um rol taxativo permitia que, na prática, qualquer conduta pudesse ser entendida como lesão a princípios e, por isso, pudesse sujeitar seu autor às sanções da lei. A situação criava enorme insegurança jurídica e deixava larga margem de discricionariedade para o juiz determinar se no caso que lhe era submetido estava caracterizada a improbidade.[133]

A partir da observação prática de três décadas de vigência da LIA, essas e outras alterações buscaram racionalizar e aprimorar o uso de suas sanções judiciais. Embora sua finalidade continue sendo a punição pela irregularidade praticada contra a administração pública, parece ter havido um amadurecimento institucional, refletido no conteúdo das modificações normativas, no sentido de que nem toda conduta que possa ter causado danos à administração é ato de improbidade administrativa.

1.2.4. Irregularidade causadora da sanção

Toda aplicação de sanção de direito administrativo tem origem em uma conduta praticada em prejuízo da administração pública e vedada pelo ordenamento jurídico. E uma mesma conduta pode encontrar múltiplas

[132] BRASIL. Câmara dos Deputados. *Projeto de Lei 2.505/2021*. Altera a Lei n. 8.429, de 2 de junho de 1992, que dispõe sobre improbidade administrativa. p. 19. Disponível em: https://www.camara.leg.br/proposicoesWeb/fichadetramitacao?idProposicao=2184458. Acesso em: 7 nov. 2022.

[133] Nesse ponto, a justificativa do PL dizia: "Quanto à aplicabilidade do art. 11 deste diploma legal, compreendeu-se – desde uma franca observação da realidade – que inúmeras alegações de improbidade são impingidas a agentes públicos e privados que praticaram atos protegidos por interpretações razoáveis, quer da doutrina, quer do próprio Poder Judiciário. Não são incomuns ações civis públicas por atos de improbidade administrativa ajuizadas em razão de o autor legitimado possuir uma interpretação acerca de princípios e regras destoante da jurisprudência dominante ou em desconformidade com outra interpretação igualmente razoável, quer seja dos setores de controles internos da administração, quer dos Tribunais de Contas" (BRASIL. Câmara dos Deputados. *Projeto de Lei 2.505/2021*. Altera a Lei n. 8.429, de 2 de junho de 1992, que dispõe sobre improbidade administrativa. p. 19-20. Disponível em: https://www.camara.leg.br/proposicoesWeb/fichadetramitacao?idProposicao=2184458. Acesso em: 7 nov. 2022).

vedações e, por isso, repercutir paralelamente nos âmbitos administrativo, de contas e judicial cível. Exemplo: previsão da Lei Geral de Contratações Públicas (LCP, Lei n. 14.133/2021) qualifica como punível ato de particular que tenha visado frustrar os objetivos da licitação (art. 155, XI). De modo semelhante, a Lei de Improbidade conceitua como conduta ímproba frustrar a licitude de processo licitatório (art. 10, VIII). Ao mesmo passo, a LOTCU diz ser passível de sanção "fraude comprovada à licitação" (art. 46).

Obras especializadas dedicadas ao estudo do poder punitivo do Estado costumam ter seção destinada à relação entre conduta e sanção.[134] Na literatura sobre sanções administrativas, essa conduta é normalmente denominada *ilícito administrativo* ou *infração administrativa*.[135] O fator determinante para classificar a conduta é o ambiente em que se processa a apuração dos fatos e são determinadas suas consequências: no Poder Executivo.[136]

[134] Cf. FERREIRA, Daniel. *Sanções administrativas*. São Paulo: Malheiros, 2001, p. 63-79; MELLO, Rafael Munhoz de. *Princípios constitucionais de direito administrativo sancionador*. São Paulo: Malheiros, 2007, p. 42-84; OSÓRIO, Fábio Medina. *Direito administrativo sancionador*. 2. ed. São Paulo: Revista dos Tribunais, 2005, p. 322-328; PIMENTA, José Roberto. *Improbidade administrativa e sua autonomia constitucional*. Belo Horizonte: Fórum, 2009, p. 249-294.

[135] Posição dissonante identificada entre a doutrina brasileira é a de Fábio Medina Osório. Pertinente com sua definição do que é sanção administrativa em função dos efeitos produzidos, o autor chama apenas de "ilícito" a conduta geradora da sanção que poderá ser aplicada pela administração ou pelo Judiciário (OSÓRIO, Fábio Medina. *Direito administrativo sancionador*. 2. ed. São Paulo: Revista dos Tribunais, 2005, p. 104).

[136] No Brasil, esse enfoque não está no geral preocupado em debater a pertinência do âmbito de apuração da conduta vedada – se seria mais adequado o administrativo ou o judicial, por exemplo. Ele é mais pragmático: olha para a opção feita pelo legislador e, a partir das definições normativas, diz se o ilícito é administrativo ou não. Nesse sentido, é uma definição retrospectiva (cf. FERREIRA, Daniel. *Teoria geral da infração administrativa*. Belo Horizonte: Fórum, 2009).

Já no debate estrangeiro, é possível identificar duas outras linhas utilizadas para definir como *administrativo* um ilícito, pautadas por uma especial preocupação em diferenciar o ilícito administrativo do ilícito penal. Diferentemente do que faz a doutrina brasileira, ambas recorrem a elementos materiais e estão preocupadas com a criação de um futuro ilícito: se ele *deveria* ser apurado em âmbito administrativo ou judicial. Têm um olhar prospectivo, portanto. A primeira, defendida sobretudo pelas correntes alemã e italiana, sustenta que essa definição ocorreria em razão dos interesses atingidos pela conduta – quando fossem interesses gerais da sociedade, estar-se-ia diante de ilícito que deveria ser penal; quando se tratasse de interesses ligados especificamente à administração pública e ao seu bom funcionamento, deveria ser administrativo. A segunda linha, de origem espanhola, considera a definição a partir da

Lógica semelhante prevalece nos âmbitos de contas e judicial: as normas dirão quais condutas ensejarão a punição de seus autores.

São encontradas na legislação brasileira normas mais ou menos precisas quanto ao comportamento vedado. Combinar com concorrente os preços de bens ou serviços em prejuízo do mercado, prática conhecida por "cartel", é uma vedação bem definida pela Lei do Sistema Brasileiro de Defesa da Concorrência, cuja execução sujeita seu autor a sanções do Cade (art. 36, § 3º, I, *a*, da Lei n. 12.529/2011). Já praticar ato com grave infração à norma legal ou regulamentar de natureza contábil, financeira, orçamentária, operacional e patrimonial, prevista na LOTCU (art. 58, *caput* e inciso II), permite o enquadramento de uma miríade de condutas diferentes em sua vagueza.

Ambas as formatações – descrição mais precisa ou mais fluida – impõem que a conduta originará sanção em decorrência de um resultado indesejado pela norma vigente. Contudo, no segundo exemplo, a descrição é ampla o suficiente para deixar dúvidas sobre no que ela consiste na prática e, portanto, sobre quais comportamentos são passíveis de punição. Em função dessa plasticidade da norma, acaba sendo possível a utilização de parâmetros largamente subjetivos e que não necessariamente são pautados em análise tipicamente de licitude, mas de economicidade, adequação, desempenho e outros mais que a autoridade sancionadora entenda serem pertinentes à situação.

Verdade que, na ponta, sempre haverá um enquadramento da conduta à vedação legal. Por isso, ela será tecnicamente ilícita. Contudo, não é uma ilicitude óbvia, decorrente de uma conduta claramente descrita em norma. Ela dependerá da visão que a autoridade pública sancionadora tem sobre o que, no caso concreto, caracteriza prejuízo à administração.

reprovabilidade da conduta. Condutas mais reprováveis seriam puníveis com sanção penal, mais grave; condutas menos reprováveis seriam objeto de sanção administrativa, menos grave. Em sua pesquisa, Rafael Munhoz de Mello reconstrói essas duas linhas a partir de exemplos de seus respectivos defensores. Como adeptos à ideia dos interesses atingidos: James Goldschmidt, Eberhard Schmidt, Feliciano Benvenuti e Aldo Sandulli. Defendendo a classificação em relação à gravidade da conduta: José Cerezo Mir (MELLO, Rafael Munhoz de. *Princípios constitucionais de direito administrativo sancionador*. São Paulo: Malheiros, 2007, p. 46-60).
Por mais interessante que seja o debate estrangeiro, ambas as linhas apresentam dificuldades práticas, pois calcadas em grande subjetividade. Como diferenciar interesses da sociedade de interesses da administração? Ou como definir quais condutas são mais ou menos graves? Nesse sentido, a doutrina brasileira é mais prática.

O controle desempenhado pelo TCU talvez seja o que melhor exemplifica essa realidade. Não só há tipos normativos abertos que podem levar à responsabilização daqueles sujeitos ao seu controle, como também as próprias normas promoveram a diversificação dos parâmetros utilizados pelo tribunal para avaliar os temas submetidos à sua deliberação. E nem sempre a lente utilizada é a da legalidade, como visto anteriormente.

Essa característica talvez tenha colocado em xeque a suficiência dos termos "ilícito" ou "infração" para caracterizar toda conduta passível de sanção. "Irregularidade" parece melhor atender ao panorama atual, pois pode se referir tanto à típica ilegalidade (ilícito ou infração) quanto a situações em que o ato está em desconformidade com outras métricas (eficiência, por exemplo).

Talvez tenha sido por considerar essa realidade sancionadora que, nos dispositivos introduzidos pela Lei n. 13.655/2018, a LINDB utiliza "regularidade" para se reportar ao tipo de avaliação feita sobre conduta ou validade de ato, contrato, ajuste, processo ou norma administrativa (art. 22, § 1º).[137] Em um contexto no qual não é só a estrita adequação à lei que é avaliada, mas a própria opção de conduta feita pelo agente público em face das alternativas existentes, qualificar como *infração* ou *ilícito* o ato que pode levar à sanção é insuficiente para descrever o controle realizado sobre a administração pública.

1.3. O debate sobre *multiplicidade institucional*

Multiplicidade institucional é um conceito que remete à existência de duas ou mais instituições – entendidas como regras e normas que organizam as relações sociais, políticas e econômicas[138] – que desempenham funções de alguma maneira semelhantes dentro de um mesmo contexto. O termo surgiu vinculado a dois debates distintos: um sobre governança das políticas públicas de proteção ambiental, e outro sobre formação de jurisdições paralelas ao poder estatal em locais em que o Estado é ausente.

[137] LINDB: Art. 22. [...]. "§ 1º Em decisão sobre regularidade de conduta ou validade de ato, contrato, ajuste, processo ou norma administrativa, serão consideradas as circunstâncias práticas que houverem imposto, limitado ou condicionado a ação do agente" (BRASIL. *Decreto-Lei n. 4.657, de 4 de setembro de 1942.* Lei de Introdução às normas do Direito Brasileiro. Brasília: Presidência da República, 1942. Disponível em: http://www.planalto.gov.br/ccivil_03/decreto-lei/del4657.htm. Acesso em: 3 nov. 2022).

[138] NORTH, Douglas. *Institutions, Institutional Change, and Economic Performance.* Nova York: Cambridge University Press, 1990.

No primeiro caso, o tema passou a ser explorado com frequência em estudos produzidos entre os anos 1990 e a primeira década dos anos 2000, que problematizavam a quantidade de regulações ambientais feitas por entidades supranacionais (como as do *Programa das Nações Unidas para o Meio Ambiente*), às quais diversos países aderiam, mas cuja efetividade para alcançar os fins de preservação do meio ambiente era incerta. Embora a quantidade de regulações paralelas pudesse sugerir que a comunidade internacional empregava esforços na causa, pesquisas indicavam cenário em que certas questões estavam sujeitas a duas ou mais regulações – por vezes com conteúdo dissonante entre si –, enquanto outras ficavam no vácuo, sem normas que as endereçassem.[139]

No segundo caso, a ideia da multiplicidade institucional foi lançada por Jonathan Di John, em 2008, em estudo do Centro de Pesquisa sobre Estados em Crise da London School of Economics, para descrever a formação de instituições paralelas ao Estado, com códigos de conduta próprios, em países onde a presença do governo oficial era frágil em certos trechos de seu território. Nessas circunstâncias, outras instituições – muitas vezes ligadas ao crime organizado – acabavam ocupando a lacuna deixada pelo Estado e, em troca de algum tipo de submissão, ofereciam aos residentes daquela localidade proteções e serviços em regra oferecidos pelo governo.[140]

Apesar das óbvias diferenças contextuais entre os dois casos, em ambos a ideia de multiplicidade remete a mais de uma instituição desempenhando funções semelhantes. Deixando de lado a hipótese em que essa situação ocorre à margem da legalidade e se atendo à opção pela sobreposição legítima, os trabalhos sobre o tema costumam apontar efeitos positivos ou negativos do arranjo jurídico a partir de casos concretos – como o da regulação internacional do meio ambiente – e, a partir disso, concluem por sua efetividade ou não.[141]

É difícil assumir postura definitiva a respeito da adequação universal da multiplicidade institucional às diversas áreas em que ela pode se instalar.

[139] Cf. Weiss, Edith Brown. International Environmental Law: Contemporary Issues and the Emergence of a New World Order. *The Georgetown Law Journal*, [*s. l.*], n. 81, p. 675-693,1993.

[140] Di John, Jonathan. *Conceptualising the Causes and Consequences of Failed States*: A Critical Review of the Literature. Working Paper. Crisis States Research Centre 25, p. 1-51, 2008.

[141] Cf. Ivanova, Maria; Roy, Jennifer. The Architecture of Global Environmental Governance: Pros and Cons of Multiplicity. *In*: Swart, Lydia; Perry, Estelle (eds.). *Global Environmental Governance*: Perspectives on the Current Debate. Nova York: Center for UN Reform Education, 2007, p. 48-66.

O que se pode fazer é sistematizar prós e contras do modelo e, a partir disso, olhar para casos concretos e avaliar se o saldo final é positivo ou negativo.

Primeiro argumento utilizado para sustentar a vantagem da multiplicidade institucional é a convicção de que, para alcançar interesses gerais, "quanto mais, melhor". Se se quer proteger o meio ambiente, por exemplo, muitas regras que instituem condutas desejáveis e vedando aquelas prejudiciais fomentariam o *bom* e responsabilizariam o *ruim*. Nesse sentido, haveria uma sobreposição de instituições produtiva ao serem potencializadas as chances de se chegar ao objetivo principal.

De modo similar, ter diversos agentes fiscalizando o cumprimento dessas regras aumentaria as chances de se apanhar irregularidades difíceis de serem detectadas à primeira vista. Sobre esse aspecto, Martin Landau, professor de ciência política da Universidade de Berkeley, já em 1969 defendia que essa redundância de atribuições decorrente de haver mais de uma instituição responsável por fazer a fiscalização de determinada atividade seria positiva na medida em que permitiria não só uma dupla checagem dos fatos (ou tripla, quádrupla, etc.), mas também que fossem instituídos procedimentos de fiscalização diferentes entre si, mais customizados a cada situação.[142]

Também é comum que a literatura aponte como vantagem da multiplicidade a competição entre instituições, que pode levar ao incremento de suas *performances*. A lógica seria semelhante àquela do mercado privado: a instituição precisa entregar o melhor serviço possível para justificar sua manutenção. Caso contrário, corre o risco de o desprestígio levar à perda do seu espaço de atuação e eventual encerramento de suas atividades.[143]

Por fim, ainda como aspecto positivo é apontado que a pluralidade permite um *forum shopping*, na expressão de Karen J. Alter e Sophie Meunier.[144] Isso significa dizer que o "cliente" poderá escolher o regime institucional que considera mais adequado para lidar com o tema, em vista das peculiaridades do caso concreto. Para continuar no exemplo da proteção

[142] LANDAU, Martin. Redundancy, Duplication and the Problem of Duplication and Overlap. *Public Administration Review*, [*s. l.*], n. 29, p. 346-358, 1969.

[143] Cf. WEDGEWOOD, Ruth. Give the United Nations a Little Competition. *The New York Times*, 5 dez. 2005.

[144] ALTER, Karen; MEUNIER, Sophie. Banana Splits: Nested and Competing Regimes in the Transatlantic Banana Trade Dispute. *Journal of European Public Policy*, [*s. l.*], n. 13, p. 362-382, 2006.

ao meio ambiente, seria quando o país olhasse para o arcabouço regulatório internacional existente e escolhesse aquele que apresentasse mais aderência à questão prática que quer resolver – tal vantagem adota como premissa que a escolha será feita sempre em vista dos interesses gerais, e desconsidera eventuais desvios no motivo que levou o país a escolher determinada regulação.

Por outro lado, as críticas feitas à multiplicidade institucional comumente reconhecem o mesmo problema nas diversas situações em que o modelo é adotado: a dificuldade de coerência. É frequente na literatura a conclusão pela contradição entre atuações das diversas instituições, ou mesmo que a suposição de que a abundância aumenta as chances de se apanhar irregularidade é inverídica, pois, na prática, instituições tendem a olhar para os mesmos problemas e deixar outros de lado.

Mais uma vez no exemplo da regulação internacional ambiental, constatou-se que as normas produzidas pelas diversas instituições acabavam abordando os mesmos assuntos e ignoravam outros. Pior: possuíam conteúdo em alguma medida incompatível entre si, visto que umas impunham medidas de proteção ambiental mais restritivas que outras para serem adotadas na mesma situação.[145]

Apesar de aqui colocado em termos gerais, esse panorama de prós e contras foi construído a partir de situações concretas, e, em 2014, a multiplicidade institucional foi utilizada como lente de abordagem para tema fortemente ligado ao poder sancionador estatal: instituições de controle e combate à corrupção.

Em estudo conjunto, Maíra Machado, Guillermo Jorge e Kevin E. Davis analisaram a estrutura estatal criada para combate à corrupção em seis países da América do Sul: Argentina, Bolívia, Brasil, Colômbia, Paraguai e Peru. Mostraram que a multiplicidade de atores atuando sobre o tema foi adotada nos seis casos analisados, cada um com suas próprias peculiaridades de arranjo. No caso brasileiro, em que essas instituições têm autonomia e muitas atribuições sobrepostas, avaliaram que os resultados teriam sido positivos: instituições competentes teriam tido sucesso em

[145] Cf. IVANOVA, Maria; ROY, Jennifer. The Architecture of Global Environmental Governance: Pros and Cons of Multiplicity. *In*: SWART, Lydia; PERRY, Estelle (eds.). *Global Environmental Governance*: Perspectives on the Current Debate. Nova York: Center for UN Reform Education, 2007, p. 3-5.

desmantelar esquemas de corrupção e a coordenação entre elas levado ao aprimoramento de suas atuações.[146]

Ressalte-se que, à época da divulgação do artigo, ainda se iniciavam no Brasil os esforços da Polícia Federal no que veio a ficar conhecido por *Operação Lava Jato*, de modo que o trabalho não levou em conta a dinâmica da interação institucional que se verificaria nos anos seguintes. Paralelamente ao desenvolvimento da Lava Jato, formou-se uma literatura – ainda incipiente – a respeito da multiplicidade institucional no combate à corrupção, sobretudo adotando o próprio Brasil como objeto de estudo.

Nesse contexto, em 2016, Mariana Mota Prado e Lindsey Carson publicaram artigo no qual sustentaram que a sobreposição de instituições com competências investigativas fortaleceu o sistema brasileiro de combate à corrupção ao promover a cooperação institucional. Além disso, com base em premissas semelhantes àquelas utilizadas em outros contextos para argumentar pelas vantagens da multiplicidade, cogitaram que o arranjo ajudaria eventuais falhas na fiscalização realizada por uma instituição a serem compensadas por outra.[147]

Entretanto, as autoras apontaram possíveis problemas do modelo: a multiplicação de custos decorrentes de várias instituições desempenharem funções semelhantes; possibilidade de novos focos de corrupção em decorrência da larga burocracia pública envolvida nas investigações; perigo de violação de direitos fundamentais dos investigados, que terão de eventualmente responder a diversos processos; e que a competição entre instituições pode ter efeito negativo e levar a cenário em que uma instituição prejudica a atuação da outra – algo como uma competição "predatória".[148]

Sobre esse último aspecto, no mesmo ano em que foi publicado o trabalho de Prado e Carson, dois cientistas políticos brasileiros, Ana Luiza Aranha e Fernando Filgueiras, também publicaram estudo em que analisaram o comportamento das instituições públicas de controle no Brasil,

[146] Davis, Kevin, Machado, Maíra; Jorge, Guillermo. *Coordinating the Enforcement of Anti-Corruption Law*: South American Experiences. 2014, p. 38. Disponível em: https://idl-bnc-idrc.dspacedirect.org/bitstream/handle/10625/55750/IDL-55750.pdf. Acesso em: 27 jan. 2023.

[147] Mota Prado, Mariana; Carson, Lindsey. Brazilian Anti-Corruption Legislation and Its Enforcement: Potential Lessons for Institutional Design. *Journal of Self-Governance and Management Economics*, Nova York, n. 4, p. 34-71, 2016.

[148] Mota Prado, Mariana; Carson, Lindsey. Using Institutional Multiplicity to Address Corruption as a Collective Action Problem: Lessons from the Brazilian Case. *The Quarterly Review of Economics and Finance*, Illinois, n. 62, p. 56-65, 2016.

considerando especialmente as interações entre elas. As conclusões alcançadas parecem, em alguma medida, confirmar o problema em potencial apontado por Prado e Carson.

Entrevistados pelos autores, integrantes da CGU, do MPF e do TCU revelaram que os esforços investigativos das instituições são menos cooperativos entre si e tendem a adotar postura competitiva:

> A análise das entrevistas tendeu a reforçar as hipóteses traçadas na revisão da literatura: de uma forma geral, ressalta-se a ausência de interações coordenadas e a predominância de uma relação competitiva entre as instituições – "é um trabalho feito de forma mais ou menos arbitrária, sem coordenação entre os órgãos" (Entrevistado 36, MPF, 2014). Não é que as interações não ocorram. Elas ocorrem, mas pela via de uma competição predatória entre as instituições de *accountability*, que se preocupam sobremaneira com a atenção midiática e deixam a desejar no quesito cooperação e trocas simbióticas. Os entrevistados, de forma geral, apontaram a ocorrência de mudanças significativas em cada uma das instituições do sistema de *accountability* no Brasil. Porém, o processo de investigação e responsabilização dos agentes públicos carece de uma ação coordenada e conjunta das instituições, o que prejudica o andamento dos processos.[149]

Pode-se extrair das entrevistas reproduzidas no estudo que os motivos para a adoção de tal postura seriam dois. Primeiro, que esse modelo no qual cada instituição desempenha diversas funções, com eventual sobreposição entre elas, acaba por gerar sistemas fechados. Significa dizer: uma instituição não acredita precisar da colaboração das outras para desempenhar funções que lhes são comuns dentro do procedimento de controle e responsabilização – enquanto cada instituição puder realizar suas próprias investigações de modo autônomo, não quer a interferência das outras. Já o segundo motivo não possui bases jurídicas: "[...] vaidade, relutância em dividir o mérito das investigações".[150]

[149] ARANHA, Ana Luiza; FILGUEIRAS, Fernando. Instituições de *accountability* no Brasil: mudança institucional, incrementalismo e ecologia processual. *Cadernos ENAP*, Brasília, n. 44, p. 34, 2016.

[150] ARANHA, Ana Luiza; FILGUEIRAS, Fernando. Instituições de *accountability* no Brasil: mudança institucional, incrementalismo e ecologia processual. *Cadernos ENAP*, Brasília, n. 44, p. 34, 2016.

Claro, afirmar que há indisposição das instituições para cooperarem umas com as outras e dizer que suas atuações também são movidas por alguma vaidade, sob aspectos práticos, não implica dizer que elas não estão entregando resultados. Pode-se argumentar que, se o combate à corrupção está tendo efeito, e se não há inconstitucionalidade ou ilegalidade na atuação institucional, pouco importa se há entrosamento entre os diversos procedimentos de controle e responsabilização. Essa visão, contudo, não é correta.

Foi concedida autonomia a essas instituições para que pudessem realizar suas atribuições livremente, sem eventuais interferências externas de terceiros que, de algum modo, comprometessem a efetividade de seus trabalhos. Se procedimentos de controle e responsabilização dependessem de autorização externa ou ficassem sujeitos a validações de terceiros, cresceriam os riscos de eventuais sabotagens – lembrando que sabotagens também podem acontecer internamente na instituição – e haveria possível perda de eficiência em função do aumento no tempo que o procedimento consumiria, provocado pelo envolvimento de outras estruturas burocráticas que têm seu ritmo próprio de funcionamento. A autonomia é instrumento que tende a minimizar esses problemas ao não deixar a atuação institucional dependente de fatores externos.

No entanto, a autonomia não foi concedida para que instituições se fechem em si mesmas, como se não fosse relevante a coordenação. Se a premissa de atuação comum a todas elas é a manutenção e a reparação de interesses gerais, é preciso ter em mente que não foi dada a essas instituições a prerrogativa de definirem quais são os interesses gerais unicamente a partir de suas atuações individuais e ignorarem a atuação das demais. A função de manter e reparar tais interesses vai além e inclui colaborar e coordenar, na medida do possível, os procedimentos de controle e responsabilização que correm em paralelo.

Performances coordenadas e colaborativas podem levar a resultados muito mais produtivos, considerando o objetivo de manutenção e reparação de interesses gerais que deve mover essas instituições. O TCU, por exemplo, já enfatizou que alguns de seus procedimentos fiscalizatórios somente conseguiram sucesso em razão de provas obtidas com base em acordos de leniência celebrados por outras instâncias de controle. Não fosse isso, as provas produzidas no curso da investigação do próprio tribunal seriam insuficientes para que chegasse em conclusões definitivas a respeito das irregularidades.[151]

De outro modo, a falta de coordenação pode levar a resultados subótimos. O estudo de Aranha e Filgueiras, que olha para o Programa de Sorteios Públicos da CGU[152] e considera a ação descoordenada de diversos controladores públicos, mostra que, do conjunto de 19.153 irregularidades apresentadas nos relatórios de auditoria da CGU, apenas 49,6% foram analisadas pelo MPF, apenas 0,93% foram objeto de inquéritos na Polícia Federal e apenas 1,28% foram analisadas no TCU.[153]

Mesmo considerando a possibilidade de o relatório da CGU trazer apenas indícios que depois não se comprovariam irregularidades de fato, é baixo o percentual de indícios que foram investigados pelas demais instâncias de controle. Os números mostram o pouco entrosamento entre instâncias.

[151] É o relatado, por exemplo, no acórdão 1.214/2018: "[...] observo que a imputação promovida no presente feito utilizou, principalmente, provas e informações trazidas pela própria empresa e seus executivos, no bojo e em decorrências de acordos de leniência e de colaboração premiada celebrados com o Ministério Público Federal e com o Cade. Embora haja outros elementos de prova sobre o cartel, anteriores aos acordos de cooperação da empresa SOG – Óleo e Gás S.A., [...] tais elementos foram robustecidos pelas provas de corroboração e pelas informações detalhadas fornecidas pela empresa e seus executivos a respeito do funcionamento do cartel" (BRASIL. Tribunal de Contas da União [Plenário]. *Acórdão 1.214/2018*. Representação para apurar a participação da Sociedade Empresária SOG – Óleo e Gás S.A. em supostas fraudes ocorridas nas licitações conduzidas pela Petrobras para implantação da Refinaria Abreu e Lima em Ipojuca/PE, também denominada de Refinaria do Nordeste – RNEST. [...]. Relator: Min. Benjamin Zymler. Julgamento: 30 de maio de 2018, p. 51. Disponível em: https://pesquisa.apps.tcu.gov.br/#/documento/acordao-completo/*/NUMACORDAO%253A1214%2520ANOACORDAO%253A2018%2520RELATOR%253A%2522BENJAMIN%2520ZYMLER%2522/DTRELEVANCIA%2520desc%252C%2520NUMACORDAOINT%2520desc/0/%2520. Acesso em: 8 nov. 2022).

[152] Instituído em 2003, o programa promove auditorias *in loco* de recursos públicos federais transferidos a municípios. São sorteados 60 municípios por ano, para os quais são enviados auditores da CGU com finalidade de averiguar prestações de contas, aplicação financeira dos recursos e bens e serviços produzidos com esses recursos federais.

[153] Aranha, Ana Luiza; Filgueiras, Fernando. Instituições de *accountability* no Brasil: mudança institucional, incrementalismo e ecologia processual. *Cadernos ENAP*, Brasília, n. 44, p. 28-31, 2016.

1.3.1. O debate sobre *multiplicidade institucional* aplicado às sanções de direito administrativo

Como o debate sobre a multiplicidade institucional pode ajudar na análise da convivência de múltiplas sanções de direito administrativo incidentes sobre uma mesma irregularidade?

A literatura sobre o tema produzida até o momento leva em consideração instituições cujas atuações têm propósitos e efeitos semelhantes. Em princípio, não seria o caso das sanções administrativa, de contas e judicial cível por estarem ligadas às funções desempenhadas pelas instituições que as aplicam, diferentes entre si. Porém, uma vez que o resultado dessas atuações pode ter efeitos práticos similares, pode-se aproveitar a produção sobre multiplicidade institucional para compreender os riscos do modelo.

O malefício em potencial subsiste: gerar atuações subótimas em função da falta de articulação institucional com os mesmos resultados práticos, inclusive em função da competição predatória que pode existir, conforme apontaram Aranha e Filgueiras. Floriano de Azevedo Marques Neto e Juliana Bonacorsi de Palma argumentam justamente que esse descompasso entre instituições na atividade sancionadora é um dos impasses atuais do controle da administração pública:

> Uma das características do sistema de controle da Administração Pública é exatamente a *sobreposição das instituições de controle.* [...] Poucas são as iniciativas de *cooperação* entre os entes de controle. Os acordos de cooperação técnica existentes se voltam, de modo geral, à troca de informações e realização de trabalhos de auditoria e instrução processual conjuntas. Em outros termos, a cooperação existente entre as instituições de controle concentra-se na investigação, preservando-se a autonomia de cada ente para conduzir o processo de responsabilização em seus correspondentes âmbitos.[154] (Grifo dos autores)

Eventual descompasso entre desempenhos sancionadores pode implicar prejuízo à segurança jurídica daqueles a eles submetidos. O ponto central da preocupação é a ocorrência de *bis in idem* e desproporcionalidade da punição, que, se não se verifica em plano teórico em função da diferença entre as finalidades das sanções aplicadas, pode acontecer no plano prático em decorrência de seus efeitos similares.

[154] MARQUES NETO, Floriano de Azevedo; PALMA, Juliana Bonacorsi de. Os sete impasses do controle da administração pública no Brasil. *In*: PEREZ, Marcos Augusto; SOUZA, Rodrigo Pagani de (coords.). *Controle da administração pública*. Belo Horizonte: Fórum, 2017, p. 33.

No geral, tem-se argumentado que a existência de múltiplos potenciais punitivos não constituiria *bis in idem* por tratar-se de sanções distintas, aplicadas por autoridades públicas com autonomia e competência sancionadora própria. Nesse sentido, José Roberto Pimenta, a exemplo de como a doutrina tem se posicionado sobre o tema, afirma que, "[s]e a ordem constitucional instituir, relativamente às mesmas condutas ilícitas, diversidade de sistemas sancionadores, não é possível sustentar ofensa ao *non bis in idem*".[155] Porém, a discussão é mais complexa do que aparenta. A ela é dedicada a próxima seção.

1.4. As premissas da *independência de sanções* e do *non bis in idem*

Independência de sanções é expressão usualmente referida em debates que envolvem o poder sancionador do Estado. Ela traduz argumento construído para sustentar que sanções aplicadas em decorrência de uma mesma irregularidade, mas provenientes de jurisdições diferentes, não implicam punições repetidas. Nessa acepção, não haveria ofensa ao preceito jurídico do *non bis in idem*, expressão tipicamente utilizada para remeter à vedação da reiteração punitiva.

Bas Van Bockel define o *non bis in idem* como preceito jurídico fundamental que restringe a possibilidade de um indivíduo ser repetidamente processado com base na mesma irregularidade. O preceito tem uma longa história e existe nos mais diversos sistemas jurídicos nacionais em diferentes formas: como garantia constitucional, como regra de processo penal e como garantia em processos de extradição.[156]

Em geral, essa reiteração é vedada em Estados adeptos ao *rule of law* por se entender que configura abuso do poder punitivo estatal e que afronta as premissas de devido processo legal e proporcionalidade da sanção.[157]

[155] PIMENTA, José Roberto. *Improbidade administrativa e sua autonomia constitucional*. Belo Horizonte: Fórum, 2009, p. 230.

[156] "The principle of *ne bis in idem* is a fundamental principal of law, which restricts the possibility of a defendant being prosecuted repeatedly on the basis of the same *offence, act or facts*. The principle has a long history and exists in national systems of law in different forms: as a constitutional guarantee, as a rule of a criminal procedure, and as a guarantee in extradition law" (BOCKEL, Bas Van. The "European" Ne Bis in Idem Principle – Substance, Sources, and Scope. *In*: BOCKEL, Bas Van [ed.]. *Ne Bis in Idem in EU Law*. Cambridge: Cambridge University Press, 2016, p. 13, grifo do autor).

[157] BOCKEL, Bas Van. The "European" Ne Bis in Idem Principle – Substance, Sources, and Scope. *In*: BOCKEL, Bas Van (ed.). *Ne Bis in Idem in EU Law*. Cambridge: Cambridge University Press, 2016, p. 13.

Nos EUA, por exemplo, a vedação foi constitucionalmente instituída em 1791, por meio da 5ª Emenda, ao dispor que ninguém ficará sujeito a julgamento pela mesma ofensa duas vezes.[158] Também a Carta de Direitos Fundamentais da União Europeia, aplicada aos países-membros do bloco econômico, prevê que ninguém será punido criminalmente duas vezes pela mesma conduta.[159]

A ideia da vedação é de que o acusado deve se defender em um único processo, no qual estejam reunidos todos os elementos sobre o que lhe é imputado, e, com base nesses elementos e se for o caso, deve ser calculada pena condizente com a irregularidade. Apesar de dizer respeito amplamente ao poder punitivo estatal, é muito associada ao direito penal em função de ser o ramo em que o exercício desse poder é a preocupação central. Por isso, diz-se que vige no direito penal o princípio do *non bis in idem*, ou seja, da proibição à punição repetida.

No ordenamento brasileiro, o *non bis in idem* ganhou dimensões constitucionais e legais. A Constituição Federal, ao vincular a atuação do Estado restritiva de direito de particulares ao devido processo legal (art. 5º, LIV), e suas garantias de legalidade e proporcionalidade, parece ter implicitamente incorporado a premissa da vedação à punição repetitiva.[160] Da mesma forma, a premissa de individualização da pena (art. 5º, XLVI) também acaba por exigir dosimetria que incorpore todos os elementos necessários para responsabilização do particular, o que tornaria inconstitucionais e desarrazoadas outras sanções de efeitos semelhantes que levassem em consideração os mesmos elementos.

[158] Constituição dos EUA: "Amendment V. No person shall be held to answer for a capital, or otherwise infamous crime, unless on a presentment or indictment of a Grand Jury, except in cases arising in the land or naval forces, or in the Militia, when in actual service in time of War or public danger; *nor shall any person be subject for the same offence to be twice put in jeopardy of life or limb*; nor shall be compelled in any criminal case to be a witness against himself, nor be deprived of life, liberty, or property, without due process of law; nor shall private property be taken for public use, without just compensation" (grifo nosso).

[159] Carta de Direitos Fundamentais da União Europeia: "*Article 50. Right not to be tried or punished twice in criminal proceedings for the same criminal offence.* No one shall be liable to be tried or punished again in criminal proceedings for an offence for which he or she has already been finally acquitted or convicted within the Union in accordance with the law" (grifo nosso).

[160] Cf. OSÓRIO, Fábio Medina. *Direito administrativo sancionador.* 2. ed. São Paulo: Revista dos Tribunais, 2005, p. 339-340.

Na legislação penal, o *non bis in idem* aparece em previsões como a do CP (Decreto-Lei n. 2.848/1940), que dispõe: "A pena cumprida no estrangeiro atenua a pena imposta no Brasil pelo mesmo crime, quando diversas, ou nela é computada, quando idênticas" (art. 8º).[161] E a LIA, após sua reforma em 2021, passou a estabelecer que as sanções aplicadas a pessoas jurídicas com base nela e na LAC "deverão observar o princípio constitucional do *non bis in idem*" (art. 12, § 7º).[162]

Ainda que a vedação ao *bis in idem* na legislação brasileira não apareça de maneira tão explícita quanto em outros países – com exceção do caso da LIA, voltado especificamente a suas sanções em situações nas quais também incidam as sanções da LAC –, não há dúvidas de que ela se aplica ao direito sancionador, tendo STF utilizado sua premissa para fundamentar inúmeras decisões da Corte. Em 2019, por exemplo, no *Habeas Corpus* 171.118, a Segunda Turma do tribunal decidiu trancar ação penal instaurada no Brasil contra brasileiro que já havia sido processado e condenado na Suíça por lavagem de dinheiro, por entender que uma pessoa não pode ser processada e punida duas vezes pelo mesmo fato.[163]

No Brasil e em outros países, a discussão é muitas vezes feita ao se contrapor o *non bis in idem* ao princípio da soberania nacional ou dos entes federativos autônomos. A questão é se conduta que constitui irregularidade em jurisdições diferentes pode ser punida em todas elas.

Adotando entendimento diferente do STF, nos EUA, também em 2019 e por maioria de votos (7 a 2), decisão da Suprema Corte americana no caso *Gamble v. United States* determinou que deveria prevalecer o princípio da soberania dos entes federativos, que poderiam responsabilizar autono-

[161] BRASIL. *Decreto-Lei n. 2.848, de 7 de dezembro de 1940.* Código Penal. Brasília: Presidência da República, 1940. Disponível em: https://www.planalto.gov.br/ccivil_03/decreto-lei/del2848compilado.htm. Acesso em: 5 nov. 2022.

[162] BRASIL. *Lei n. 8.429, de 2 de junho de 1992.* Dispõe sobre as sanções aplicáveis em virtude da prática de atos de improbidade administrativa, de que trata o § 4º do art. 37 da Constituição Federal; e dá outras providências. Brasília: Presidência da República, 1992. Disponível em: http://www.planalto.gov.br/ccivil_03/leis/l8429.htm. Acesso em: 3 nov. 2022.

[163] BRASIL. Supremo Tribunal Federal (2. Turma). *Habeas Corpus 171.118/SP.* Penal e Processual Penal. 2. Proibição de dupla persecução penal e *ne bis in idem*. 3. Parâmetro para controle de convencionalidade. Art. 14.7 do Pacto Internacional sobre Direitos Civis e Políticos. Art. 8.4 da Convenção Americana de Direitos Humanos. [...]. Relator: Min. Gilmar Mendes. Julgamento: 12 de novembro de 2019. Disponível em: https://jurisprudencia.stf.jus.br/pages/search/sjur429446/false. Acesso em: 8 nov. 2022.

mamente o agente que praticou a irregularidade. No caso, o agente (Gamble), após ter se declarado culpado a autoridades do estado do Alabama por crime previsto em lei estadual, foi indiciado pela procuradoria federal pela mesma conduta, mas com base na legislação penal federal.

O conceito começou a importar mais aos debates sobre direito administrativo com a proliferação de sanções administrativas que se verificou a partir da metade do século XX. No início desse período, estudos europeus sobre sanções administrativas que consideravam a diversidade de instâncias sancionadoras adotaram narrativa sustentando que o *non bis in idem* vedaria a punição reiterada em uma mesma jurisdição sancionadora, mas não se aplicaria a jurisdições diferentes. Daí que seria perfeitamente possível, a partir de uma mesma irregularidade, um agente ser punido em diferentes esferas.

Esses estudos olhavam especialmente para as interseções administrativa e penal, e justificavam a pluralidade de sanções no entendimento de que as sanções possuíam finalidades diferentes. Enquanto a sanção penal visava à punição do agente, a administrativa buscava outros fins. Além do mais, grande parte dos casos poderia levar a sanções cujos efeitos práticos eram diferentes – por exemplo, uma condenação criminal poderia levar à prisão ou à multa, enquanto a condenação administrativa poderia implicar suspensão ou demissão do agente.[164]

[164] Agata Cebera e Dominik Horodyski, olhando para o desenvolvimento do tema nos Estados europeus, e com especial atenção ao sistema jurídico polonês, argumentam que o olhar doutrinário permissivo com a pluralidade de sanções ainda hoje continua a decorrer da concepção de que elas possuem funções distintas: "However, one should note that the legislator is not always obliged to choose between the sanctions, and consequently criminal sanctions may coincide with administrative sanctions. This means that the same act may be sanctioned both on the grounds of the criminal law and the administrative law. In the jurisprudence and doctrine it is also indicated that the concurrence of administrative sanctions may include the disciplinary, offense or civil sanctions. One should share the views presented in the doctrine that in principle no entity should be sanctioned twice for the same unlawful conduct. However, it should be stressed that the possibility of introducing the double 'punishment' is not strictly prohibited under Polish law. As it is rightly observed by M. Wincenciak, it is acceptable when the predicting of the formation of responsibility aim to protect other legal interests. According to the authors of this study, one should also allow the concurrence of criminal and administrative sanctions in case when these sanctions fulfil different functions, e.g., the administrative sanction plays the preventive-redistribution function, while the criminal sanction plays the repressive function" (CEBERA, Agata; HORODYSKI, Dominik. Issues Related to the Use of Administrative Sanctions Analyzed

Confira-se o que dizia o já mencionado *Rapport Generale*, de 1972, produzido a partir de estudos elaborados por Alemanha, Bélgica, França, Itália, Luxemburgo e Holanda sobre o tema em seus respectivos sistemas jurídicos:

> O princípio que domina a questão é o da independência do sistema repressivo penal em relação ao sistema repressivo administrativo. Há unanimidade neste ponto nos seis países. Este princípio, vinculativo na ausência de disposições legislativas contrárias, resulta em que a regra "non bis in idem" não se aplica e que as sanções penais e administrativas podem ser combinadas. Os casos mais frequentes surgem em questões disciplinares de funcionário público que é culpado de atos que levaram a uma condenação criminal. [...] O Conselho de Estado da Bélgica justifica a solução declarando que a ação penal e a ação disciplinar, tanto na natureza quanto em termos do objetivo que perseguem, movem-se em planos claramente distintos. A sanção disciplinar ou profissional tem, segundo o relatório alemão, outro objeto que a sanção penal: tende a estimular o servidor público a respeitar suas obrigações profissionais ou a salvaguardar a reputação profissional da entidade. A pena administrativa por perda que pode ser imposta ao professor condenado por agressão indecente à pessoa de seus alunos tende a proteger os alunos.[165]

Essa solução foi semelhante à dada pelo STF em seus julgados a partir da década de 1950, em que estabeleceu a autonomia das instâncias administrativa e penal para fins sancionadores, conforme visto anteriormente. E, para além dessas decisões judiciais, havia também normas legais que previam a independência de instâncias.

No Brasil, os fundamentos normativos da concepção de independência de sanções estão ligados à sucinta legislação voltada à interação entre as esferas cível e penal. Tanto o antigo Código Civil de 1916 (Lei n. 3.071) quanto o ainda vigente Código de Processo Penal, de 1941 (Decreto-Lei n. 3.689), trouxeram normas que abordavam o tema.

from Safety Perspective. *In*: KOPCZEWSKI, Marian; KURKIEWICZ, Anna; MIKOLAJCZAK, Stanisław [eds.]. *Paradygmaty Badań Nad Bezpieczeństwem*. Posnânia: Wydawnictwo Wyższej Szkoły Bezpieczeństwa, 2015, p. 335-336).

165 ASSOCIATION OF THE COUNCILS OF STATE AND SUPREME ADMINISTRATIVE JURISDICTIONS OF THE EUROPEAN UNION. *La Sanction Administrative – Rapport General*. 1972, p. 503-504, tradução livre.

> *Código Civil de 1916*
> Art. 1.525. A responsabilidade civil é independente da criminal; não se poderá, porém, questionar mais sobre a existência do fato, ou quem seja o seu autor, quando essas questões se acharem decididas no crime.[166]

> *Código de Processo Penal*
> Art. 66. Não obstante a sentença absolutória no juízo criminal, a ação civil poderá ser proposta quando não tiver sido, categoricamente, reconhecida a inexistência material do fato.
> Art. 67. Não impedirão igualmente a propositura da ação civil:
> I – o despacho de arquivamento do inquérito ou das peças de informação;
> II – a decisão que julgar extinta a punibilidade;
> III – a sentença absolutória que decidir que o fato imputado não constitui crime.[167]

A independência das responsabilizações civil e criminal é clara nos dispositivos, cujas únicas exceções seriam a vinculação da instância civil quando reconhecida a inocorrência do fato ou da autoria pela justiça criminal. Apesar de poderem ser destinados àqueles que praticassem irregularidades contra a administração pública, os dispositivos eram mais amplos e abrangiam a responsabilização de pessoas em geral.

Sob esse enfoque normativo, o tema começou a concernir mais diretamente ao direito administrativo a partir da edição do Estatuto dos Funcionários Públicos Civis da União, em 1952, no qual havia referência expressa à responsabilização dos funcionários públicos de forma independente nas esferas administrativa, cível e penal.

> *Estatuto dos Funcionários Públicos Civis da União*
> Art. 196. Pelo exercício irregular de suas atribuições, o funcionário responde civil, penal e administrativamente.

[166] BRASIL. *Lei n. 3.071, de 1º de janeiro de 1916* [Código Civil de 1916]. Código Civil dos Estados Unidos do Brasil. Rio de Janeiro, 1916. Disponível em: http://www.planalto.gov.br/ccivil_03/leis/l3071.htm. Acesso em: 6 nov. 2022.

[167] BRASIL. *Decreto-Lei n. 3.689, de 3 de outubro de 1941*. Código de Processo Penal. Brasília: Presidência da República, 1941. Disponível em: http://www.planalto.gov.br/ccivil_03/decreto-lei/del3689compilado.htm. Acesso em: 5 nov. 2022.

> Art. 200. As cominações civis, penais e disciplinares poderão cumular-se, sendo umas e outras independentes entre si, bem assim as instâncias civil, penal e administrativa.[168]

Foi com base nessas disposições do Estatuto que a administração pública aplicava sanções aos seus funcionários mesmo em casos em que não houvesse condenação criminal. E foram justamente esses os casos levados ao STF, nos quais o tribunal decidiu que haveria vinculação entre as instâncias administrativa e penal em termos similares aos previstos no Código Civil de 1916, referentes à interação entre esferas penal e cível.[169]

Com o passar dos anos, outras leis, como o atual Estatuto Jurídico dos Servidores Públicos Civis da União (art. 125), a LIA (art. 12, *caput*) e a LGL de 1993 (art. 82), trouxeram disposições que reforçavam a independência de sanções. As normas que estabelecem essa independência mantiveram-se caracteristicamente vagas e não especificaram exatamente no que ela consiste. Apenas disseram que sanções serão aplicadas "independentemente" ou "sem prejuízo" de outras, previstas nas demais jurisdições. Vejam-se os exemplos contidos nas três leis mencionadas:

> *Estatuto Jurídico dos Servidores Civis da União*
>
> Art. 125. As sanções civis, penais e administrativas poderão cumular-se, sendo independentes entre si.[170]
>
> *Lei de Improbidade Administrativa*
>
> Art. 12. Independentemente das sanções penais, civis e administrativas previstas na legislação específica, está o responsável pelo ato de improbidade sujeito às seguintes cominações, que podem ser aplicadas isolada ou cumulativamente, de acordo com a gravidade do fato: [...] (redação original)

[168] BRASIL. *Lei n. 1.711, de 28 de outubro de 1952.* Dispõe sobre o Estatuto dos Funcionários Públicos Civis da União. Rio de Janeiro, 1952. Disponível em: https://www2.camara.leg.br/legin/fed/lei/1950-1959/lei-1711-28-outubro-1952-367357-publicacaooriginal-1-pl.html#:~:text=Art.,pago%20pelos%20cofres%20da%20Uni%C3%A3o. Acesso em: 7 nov. 2022.

[169] Cf. seção 1.4.

[170] BRASIL. *Lei n. 8.112, de 11 de dezembro de 1990.* Dispõe sobre o regime jurídico dos servidores públicos civis da União, das autarquias e das fundações públicas federais. Brasília: Presidência da República, 1990. Disponível em: http://www.planalto.gov.br/ccivil_03/leis/l8112cons.htm#:~:text=LEI%20N%C2%BA%208.112%2C%20DE%2011%20DE%20DEZEMBRO%20DE%201990&text=Disp%C3%B5e%20sobre%20o%20regime%20jur%C3%ADdico,e%20das%20funda%C3%A7%C3%B5es%20p%C3%BAblicas%20federais. Acesso em: 7 nov. 2022.

> Art. 12. Independentemente do ressarcimento integral do dano patrimonial, se efetivo, e das sanções penais comuns e de responsabilidade, civis e administrativas previstas na legislação específica, está o responsável pelo ato de improbidade sujeito às seguintes cominações, que podem ser aplicadas isolada ou cumulativamente, de acordo com a gravidade do fato: [...] (redação com as modificações da Lei n. 14.230, de 2021).[171]
>
> *Lei Geral de Licitações de 1993*
>
> Art. 82. Os agentes administrativos que praticarem atos em desacordo com os preceitos desta Lei ou visando a frustrar os objetivos da licitação sujeitam-se às sanções previstas nesta Lei e nos regulamentos próprios, sem prejuízo das responsabilidades civil e criminal que seu ato ensejar.[172]

A formatação dos dispositivos não é precisa quanto ao significado da independência de sanções. Afinal, no que consiste essa independência? Para quais fins ela serve? Sanção "independente" significa alienação em relação a outros procedimentos sancionadores? Significa ignorar sanções já aplicadas ou em via de serem aplicadas em outras esferas? Em decorrência da falta de elementos normativos para responder a esses e a outros questionamentos, é a jurisprudência judicial que oferece conteúdo para compreensão sobre como normas desse tipo devem ser interpretadas.

O plenário do STF, em suas decisões pós-Constituição Federal de 1988 que trataram da sobreposição de instâncias sancionadoras e se isso significaria *bis in idem*, ecoou concepções historicamente adotadas por ele, desde que o tribunal fez suas primeiras análises sobre o tema na década de 1950, para sustentar que a possibilidade de punição em jurisdições sancionadoras diferentes não importava em punição reiterada pela mesma irregularidade.[173] No que tange ao tema, o tribunal foi instado a se manifestar especificamente sobre:

[171] BRASIL. *Lei n. 8.429, de 2 de junho de 1992*. Dispõe sobre as sanções aplicáveis em virtude da prática de atos de improbidade administrativa, de que trata o § 4º do art. 37 da Constituição Federal; e dá outras providências. Brasília: Presidência da República, 1992. Disponível em: http://www.planalto.gov.br/ccivil_03/leis/l8429.htm. Acesso em: 3 nov. 2022.

[172] BRASIL. *Lei n. 8.666, de 21 de junho de 1993*. Regulamenta o art. 37, inciso XXI, da Constituição Federal, institui normas para licitações e contratos da Administração Pública e dá outras providências. Brasília: Presidência da República, 1993. Disponível em: http://www.planalto.gov.br/ccivil_03/leis/l8666cons.htm. Acesso em: 3 nov. 2022.

[173] A pesquisa por essas decisões foi realizada no sítio eletrônico do STF, sob as chaves de busca "independência de instâncias" ou "autonomia de instâncias", combinadas com "*bis in*

(i) *Interseção das esferas administrativa e judicial*: (i.i) se, havendo prática que configurasse irregularidade administrativa e criminal, a aplicação de sanção pela administração deveria aguardar a conclusão do processo judicial; (i.ii) se haveria vinculação da análise administrativa à análise do Judiciário.[174]

(ii) *Interseção das esferas administrativa e de contas*: se haveria *bis in idem* na aplicação de multa pelo TCU junto da sanção de cassação de aposentadoria pela administração pública.[175]

(iii) *Interseção das esferas judicial e de contas*: se o ajuizamento de ação civil pública no Judiciário, concomitantemente com uma tomada de contas especial no TCU, poderia levar a uma situação de *bis in idem*.[176]

Os argumentos utilizados pelo tribunal para sustentar que a multiplicidade de instâncias sancionadoras, por serem essas instâncias autônomas entre si, não configuraria *bis in idem*, basicamente, olharam para a atuação do Estado. A lógica por trás da conclusão do STF, em todo caso, foi a de

idem" e "sanções". Foram localizados sete acórdãos pertinentes ao tema, prolatados entre os anos de 1991 e 2007. São eles: Suspensão de Segurança 284 AgR/DF – Plenário, rel. Min. Néri da Silveira, j. 11.03.1991; MS 21.029-0/DF – Plenário, rel. Min. Celso de Mello, j. 15.06.1994; MS 22.155-1/GO, rel. Min. Celso de Mello, j. 27.09.1995; MS 22.728-1/PR – Plenário, rel. Min. Moreira Alves, j. 22.04.1998; MS 21.708-1/DF – Plenário, rel. Min. Marco Aurélio, j. 09.11.2000; MS 22.899-7/SP – Plenário, rel. Min. Moreira Alves, j. 02.04.2003; MS 25.880-2/DF – Plenário, rel. Min. Eros Grau, j. 07.02.2007.

[174] Suspensão de Segurança 284 AgR/DF – Plenário, rel. Min. Néri da Silveira, j. 11.03.1991; MS 21.029-0/DF – Plenário, rel. Min. Celso de Mello, j. 15.06.1994; MS 22.155-1/GO, rel. Min. Celso de Mello, j. 27.09.1995; MS 21.708-1/DF – Plenário, rel. Min. Marco Aurélio, j. 09.11.2000; MS 22.899-7/SP – Plenário, rel. Min. Moreira Alves, j. 02.04.2003.

[175] BRASIL. Supremo Tribunal Federal (Tribunal Pleno). *Mandado de Segurança 22.728-1/PR*. Mandado de segurança. Servidor público. Penalidade de cassação da aposentadoria por improbidade administrativa e por aplicação irregular de dinheiros públicos. – Inexistência de nulidade do processo dirigido pela nova comissão processante [...]. Relator: Min. Moreira Alves. Julgamento: 22 de abril de 1998. Disponível em: https://jurisprudencia.stf.jus.br/pages/search/sjur110527/false. Acesso em: 8 nov. 2022.

[176] BRASIL. Supremo Tribunal Federal (Tribunal Pleno). *Mandado de Segurança 25.880-2/DF*. Mandado de Segurança. Tribunal de Contas da União. Competência. Art. 71, II, da Constituição do Brasil e art. 5º, II e VIII, da Lei n. 8.443/92. Tomada de Contas Especial. Violação aos arts. 148 a 182 da Lei n. 8.112/90. Inocorrência. Procedimento disciplinado na Lei n. 8.443/92. [...]. Relator: Min. Eros Grau. Julgamento: 7 de fevereiro de 2007. Disponível em: https://jurisprudencia.stf.jus.br/pages/search/sjur7003/false. Acesso em: 8 nov. 2022.

que cada uma dessas instâncias estatais possui funções peculiares, diferentes entre si, e de que as sanções são utilizadas nesse contexto e possuem diferentes finalidades a depender do poder público do qual emanam. Independência de sanções corresponderia, portanto, à *autonomia das instâncias sancionadoras*. Os trechos a seguir, cada um representativo de uma das interseções analisas pelo Supremo, ilustram essa lógica:

> *Interseção das esferas administrativa e judicial*
>
> Como se sabe, as decisões emanadas do Poder Judiciário não condicionam o pronunciamento censório da Administração Pública, nem lhe coarctam o exercício da competência disciplinar, exceto nos casos em que o juiz vier a proclamar a inexistência de autoria ou a inocorrência material do próprio fato, ou, ainda a reconhecer a configuração de qualquer das causas de justificação penal. Mais do que isso, o exercício do poder disciplinar, pelo Estado, não está sujeito à prévia conclusão da "*persecutio criminis*" que venha a ser instaurada contra o servidor faltoso perante órgão competente do Poder Judiciário. [...] A jurisprudência do Supremo Tribunal Federal [...] tem insistentemente proclamado a autonomia das instâncias e a independência das responsabilidades emergentes da violação, pelo servidor público, dos seus deveres funcionais, enfatizando: "[...] Um fato pode não ser bastante grave para motivar uma sanção penal, não reunir os elementos de um crime, e ser, entretanto, suficientemente grave para justificar uma sanção disciplinar." [...] Vê-se, desse modo, que as sanções penais e administrativas, qualificando-se como respostas autônomas do Estado à prática de atos ilícitos cometidos pelos servidores públicos, não se condicionam reciprocamente, tornando-se possível, em consequência, a imposição de punição disciplinar, independentemente de prévia decisão da instância penal.[177]
>
> *Interseção das esferas administrativa e de contas*
>
> Também não tem razão a impetração ao pretender que, em face da multa que anteriormente lhe fora aplicada pelo Tribunal de Contas da União, com base nos mesmos fatos que deram causa à cassação de sua aposentadoria,

[177] BRASIL. Supremo Tribunal Federal (Tribunal Pleno). *Mandado de Segurança 22.155-1/GO*. Servidor público. Pena de demissão. Responsabilidade administrativa. Infração disciplinar cometida no desempenho de atividade funcional. Alegação de nulidades formais que invalidariam o procedimento disciplinar [...]. Relator: Min. Celso de Mello. Julgamento: 27 de setembro de 1995. Disponível em: https://jurisprudencia.stf.jus.br/pages/search/sjur90742/false. Acesso em: 7 nov. 2022.

houve "*bis in idem*" quando da aplicação da pena dessa cassação, o que não é admissível como preceitua a súmula 19 desta Corte. Com efeito, como bem acentua o parecer da Procuradoria-Geral da República, "o julgamento a cargo da Corte de Contas acerca da gestão orçamentária e financeira da Coordenação de Serviços Gerais do MEC, órgão pelo qual era responsável a impetrante no exercício de 1991, não se confunde, à evidência, com a apuração e consequente punição de possíveis infrações disciplinares pela Administração Pública" e isso porque "são independentes entre si a responsabilização administrativa dos servidores públicos faltosos e a atuação do Tribunal de Contas da União, no exercício do controle externo das contas públicas como órgão auxiliar do Poder Legislativo". Por outro lado, não se aplica ao caso a súmula 19 desta Corte ("É inadmissível segunda punição de servidor público, baseada no mesmo processo em que se fundou a primeira"), que, conforme seu enunciado expressa claramente, só tem incidência quando as duas punições sucessivas sejam impostas no mesmo processo administrativo, como decorre do precedente em que ela se baseia.[178]

Interseção das esferas judicial e de contas

A Tomada de Contas Especial não constitui procedimento administrativo disciplinar. Ela tem por escopo a defesa da coisa pública. Busca a Corte de Contas, com tal medida, o ressarcimento pela lesão causada ao Erário. [...] A existência de ação civil pública para apuração dos mesmos fatos tratados pela decisão do TCU ora atacada não elide a competência da Corte de Contas para julgar a impetrante. O ajuizamento de ação civil pública não retira a competência do TCU para instaurar a tomada de contas especial e condenar o responsável a ressarcir ao erário os valores indevidamente percebidos; há independência de instâncias civil, administrativa e penal.[179]

[178] BRASIL. Supremo Tribunal Federal (Tribunal Pleno). *Mandado de Segurança 22.728-1/PR*. Mandado de segurança. Servidor público. Penalidade de cassação da aposentadoria por improbidade administrativa e por aplicação irregular de dinheiros públicos. – Inexistência de nulidade do processo dirigido pela nova comissão processante [...]. Relator: Min. Moreira Alves. Julgamento: 22 de abril de 1998. Disponível em: https://jurisprudencia.stf.jus.br/pages/search/sjur110527/false. Acesso em: 8 nov. 2022.

[179] BRASIL. Supremo Tribunal Federal (Tribunal Pleno). *Mandado de Segurança 25.880-2/DF*. Mandado de segurança. Tribunal de Contas da União. Competência. Art. 71, II, da Constituição do Brasil e art. 5º, II e VIII, da Lei n. 8.443/92. Tomada de contas especial. Violação aos arts. 148 a 182 da Lei n. 8.112/90. Inocorrência [...]. Relator: Min. Eros Grau. Julgamento: 7 de fevereiro de 2007. Disponível em: https://jurisprudencia.stf.jus.br/pages/search/sjur7003/false. Acesso em: 8 nov. 2022.

O conceito de independência de sanções e a razão de não haver ofensa ao *bis in idem* decorrente dele foram, portanto, vinculados à lógica da autonomia de instâncias, segundo a qual cada ente público atua com objetivos diferentes entre si, e, por isso, as sanções eventualmente provenientes dessas atuações têm finalidades distintas.

E há um detalhe muito importante: os casos levados ao STF questionavam a *possibilidade* de punição nas diversas jurisdições sancionadoras. Os fundamentos quanto à autonomia de instâncias e ao *non bis in idem* disseram respeito, portanto, a se poderiam existir ou não mais de uma sanção referente a um mesmo fato. O que o STF fez foi dizer que sim, já que as funções dessas diversas instâncias autônomas não se confundem, e, por isso, múltiplas repressões não importariam em *bis in idem*. Essa leitura da autonomia de instâncias vai no mesmo sentido do que havia sido historicamente discutido no direito europeu acerca do *bis in idem*.

Entretanto, o plenário do STF não analisou casos – e, portanto, não se manifestou sobre o tema – em que o problema fosse a desproporcionalidade prática de sanções cujos efeitos têm a mesma natureza, ainda que aplicadas por instâncias diferentes. Em outras palavras: não foram decididos casos que questionavam efeitos injustos, por extrapolarem o juridicamente razoável, de sanções similares, aplicadas em diferentes jurisdições.

Concretamente, seria, por exemplo, um caso em que multas aplicadas nas instâncias administrativa, judicial e de contas, relativas à mesma irregularidade, acabassem por, conjuntamente, impor ao sancionado um ônus financeiro muito maior do que o juridicamente aceitável. Ou ainda, que a soma de várias proibições para contratar deixassem-no impedido de disputar contratos públicos por período superior ao previsto em lei.

Nesse sentido, o STF, ao se manifestar a respeito da independência de sanções, não decidiu que as autoridades sancionadoras poderiam deixar de considerar, no momento da dosimetria da sanção, os efeitos de outras sanções similares, já aplicadas em outras esferas punitivas em função da mesma conduta irregular. Ele não extraiu das normas conteúdo que suportasse a visão de que a independência de instâncias escusaria autoridades públicas sancionadoras de observarem sanções anteriormente aplicadas e cujos efeitos restritivos de direito sobre o sancionado tenham sido exatamente os mesmos.

Daí que não é possível sacar do teor genérico das normas, tampouco de uma construção jurisprudencial, que o discurso da autonomia de instâncias sancionadoras legitima sua alienação, deixando de levar em consideração, na dosimetria da pena, sanções semelhantes já culminadas. E isso, em um ordenamento jurídico que prevê sanções com os mesmos efeitos podendo ser aplicadas em âmbitos diferentes, é relevante.

Caso fosse essa a interpretação adotada, a dinâmica da aplicação de sanção enfrentaria alguns desafios e, possivelmente, poderia levar a um cenário de desproporcionalidade da punição, considerando os efeitos percebidos pelo sancionado. As lentes da *finalidade* e dos *efeitos* das sanções ajudam a entender a leitura que o Supremo fez das normas que tratam da independência de instâncias sancionadoras.

Se a atividade sancionadora estatal for pensada como um processo linear, surgem duas perspectivas, cada uma em uma extremidade do processo. De um lado, está o Estado e, de outro, o sancionado. Incidiria a autonomia de instâncias em ambas as extremidades ou apenas em uma delas? A resposta a esse questionamento tem consequências práticas e é relevante para a racionalização de um ambiente sancionador pluralizado.

É que, do lado do Estado, o conceito estaria ligado ao debate sobre a finalidade das sanções de direito administrativo. Porém, do lado do sancionado, o conceito estaria relacionado aos efeitos das sanções aplicadas (Figura 1).

Figura 1 – Perspectivas do processo sancionador

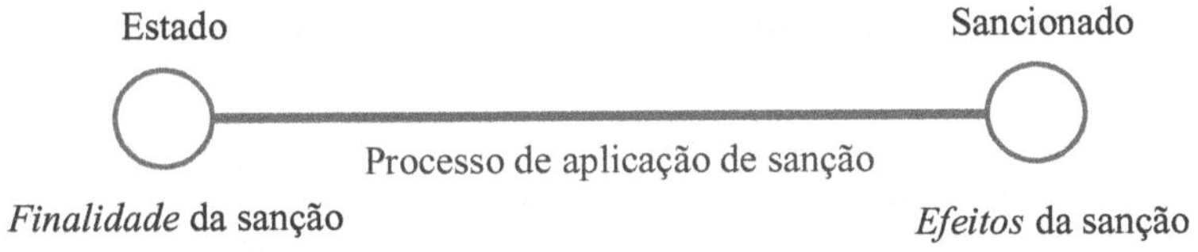

Fonte: Elaboração própria.

As seções a seguir são dedicadas a compreender mais especificamente o que significam essas duas perspectivas, por que elas são tão diferentes entre si e não podem ser confundidas.

1.4.1. Perspectiva do Estado: *finalidade* da sanção

O enfoque teleológico, apesar de sugerir abordagem mais teórica, tem repercussões práticas relevantes. Entender o porquê de existirem sanções aplicadas pelo Executivo, pelo Tribunal de Contas e pelo Judiciário, e cujos efeitos materiais manifestam-se nas relações da administração com particulares (sejam eles agentes públicos, sejam privados), é importante para que a autoridade não cometa equívocos ao emprestar a elas finalidades outras, não condizentes com o seu propósito.[180]

Tal enfoque também serve para justificar o porquê de ser dada a autoridades públicas diferentes competência para reprimir, abordagem que está diretamente relacionada à leitura que o STF fez a respeito da autonomia de instâncias sancionadoras.

As obras acadêmicas nacionais, no geral, não destinam muito espaço ao tema. Além de dedicarem-se sobretudo a sanções administrativas, em quase todas é comum que sejam apontadas finalidades para a sanção exclusivamente sob a ótica da pena, cuja explicação pode ser feita com alguma simplicidade: a *punição* e a *prevenção*.

A finalidade punitiva adota concepção de que a sanção é um castigo destinado a alguém que cometeu irregularidade e, por isso, deve sofrer as consequências de seu ato. Teria, dessa forma, caráter retributivo. Já a preventiva toma por premissa que a mera existência de um potencial castigo também agiria como inibidora de condutas indesejadas e daria à sanção poder de prevenir a ocorrência de irregularidades.

A academia costuma se dividir entre aqueles que colocam ambas como finalidades da sanção administrativa – usualmente adotada por obras com tons mais pragmáticos[181] – e aqueles que veem a prevenção como verdadeira finalidade da sanção, sendo a punição apenas uma consequência da irregularidade praticada – utilizada em obras com traços mais principistas.[182,183]

180 A preocupação é esboçada por Celso Antônio Bandeira de Mello após tecer considerações a respeito da finalidade das sanções administrativas: "Estas considerações, sem embargo de serem óbvias, necessitam ser explicitamente afirmadas e relembradas, pois se estiverem constantemente presentes no espírito do intérprete evitarão equívocos em relação a tópicos interessantes ao tema das infrações e sanções administrativas" (BANDEIRA DE MELLO, Celso Antônio. *Curso de direito administrativo*. 32. ed. São Paulo: Malheiros, 2015, p. 873).

181 Nessa linha, por exemplo, Hely Lopes Meirelles aduz que as sanções administrativas "visam a punir e reprimir as infrações administrativas ou a conduta irregular dos servidores ou dos particulares perante a Administração" (MEIRELLES, Hely Lopes. *Direito administrativo brasileiro*. 39. ed. São Paulo: Malheiros, 2013, p. 206).

182 Essa posição ecoa fortemente em diversas produções da Faculdade de Direito da Pontifícia Universidade Católica de São Paulo, certamente por influência de Celso Antônio Bandeira de Mello, conhecido professor da faculdade, que sustenta que "a razão pela qual a lei qualifica certos comportamentos como infrações administrativas, e prevê sanções para quem nelas incorra, é a de desestimular a prática daquelas condutas censuradas ou constranger ao

A construção dessas classificações vale-se largamente de fundamentos gerais do direito penal e do debate feito por criminalistas acerca da teoria da pena. Eduardo García de Enterría e Tomás-Rámon Fernández afirmam que esse empréstimo, já de longa data, decorreu da pouca atenção que historicamente foi dada à sanção administrativa.[184] E essa chave de análise parece ser insuficiente quando transposta ao direito administrativo sem adaptação para fundamentar um debate sobre finalidade da sanção administrativa. É que ela não leva em consideração a autoridade pública sancionadora e olha apenas para a sanção em si.

No direito penal, a ausência de explicitação desse ingrediente na análise possivelmente não impacta tanto. É que está na sua essência a própria

cumprimento das obrigatórias. Assim, o objetivo da composição das figuras infracionais e da correlata penalização é intimidar eventuais infratores, para que não pratiquem os comportamentos proibidos ou para induzir os administrados a atuarem na conformidade de regra que lhes demanda comportamento positivo. Logo, quando uma sanção é prevista e depois aplicada, o que se pretende com isto é tanto despertar em quem a sofreu um estímulo para que não reincida, quanto cumprir uma função exemplar para a sociedade" (BANDEIRA DE MELLO, Celso Antônio. *Curso de direito administrativo*. 32. ed. São Paulo: Malheiros, 2015, p. 872-873). A posição foi reiterada no recente projeto "Enciclopédia Jurídica da PUC SP", em que se é afirmado que o "castigo pode ser o efeito da sanção, mas que não se confunde com a sua finalidade. [...] a finalidade da sanção administrativa é desestimular condutas reprováveis nessa seara, ao que acresce Celso Antônio Bandeira de Mello o fim de 'constranger ao cumprimento das obrigatórias'" (FERREIRA, Daniel. Infrações e sanções administrativas: panorama geral. *In*: *Enciclopédia Jurídica da PUC SP – Direito Administrativo e Constitucional*. t. II. Disponível em: www.enciclopediajuridica.pucsp.br. Acesso em: 30 maio 2020).

183 É preciso mencionar ainda que Juliana Bonacorsi de Palma propôs ser considerada uma terceira finalidade às sanções administrativas: *recomposição da legalidade*. A autora se filia àqueles que enxergam a dupla finalidade de punir e prevenir, mas acresce um objetivo de restauração do ordenamento jurídico que a aplicação de uma sanção administrativa teria: "É o exercício da prerrogativa sancionatória por meio da aplicação de sanção administrativa que afirma a autoridade da Administração frente ao administrado, razão pela qual são reconhecidos os seguintes efeitos: repressão do infrator, recomposição da legalidade e prevenção de infrações, dado o efeito simbólico da sanção à sociedade" (PALMA, Juliana Bonacorsi de. *Sanção e acordo na administração pública*. São Paulo: Malheiros, 2015, p. 90).

184 "[...] a imensa lacuna que supunha a ausência de um quadro normativo geral que definisse os princípios gerais de funcionamento das sanções administrativas e de sua aplicação se encontra suprida por essa remissão geral (que viria imposta por um princípio constitucional, o que pressupõe a sua superioridade sobre qualquer determinação eventualmente contrária das Leis) aos 'princípios da ordem penal', o que é de uma extraordinária importância prática, como é fácil entender" (ENTERRÍA, Eduardo García de; FERNÁNDEZ, Tomás-Rámon. *Curso de direito administrativo*. São Paulo: Revista dos Tribunais, 2014, t. II, p. 192).

punição de indivíduos que praticam crimes. Este é o seu propósito: organizar um regime jurídico para que aqueles que cometam crimes possam ser punidos adequadamente.

É diferente no caso do direito administrativo. Ainda que à administração seja dada competência para avaliar a adequação de uma conduta às normas e punir eventual transgressão, punir não constitui a essência da atividade administrativa. Daí que essa competência deve ser compreendida como ferramenta para a execução do que compõe seu núcleo essencial: a prestação de serviços públicos e a ordenação das atividades privadas.[185] Parece razoável que o poder sancionador da administração seja lido nesse contexto, o que possivelmente torna os conceitos de punição e prevenção insuficientes para analisá-lo e o debate pautado na definição de qual dessas duas finalidades seria a principal extremamente limitado quanto às suas repercussões práticas.

Nesse sentido, Alice Voronoff, em sua obra *Direito administrativo sancionador no Brasil*,[186] inaugurou abordagem diferente na produção acadêmica brasileira sobre o tema e articula a finalidade da sanção com a função do poder público do qual ela emana. Em linha com seu uso histórico, a autora propõe que a administrativa deve ser enxergada como instrumento para a administração pública implementar seus objetivos essenciais adequadamente.

A autora reconstrói as premissas teóricas que fundamentam tanto a finalidade punitiva (*teoria retributiva*) quanto a finalidade preventiva (*teorias dissuasórias*).[187] A análise feita revela que essas teorias, por estarem focadas em sanções penais, não consideram um elemento central do direito administrativo: a administração pública. Com propósito de diferenciar as sanções administrativa e penal, a autora conclui:

> [...] os modelos sancionatórios administrativos foram e são concebidos e implementados para viabilizar a realização de objetivos e demandas do interesse da sociedade; não para castigar o infrator pelos efeitos danosos de uma conduta moralmente reprovável.[188]

[185] Sobre as atividades que cabem ao Poder Executivo, v. Sundfeld, Carlos Ari. *Fundamentos de direito público*. 5. ed. São Paulo: Malheiros, 2013, p. 42.

[186] Voronoff, Alice. *Direito administrativo sancionador no Brasil*: justificação, interpretação e aplicação. Belo Horizonte: Fórum, 2018.

[187] Voronoff, Alice. *Direito administrativo sancionador no Brasil*: justificação, interpretação e aplicação. Belo Horizonte: Fórum, 2018, p. 81-90.

[188] Voronoff, Alice. *Direito administrativo sancionador no Brasil*: justificação, interpretação e aplicação. Belo Horizonte: Fórum, 2018, p. 99.

É inquestionável que a sanção aplicada pela administração, tal como a penal, pune e previne. Contudo, considerando a essência da atividade administrativa, bem como a existência de um aparato estatal voltado especificamente à aplicação de penas (Poder Judiciário criminal), essas categorias não parecem suficientes para descrever as finalidades essenciais da sanção administrativa – aliás, elas naturalmente decorrem de toda e qualquer sanção, independentemente de quem a aplique.

Daí que o direito administrativo, ao apropriar-se de um discurso feito sob a ótica criminal sem promover maiores adaptações, ignora o que deveria ser questão essencial nesse tema: a serventia da aplicação de sanções para as atividades-fim da administração pública.

Segundo essa chave de análise, ainda que efeitos práticos repressivos – punitivos ou preventivos – sejam produzidos, o que se pretenderia, por exemplo, com a possibilidade de sancionar administrativamente licitante que tenta fraudar licitação seria obter melhores contratos públicos. Da mesma forma, a possibilidade de multar estabelecimento comercial que esteja em desconformidade com normas sanitárias pretenderia, na ponta, resguardar a saúde de seus frequentadores. Ou ainda, a hipótese de rescisão de contrato de concessão por descumprimento das obrigações por parte do contratado visaria estimulá-lo a manter os níveis de prestação do serviço conforme foram pactuados. A sanção seria um instrumento da administração para alcançar esses fins.[189]

[189] Necessário dizer que, nessa perspectiva, há uso indevido da sanção quando a autoridade pública visa fins não compatíveis com os motivos que justificam seu poder sancionador. Tal situação constitui *desvio de finalidade* e dá ao particular sancionado direito legítimo para buscar a reversão da medida. Tratando-se de sanção administrativa ou de contas, pode-se buscar essa anulação nas vias administrativa ou judicial. No caso da sanção judicial, deve-se utilizar o recurso adequado segundo o regime processual civil.
A forma mais fácil para identificar desvios é olhar para a motivação dada pela autoridade pública para fazer uso da punição e constatar se as razões são compatíveis com a finalidade de suas competências sancionadoras. Lembrando que a devida motivação, indicando as razões que levam a autoridade a decidir daquela determinada forma, é elemento necessário tanto aos atos administrativos sancionadores (art. 50, II, da LPA) quanto às decisões judiciais (art. 489, II e § 1º, I e III, do CPC).
Complicado, contudo, é se a motivação da autoridade pública se restringir meramente a relatar a ocorrência da irregularidade e apontar a previsão normativa que faz sua equivalência a uma sanção – tratando a sanção como ato de execução vinculada, que não demanda maiores explicações. Nesse caso, se a indicação dos dispositivos legais for considerada suficiente para motivar a punição, eventuais desvirtuamentos ficam extremamente difíceis de serem identificados e sua ocorrência é facilitada.

Essa reconfiguração no modo de enxergar a sanção administrativa está alinhada com a ideia de direito administrativo como "caixa de ferramentas", defendida por Leonardo Coelho Ribeiro. O autor propõe que os elementos do direito administrativo devem ser pensados como um cardápio que a administração tem à sua disposição para, após uma análise de adequação, alcançar o melhor resultado possível em suas ações.[190]

Esse desvio de finalidade no uso de sanções é o típico caso da aplicação de multas pela administração pública com fins arrecadatórios. Há diversos instrumentos adequados para a geração de receita pública, definida por Heleno Torres como "recursos financeiros obtidos pelo Estado em caráter definitivo e que representem um aumento do seu patrimônio" (TORRES, Heleno. *Direito constitucional financeiro*. São Paulo: Revista dos Tribunais, 2014, p. 207). Impostos, taxas, contribuições, valores decorrentes da exploração do próprio patrimônio público (como preços públicos e ingressos comerciais), entre outros instrumentos, têm o propósito de gerar caixa à administração. Sanções que implicam transferência de recursos do particular à administração não devem ser enxergadas como um desses instrumentos, pois não é seu propósito.

Sem a devida motivação do ato sancionador, é difícil comprovar a ocorrência do desvio. Ainda assim, há indícios de que a prática aconteça. Em 2018, o senador Dário Berger apresentou PL que visa modificar o Código de Trânsito Nacional para obrigar a conversão de multa em advertência nos casos de infrações leves ou médias de motoristas não reincidentes. Na justificativa, o senador colocou sua preocupação com "evitar a aplicação de multas com fins meramente arrecadatórios, coibindo a chamada 'indústria da multa'" (BRASIL. Senado Federal. *Projeto de Lei do Senado n. 370, de 2018*. p. 2. Disponível em: https://legis.senado.leg.br/sdleg-getter/documento?dm=7868216&ts=1630451117521&disposition=inline. Acesso em: 27 set. 2020). Em 2020, no contexto das medidas adotadas para combate e prevenção de contaminações de covid-19, o secretário de desenvolvimento regional do estado de São Paulo, Marco Vinholi, em entrevista à CNN Brasil, enfatizou que a multa aplicada em decorrência da falta do uso de máscara era "educativa, não arrecadatória" (MULTA por falta de máscara é educativa, não arrecadatória, diz secretário de SP. *CNN Brasil*, 29 jun. 2020. Disponível em: https://www.cnnbrasil.com.br/nacional/multa-por-falta-de-mascara-e-educativa-e-nao-arrecadatoria-diz-secretario-de-sp/. Acesso em: 27 set. 2020).

A referência feita por autoridades públicas ao desvio de finalidade no uso da multa revela que a percepção de que a prática ocorre é real. O fato torna latente a necessidade de, na produção de atos sancionadores, ser exposta, em sua motivação, a finalidade pretendida com seu uso.

[190] Nas palavras do autor: "[...] como os instrumentos de gestão estudados são também, em sua maior medida, instrumentos disciplinados pelo direito administrativo, é primordial que os esforços da literatura jurídica especializada tomem parte desse tipo de análise dinâmica, em meio aos processos de formulação, avaliação e reforma da ação administrativa, indicando melhores caminhos sob a ótica da apreciação jurídica comparativa das instituições, ferramentas disponíveis e seus incentivos em potencial. Em síntese: é primordial que o manejo do direito administrativo permita indicar não só 'se pode ou não pode', mas vá além disso, oferecendo alternativas capazes de indicar 'como se pode'" (RIBEIRO, Leonardo Coelho. *O direito administrativo como "caixa de ferramentas"*. São Paulo: Malheiros, 2017, p. 113).

É dizer: até elementos que não são tipicamente entendidos como ferramentas de gestão pública devem ser pensados nessa chave. No caso da sanção administrativa, essa lógica pode impactar significativamente no momento de sua aplicação, sobretudo na dosagem da pena. Reconhecer a finalidade instrumental da sanção, e compreendê-la como ferramenta da administração, auxilia a autoridade administrativa a calibrar sua intensidade para um resultado alinhado ao fim público perseguido.

Claro, sustentar que a sanção é mais uma ferramenta da administração que pode ser utilizada para a boa gestão pública não é sustentar que, havendo irregularidade, a administração irá avaliar se deve ou não sancionar. É óbvio que, se existir previsão normativa que corresponda uma conduta a uma sanção, e houver a prática dessa conduta, a responsabilização deverá acontecer. O diferencial será duas situações.

Primeira é que, havendo mais de uma sanção da qual a administração possa lançar mão, ela deverá escolher aquela – ou aquelas – que melhor atenda ao fim público desejado. A segunda diz respeito à dosimetria da pena: praticada a irregularidade, se a finalidade principal da sanção não é punir o particular, mas ajudar a administração a perseguir sua atividade-fim, o agente público sancionador deverá considerar as consequências do seu ato punitivo para a gestão pública.

Essas duas situações, na prática, levam a administração a avaliar, por exemplo, se a rescisão do contrato e consequente paralisação da prestação do serviço é a melhor punição a ser aplicada por um descumprimento contratual; ou por quanto tempo a proibição para participar da licitação e consequente diminuição do número de competidores é desejável; ou ainda, se é adequado que o valor de uma multa seja tão alto que possa implicar consequências além do desejável para a atividade empresarial.

Imprimir tal racionalidade ao poder administrativo sancionador não significaria ser complacente com irregularidades. É plenamente possível promover a responsabilização daquele que atuou em desconformidade com o ordenamento jurídico sem deixar de considerar o etos da função administrativa – até porque não é certo que isso implicará necessariamente benefício ao sancionado. Esse caráter instrumental da sanção também pode levar a um agravamento da penalidade, desde que dentro dos parâmetros legais. Tudo dependerá de qual caminho permite a melhor implementação dos objetivos administrativos.

Esse posicionamento se coaduna com o próprio histórico da sanção administrativa, utilizada para assegurar o bom funcionamento da máquina pública e para regular o comportamento de particular em função de políticas públicas. Além do mais, o raciocínio também é compatível com as novas diretrizes da LINDB. A reforma do Decreto-Lei n. 4.657/1942 pautou-se em um diagnóstico de que a realidade atual da gestão pública demandava novos parâmetros de aplicação das normas que regem a administração e seu controle, inclusive no que diz respeito a sanções.

Os autores da proposta que deu origem à reforma, Floriano de Azevedo Marques Neto e Carlos Ari Sundfeld, revelam que o que a inspirou foi "a percepção de que os desafios da ação do Poder Público e o estado atual das normas demandam que a atividade de regulamentação e aplicação das leis seja submetida a novas balizas interpretativas, processuais e de controle".[191] Nesse contexto, A LINDB é relevante à discussão da finalidade da sanção administrativa no seguinte dispositivo:

> Art. 22. Na interpretação de normas sobre gestão pública, serão considerados os obstáculos e as dificuldades reais do gestor e as exigências das políticas públicas a seu cargo, sem prejuízo dos direitos dos administrados.
>
> [...]
>
> § 2º Na aplicação de sanções, serão consideradas a natureza e a gravidade da infração cometida, os danos que dela provierem para a administração pública, as circunstâncias agravantes ou atenuantes e os antecedentes do agente.[192]

O dispositivo traz uma fórmula geral para a dosimetria da pena e estipula que um dos elementos a serem considerados são as *circunstâncias agravantes* e *atenuantes*, que podem estar relacionadas, entre outras coisas, às repercussões boas ou ruins que a sanção terá para a própria administração pública. Ou seja, se a proibição para contratar implicar diminuição do mercado que gere prejuízos à administração, o fato pode atenuar a duração do impedimento.

Esse modo de enxergar as sanções de direito administrativo a partir da função desempenhada pelo poder público que as aplica também pode ser argumentado nos âmbitos judicial e de contas. É possível dizer que nelas

[191] SUNDFELD, Carlos Ari; MARQUES NETO, Floriano de Azevedo. Uma nova lei para aumentar a qualidade jurídica das decisões públicas e de seu controle. *In*: SUNDFELD, Carlos Ari (org.). *Contratações públicas e seu controle*. São Paulo: Malheiros, 2013, p. 277.

[192] BRASIL. *Decreto-Lei n. 4.657, de 4 de setembro de 1942*. Lei de Introdução às normas do Direito Brasileiro. Brasília: Presidência da República, 1942. Disponível em: http://www.planalto.gov.br/ccivil_03/decreto-lei/del4657.htm. Acesso em: 3 nov. 2022.

residiria uma finalidade punitiva, semelhante àquela de natureza penal, mas nos contextos da responsabilização por dano cível e por irregularidade na lida com valores públicos. Tanto o Tribunal de Contas quanto o Poder Judiciário cível executam essencialmente atividades de controle das quais faz parte a punição.

Especificamente quanto ao TCU, vale mencionar uma característica da atuação concreta do tribunal que ilustra um uso de suas sanções como ameaça ao agente submetido ao controle de contas. É comum que o órgão expeça comandos para que a administração faça adequações em sua atuação, sob pena de configuração de irregularidade e, consequentemente, de sujeição do agente à responsabilização perante a Corte de Contas.

Exemplo dessa prática ocorreu no acórdão 2.748/2014, em que o TCU determinou que a Agência Nacional de Transportes Aquaviários (Antaq) e a Companhia Docas do Espírito Santo promovessem adequações nos termos de contrato do setor portuário, "sob pena de violação do princípio da supremacia do interesse público".[193] O caso demonstra que o tribunal utiliza a possibilidade da sanção como meio de levar o potencial sancionado a não seguir com arranjo jurídico que, em sua visão, seria irregular.[194]

[193] "ACORDAM os Ministros do Tribunal de Contas da União, reunidos em Sessão do Plenário, diante das razões expostas pelo Relator, em: [...] 9.4. dar ciência à Agência Nacional de Transportes Aquaviários (Antaq) acerca da necessidade de, quando da celebração de Contrato de Uso Temporário, realizar a respectiva avaliação, com enfoque especial, mas não restrito, ao termo final previsto para vigência do ajuste, o qual, no caso da Flexibrás, deverá estar limitado ao vencimento do contrato da empresa com a Petrobrás, e observar o disposto no art. 44 da Resolução Antaq 2.240/2011 como condição prévia à autorização a ser concedida, *sob pena de infringir o princípio da supremacia do interesse público*; 9.5. dar ciência à Companhia Docas do Espírito Santo (Codesa) acerca da necessidade de observar, para a assinatura do Contrato de Uso Temporário com a Flexibrás em decorrência da autorização prevista nos arts. 3º e 4º da Resolução Antaq 3.437/2014, a data final prevista para vigência do ajuste, que deverá estar limitada ao vencimento do contrato da empresa com a Petrobrás e observar o disposto no art. 44 da Resolução Antaq 2.240/2011, *sob pena de infringir o princípio da supremacia do interesse público*" (BRASIL. Tribunal de Contas da União [Plenário]. *Acórdão 2.748/2014*. Relator: Min. Benjamin Zymler. Julgamento: 15 de outubro de 2014. Disponível em: https://pesquisa.apps.tcu.gov.br/#/documento/acordao-completo/*/NUMACORDAO%253A2748%2520ANOACORDAO%253A2014%2520COLEGIADO%253A%2522Plen%25C3%25A1rio%2522/DTRELEVANCIA%2520desc%252C%2520NUMACORDAOINT%2520desc/0/%2520. Acesso em: 20 jan. 2023. Grifo nosso).

[194] Para mais exemplos de tal prática, cf. MARQUES NETO, Floriano de Azevedo *et al.* Reputação institucional e o controle das agências reguladoras pelo TCU. *Revista de Direito Administrativo – RDA*, Rio de Janeiro, v. 278, n. 2, p. 37-70, maio-ago. 2019.

Essa ótica que considera o âmbito em que a sanção é aplicada para definir a sua finalidade, proposta doutrinariamente por Alice Voronoff, que ressoa na disposição da LINDB, está alinhada com a visão que o STF apresentou em seus julgamentos a respeito da autonomia de instâncias para justificar a não ocorrência de *bis in idem*. Em todo caso, olha-se a sanção como um instrumento a ser utilizado no contexto das atribuições do poder público. A justificação da multiplicidade sancionadora estaria no fato de as sanções terem finalidades distintas, ligadas às diferentes funções desempenhadas pelo Estado.

No entanto, essa análise das sanções de direito administrativo feita à luz da finalidade da sanção para o poder público não leva em consideração o outro polo da relação, em que está o sancionado.

1.4.2. Perspectiva do sancionado: efeitos da sanção

Da perspectiva do particular, pouco importa a proveniência da sanção – se da administração, do Tribunal de Contas ou do Judiciário – e a sua finalidade. Como as sanções possíveis de serem aplicadas têm efeitos similares, é irrelevante para o sancionado por quem a multa que terá de pagar foi imposta e qual era a sua finalidade; ou quem decidiu que ele não mais poderá contratar com a administração pública por determinado período e o que se estava querendo com isso, por exemplo.

O resultado prático das sanções é exatamente o mesmo. A opção do ordenamento jurídico brasileiro de instituir não só a pluralidade de instâncias sancionadoras, mas também o compartilhamento dos tipos de sanções a serem aplicadas, tem essa consequência. E esse ponto não pode ser negligenciado, pois tem potencial para resultar em uma aplicação de sanções desarrazoada e desproporcional.

Se, sob a justificativa da autonomia de instâncias, conceber-se a ideia de que a atividade sancionadora pode ser alienada e não observar o que está sendo feito em outras instâncias, o cenário concreto, coexistindo sanções de efeitos semelhantes aplicadas em jurisdições diferentes em decorrência da mesma irregularidade, pode ser o de desproporcionalidade da pena. Ainda que a autoridade sancionadora realize uma dosimetria que considere adequadamente os fatos concernentes à irregularidade, a soma dos efeitos práticos das múltiplas sanções poderá extrapolar o razoável.

Tomando-se como exemplo a sanção de proibição para contratar: se o TCU aplica a sanção pelo prazo de quatro anos; dois anos depois, a administração pública aplica a sanção também pelo prazo de quatro anos; e um ano depois, o Judiciário aplica a sanção pelo período de cinco anos, o sancionado ficará, na prática, impedido de contratar com a administração, em decorrência da mesma conduta irregular, por sete anos, período superior à maior das penalidades aplicadas.

Daí que a diferenciação das instâncias sancionadoras, pela perspectiva de quem está sendo punido, é irrelevante para justificar a multiplicidade sancionadora. Enxergando a situação de maneira pragmática, o Estado pode estar punindo alguém de maneira desproporcional.

1.4.3. O que significa independência de sanções no ordenamento jurídico brasileiro?

Considerando que as normas que se reportam à independência de sanções não preveem que tal conceito será aplicado para fins dos efeitos sancionadores, bem como que a jurisprudência do STF, ao se reportar ao conceito para justificar a não ocorrência de *bis in idem* na convivência de múltiplas sanções, utilizou sempre a perspectiva das autoridades sancionadoras (autonomia de instâncias), que desempenham funções diferentes entre si, é possível concluir que a "independência" não autoriza que a aplicação de sanção ignore aquelas previamente aplicadas em outras esferas punitivas em decorrência da mesma irregularidade. Caso assim o fosse, isso poderia levar a uma situação prática de desproporcionalidade da pena e ensejar punições maiores do que o juridicamente adequado.

A independência de sanções preserva a competência para sancionar das diversas autoridades públicas em razão de possuírem funções distintas, o que leva à concepção de que suas sanções possuem finalidades diferentes, mas os efeitos dessas sanções dizem respeito às consequências experimentadas pelo sancionado, o que eventualmente pode importar em sanções com potência além dos limites previstos pelo direito.

Daí que o debate sobre a coexistência desses diversos regimes sancionadores não deve ser feito sob a ótica apenas da competência da autoridade sancionadora, mas da proporcionalidade e da segurança jurídica no direito sancionador. Afinal, não estão em jogo a autonomia e a independência dessas autoridades, largamente preservadas pela legislação e pela jurisprudência. O debate deve, do mesmo modo, olhar para a necessidade de se garantir que essa coexistência não leve a resultados exagerados e incompatíveis com o ordenamento jurídico. Eventual limitação dos efeitos das sanções não significa diminuir as competências das autoridades sancionadoras, ou delas retirar poder, mas sim buscar alguma harmonização entre essas decisões punitivas.

Nesse sentido, a reforma da LINDB incorporou ao decreto-lei o art. 22, § 3º, que prevê: "As sanções aplicadas ao agente serão levadas em conta na dosimetria das demais sanções de mesma natureza e relativas ao mesmo fato".[195] De espírito prático, o dispositivo parte da premissa da multiplicidade de sanções decorrente das diferentes finalidades e competências das autoridades sancionadoras, mas tem preocupação com a intensidade dos efeitos sentidos pelo sancionado. Como dizem Floriano de Azevedo Marques Neto e Rafael Véras:

> O que o parágrafo comentado pretende é atenuar, com base no racional pragmático de toda a Lei n. 13.655/2018, os seus deletérios efeitos para os administrados. Racional similar ao adotado pelo STJ, quando deixou assentado que "não configura *bis in idem* a coexistência de título executivo extrajudicial (acórdão do TCU) e sentença condenatória em ação civil pública de improbidade administrativa que determinam o ressarcimento ao erário e se referem ao mesmo fato, desde que seja observada a dedução do valor da obrigação que primeiramente foi executada no momento da execução do título remanescente (Resp nº 1.135.858-TO, Segunda Turma, *DJe* 5.10.2009)".[196]

A vedação mostra que o legislador expressamente concebeu a diferenciação entre autonomia de instâncias sancionadoras – prevista na legislação e confirmada pela interpretação do STF como forma de autoridades públicas executarem suas diferentes finalidades – e repercussão dos efeitos da sanção. A lei pretendeu acabar com a confusão que a multiplicidade institucional pode causar ao exercício do poder sancionador do Estado e cujas consequências perniciosas quem sofre é o sancionado.

1.5. Conclusões parciais

O capítulo olhou para diversas sanções que concernem ao direito administrativo e que podem ser aplicadas em decorrência de uma mesma irregu-

[195] BRASIL. *Decreto-Lei n. 4.657, de 4 de setembro de 1942.* Lei de Introdução às normas do Direito Brasileiro. Brasília: Presidência da República, 1942. Disponível em: http://www.planalto.gov.br/ccivil_03/decreto-lei/del4657.htm. Acesso em: 3 nov. 2022.

[196] MARQUES NETO, Floriano de Azevedo; FREITAS, Rafael Véras de. *Comentários à Lei 13.655/2018 (Lei da Segurança para Inovação Pública).* Belo Horizonte: Fórum, 2019, p. 69.

laridade. As ideias nele desenvolvidas podem ser sintetizadas da seguinte maneira:

(i) A relação entre administração pública e sanção, no Brasil, é vinculada aos contextos de controle e regulação. Talvez por influência de ambientes políticos específicos, optou-se por um sistema em que há grande pluralidade de sanções que podem ser aplicadas àqueles que tenham praticado irregularidade em prejuízo da administração pública.

(ii) As sanções têm finalidades diferentes, que variam de acordo com a função desempenhada pelo ente público que as aplica. Embora diferentes em suas finalidades, sanções administrativa, de contas e judicial cível podem produzir os mesmos efeitos práticos sobre o sancionado.

(iii) A possibilidade de uma mesma irregularidade repercutir em diversas esferas sancionadoras encontra fundamento na legislação, que remete a um conceito de independência das sanções (ou a outras terminologias que o valham) para garantir essa convivência de regimes sancionadores sem vínculo de subordinação.

(iv) Embora a legislação não estipule no que consiste tal independência, diversas decisões do STF vinculam o conceito à autonomia que as instâncias sancionadoras têm, umas em relação às outras, para conduzirem seus processos de responsabilização sem interferência ou dependência. Concretamente, o STF tem dito que a aplicação de sanção por uma instância não impede a aplicação de sanções por outras instâncias, com base na mesma irregularidade, e que isso não implica *bis in idem*, uma vez que os propósitos das atuações dessas instâncias são diferentes.

(v) A análise conjunta da jurisprudência e da legislação mostra que o discurso da independência de sanções e da não configuração do *bis in idem* tem olhos voltados às diferentes finalidades das sanções. No entanto, não trata dos efeitos similares que essas sanções podem ter, tampouco para a desproporcionalidade punitiva que pode ser causada por sua aplicação concomitante.

(vi) Em 2018, a incorporação do art. 23, § 3º, à LINDB buscou combater essa desproporcionalidade. A modificação legal, em consonância com a jurisprudência do STF, confirma a percepção de que a autonomia de instâncias visa à preservação da competência de cada autoridade sancionadora, mas ela não escusa a necessidade de a aplicação de sanção considerar aquelas com os mesmos efeitos práticos anteriormente aplicadas por autoridades diferentes.

Com essa síntese em mente, o próximo capítulo é destinado à compreensão do regime jurídico de aplicação das sanções administrativas, de contas e judiciais cíveis e de como a desproporcionalidade deve ser evitada no momento da dosimetria da pena, mediante a harmonização dos efeitos das sanções.

2
APLICAÇÃO DE SANÇÕES DE DIREITO ADMINISTRATIVO E HARMONIZAÇÃO DE SEUS EFEITOS

2.1. Notas introdutórias e metodológicas

Este capítulo é destinado a entender os elementos compositivos do processo de aplicação das sanções administrativa, de contas e judicial cível, bem como a compreender *se* e *como* eles permitem a harmonização dos efeitos dessas sanções. Harmonizar efeitos significa considerar, na aplicação de sanções de direito administrativo, sanções de efeitos similares aplicadas previamente por outras autoridades públicas em decorrência da mesma irregularidade.

A proposta é, primeiro, analisar os elementos que devem ser observados na culminação da pena pela autoridade pública sancionadora, de acordo com previsões constitucionais e legais existentes no ordenamento jurídico brasileiro (seção 2.2). São eles: *previsão normativa de irregularidade e da correspondente sanção*; *processo*; *ampla defesa*; *motivação da decisão*; e *dosimetria*. Depois, examinar como a integração desses elementos permitiria a harmonização dos efeitos das sanções, com objetivo de que não ocorra desproporção na penalidade, levando a efeitos concretos mais graves do que o desejável (seção 2.3). Ao fim, são apresentadas as conclusões obtidas (seção 2.4).

Em vista da pluralidade de temas e leis que podem justificar sanções de direito administrativo, e reconhecendo a necessidade de haver um método para o estudo, escolheu-se olhar para o campo das contratações públicas, especificamente aquelas sujeitas à LCP (Lei n. 14.133/2021).[1]

[1] A opção por olhar para contratações públicas justifica-se pelo contexto brasileiro, no qual contratos da administração têm sido objeto de intensa atividade controladora e aplicação de punições. Sobre o tema, cf. SUNDFELD, Carlos Ari (org.). *Contratações públicas e seu controle*. São Paulo: Malheiros, 2013.

A opção de delimitação para um campo específico não impede que suas conclusões sejam replicadas em outros contextos, como de sanções decorrentes de faltas funcionais de agentes públicos, relacionadas a irregularidades fiscais ou mesmo decorrentes de outros regimes de contratações públicas, como o da Lei das Estatais (Lei n. 13.303/2016), todas sujeitas à pluralidade de jurisdições sancionadoras. Porém, uma vez que a proposta do estudo é olhar para um regime jurídico, o recorte é importante para que se tenha clareza sobre quais leis devem ser consideradas.[2]

Com tal delimitação, os regimes sancionadores estudados neste capítulo são aqueles decorrentes da: (i) LCP; (ii) LOTCU; (iii) LIA; e (iv) LAC. Esses regimes são complementados por normas gerais, incidentes sobre a atividade sancionadora do Estado, previstas na Constituição Federal, na Lei de Processo Administrativo federal (LPA), na LINDB e no Código de Processo Civil (CPC, Lei n. 13.105/2015). Há nesses normativos importantes diretrizes que pautam a operação prática de sanções, inclusive daquelas decorrentes de contratações públicas.

2.2. Premissas jurídicas para aplicação das sanções administrativa, de contas e judicial cível em contratações públicas

Sancionar alguém exige a observância de regime jurídico que contenha regras claras sobre a conduta vedada, a correspondente punição e o processo formal no qual será averiguado se, na prática, houve essa correspondência. É nesse processo que o particular deverá exercer sua defesa e esclarecer fatos que poderão, se for o caso, isentá-lo da punição ou beneficiá-lo quanto à intensidade da pena.

A aplicação da sanção é, portanto, um acontecimento formal, cuja validade dependerá do correto cumprimento do regime jurídico incidente ao caso. Apesar de a vinculação dos atos públicos à legalidade ser conceito comum ao Estado de Direito, é particularmente importante ressaltá-la no caso de sanção, pois ela implicará algum tipo de restrição de direito ao sancionado, campo perigoso para a ocorrência de arbitrariedades.

No Brasil, o processo para aplicação das sanções administrativa, de contas e judicial cível é constituído de diretrizes gerais e não de regras

[2] Cf. GHIRARDI, José Garcez; PALMA, Juliana Bonacorsi de; VIANA, Manuela Trindade. Posso fazer um trabalho inteiro sobre um caso específico? *In*: QUEIROZ, Rafael Mafei Rebelo; FEFERBAUM, Marina (coords.). *Metodologia jurídica*: um roteiro prático para trabalhos de conclusão de curso. São Paulo: Saraiva, 2017, p. 178-190.

específicas sobre como implementar a pena – contrastando com o que se verifica no direito penal. Enquanto este tem seus códigos de direito e processo, em que estão consolidadas regras mais detalhadas sobre a operacionalização da sanção penal, fez-se diferente nos âmbitos administrativo, judicial cível e de contas.

O regime jurídico a ser seguido é formado por diferentes fontes normativas; são elas: (i) normas constitucionais; (ii) normas gerais de processo; e (iii) normas específicas de direito sancionador. Embora evidente a pulverização, é perfeitamente possível afirmar que há um sistema, composto dessas várias fontes de direito, que deve nortear a atuação sancionadora do Estado, seja ela administrativa, seja judicial cível, seja de contas.[3,4]

Será visto que o sistema arquitetado é pautado na formalidade e na customização. Antes de o Estado sancionar, é necessário que norma preveja a conduta vedada e a sanção correspondente; que haja processo apropriado para aferir o cabimento da sanção a um caso concreto, com o devido exercício de defesa pelo potencial sancionado; e que a sanção seja dosada para corresponder à intensidade da conduta praticada. Três requisitos formais, portanto: previsão normativa, devido processo e dosimetria da pena.

As próximas seções são destinadas a olhar fontes constitucionais, legais e outros fundamentos normativos da atuação sancionadora estatal. É necessário esclarecer que se optou por deixar de fora dessa análise premissas cuja construção tenha base puramente doutrinária, sem previsão normativa expressa – referidas normalmente como *princípios*. A exclusão foi pragmática: ainda que algumas sejam bem difundidas na prática jurídico-administrativa, é controverso sustentar que integram o ordenamento jurídico e que, portanto, sejam de observância obrigatória.[5]

[3] Daniel Ferreira, discorrendo sobre a pluralidade de fontes do regime jurídico das sanções administrativas, entende de maneira semelhante: "Diante disso, conceituamos o regime jurídico-administrativo sancionador como o conjunto sistematizado de princípios e normas informadores da imposição e aplicação, no exercício da função administrativa, das sanções de mesma natureza" (FERREIRA, Daniel. *Sanções administrativas*. São Paulo: Malheiros, 2001, p. 85).

[4] Essa característica, de um direito espraiado por diferentes fontes, não é apenas do direito administrativo sancionador, mas do direito administrativo brasileiro como um todo. Nesse sentido, v. SUNDFELD, Carlos Ari. O direito administrativo plural. *In*: SUNDFELD, Carlos Ari. *Direito administrativo para céticos*. 2. ed. São Paulo: Malheiros, 2014, p. 153-178.

[5] A exemplo do controverso uso dos princípios como lente para interpretação do direito, cf. SUNDFELD, Carlos Ari. Crítica à doutrina dos princípios do direito administrativo. *In*:

2.2.1. Premissa para existência formal da sanção: previsão normativa

Previsão normativa é premissa essencial para existência formal de qualquer sanção em um Estado de Direito. No Brasil, os fundamentos constitucionais para tal afirmação estão no art. 5º, que dispõe que ninguém será obrigado a fazer ou deixar de fazer algo senão em virtude de lei (inciso II) e que não há crime sem lei anterior que o defina, nem pena sem prévia cominação legal (inciso XXXIX). Há ainda, reforçando a ideia, a submissão genérica da atuação de todos os Poderes estatais, inclusive do Tribunal de Contas, ao preceito da legalidade (art. 37, *caput*).[6]

De tais fundamentos, é possível extrair que, para ocorrer punição, é necessário (i) existir lei (ii) que se refira a uma conduta (iii) prevendo que sua prática gera determinada consequência sancionadora. São requisitos para a existência formal da sanção no ordenamento jurídico brasileiro e se preocupam em esclarecer que a conduta tida por irregular e a sanção correspondente não podem ser criadas caso a caso, sendo sua preexistência condição da punição.

Apesar de a lógica ser muito associada ao direito penal – tendo, inclusive, o inciso XXXIX feito expressa referência a "crime" –, sua aplicação vale para a atividade pública sancionadora em geral. Nesse sentido, Alejandro Nieto lembra que, na experiência internacional, também houve movimento semelhante de levar as exigências da legalidade vinculada ao direito penal às demais manifestações de direito sancionador.[7]

SUNDFELD, Carlos Ari. *Direito administrativo para céticos.* 2. ed. São Paulo: Malheiros, 2014, p. 179-203.

[6] Constituição Federal de 1988: "Art. 5º Todos são iguais perante a lei, sem distinção de qualquer natureza, garantindo-se aos brasileiros e aos estrangeiros residentes no País a inviolabilidade do direito à vida, à liberdade, à igualdade, à segurança e à propriedade, nos termos seguintes: [...] II – ninguém será obrigado a fazer ou deixar de fazer alguma coisa senão em virtude de lei; [...] XXXIX – não há crime sem lei anterior que o defina, nem pena sem prévia cominação legal; [...] Art. 37. A administração pública direta e indireta de qualquer dos Poderes da União, dos Estados, do Distrito Federal e dos Municípios obedecerá aos princípios de legalidade, impessoalidade, moralidade, publicidade e eficiência e, também, ao seguinte:" (BRASIL. *Constituição da República Federativa do Brasil de 1988.* Brasília: Presidência da República, 1988. Disponível em: http://www.planalto.gov.br/ccivil_03/constituicao/constituicaocompilado.htm. Acesso em: 3 nov. 2022).

[7] "El principio de legalidad admite una descripción esquemática elemental, tal como aparece en repetidas sentencias del Tribunal Constitucional, en cuanto que – según se ha enunciado ya – <implica, al menos, la existencia de una ley (*lex scripta*), que la ley sea anterior (*lex previa*) y que la ley describa un supuesto de hecho determinado (*lex certa*)> (STC 127/1990, 5 de julio).

A simplicidade da ideia não impede que existam algumas complexas discussões a respeito do tema, decorrentes de dúvidas e divergências acerca do modelo de hierarquia normativa vigente no Brasil – que envolve normas constitucionais, legais e infralegais – e também do grau de detalhamento necessário para que normas sancionadoras estejam de acordo com as demandas constitucionais. São essas as duas discussões abordadas a seguir.

2.2.1.1. Espécies de normas que podem prever sanções

O direito administrativo é regido por normas de diversas naturezas. Aquelas de origem constitucional trazem comandos gerais para os atos que importam à atividade administrativa, como o dever de licitar (art. 37, XXI) e a necessidade de concurso público para contratação de servidores (art. 37, II). A forma como serão executados esses comandos é detalhada em leis "em sentido estrito": aprovadas pelo Legislativo e sancionadas pelo Executivo, conforme disciplinado na Seção XIII da Constituição.

Exemplo dessa relação entre norma constitucional e lei é o § 4º do art. 37, que dispõe: "Os atos de improbidade administrativa importarão a suspensão dos direitos políticos, a perda da função pública, a indisponibilidade dos bens e o ressarcimento ao erário, na forma e gradação previstas em lei, sem prejuízo da ação penal cabível".[8] Ainda que o dispositivo contenha alguma clareza quanto ao seu conteúdo – atos de improbidade importam em determinadas espécies de sanção –, ele remete a disciplina de seu cumprimento à lei infraconstitucional.

Também regem o direito administrativo normas de caráter infralegal, chamadas genericamente de *regulamentos*. São decretos, instruções normativas e outras tantas cuja função é disciplinar o modo de órgãos e entidades públicas operarem em determinados contextos, inclusive em suas relações com particulares. Pela definição constitucional, a função desses regulamentos é dar "fiel execução" à lei, estabelecendo uma relação de dependência entre normas (arts. 84, IV, e 87, II).[9] A lógica, em alguma medida,

Caracteres atribuidos inicialmente a la legalidad penal, pero que son extendibles, sin duda, a la legalidad sancionadora en general" (Nieto, Alejandro. *Derecho administrativo sancionador.* 2. ed. Madri: Tecno, 1994, p. 214).

[8] BRASIL. *Constituição da República Federativa do Brasil de 1988*. Brasília: Presidência da República, 1988. Disponível em: http://www.planalto.gov.br/ccivil_03/constituicao/constituicaocompilado.htm. Acesso em: 3 nov. 2022.

[9] Constituição Federal de 1988: "Art. 84. Compete privativamente ao Presidente da República: [...] V – sancionar, promulgar e fazer publicar as leis, bem como expedir decretos e

espelha aquela entre as leis e a Constituição, e, assim, a cada norma de hierarquia inferior, vai-se pormenorizando o modo de aplicação do direito.

O uso do regulamento e a medida de sua dependência da lei têm sido objeto de muitos debates no direito administrativo. O instrumento passou a ter cada vez mais importância em face da diversificação e da ampliação das atividades do Estado. Com a necessidade de respostas rápidas a demandas sociais e econômicas, mostrou-se instrumento ágil, uma vez que sua edição, bem como sua modificação, independe do demorado processo legislativo.

Além disso, normalmente participam de sua elaboração pessoas com conhecimento técnico e prático da rotina disciplinada, o que tende a resultar em norma mais aderente à realidade. Essas características fizeram com que, muitas vezes, se preferisse deixar a abordagem de certos temas ao regulamento em detrimento da lei. A prática gerou muita polêmica quanto à sua constitucionalidade.[10]

Parte da literatura especializada sustenta que a legalidade à qual estão submetidos os atos da administração (art. 37, *caput*), bem como a disposição constitucional que dispõe que "ninguém será obrigado a fazer ou deixar de fazer alguma coisa senão em virtude de lei" (art. 5º, II),[11] faz com que apenas lei em sentido estrito possa inovar, criando direitos e obrigações a particulares ou impondo-lhes medidas restritivas.[12]

regulamentos para sua fiel execução; [...] Art. 87. Os Ministros de Estado serão escolhidos dentre brasileiros maiores de vinte e um anos e no exercício dos direitos políticos. Parágrafo único. Compete ao Ministro de Estado, além de outras atribuições estabelecidas nesta Constituição e na lei: [...] II – expedir instruções para a execução das leis, decretos e regulamentos" (BRASIL. *Constituição da República Federativa do Brasil de 1988*. Brasília: Presidência da República, 1988. Disponível em: http://www.planalto.gov.br/ccivil_03/constituicao/constituicaocompilado.htm. Acesso em: 3 nov. 2022).

[10] Cf. Veiga da Rocha, Jean-Paul. Quem tem medo da delegação legislativa? *Revista de Direito Administrativo – RDA*, Rio de Janeiro, v. 271, p. 193-221, jan.-abr. 2016.

[11] BRASIL. *Constituição da República Federativa do Brasil de 1988*. Brasília: Presidência da República, 1988. Disponível em: http://www.planalto.gov.br/ccivil_03/constituicao/constituicaocompilado.htm. Acesso em: 3 nov. 2022.

[12] Maria Sylvia Zanella Di Pietro, por exemplo, sustenta que o regulamento "não pode inovar na ordem jurídica, criando direitos, obrigações, proibições, medidas punitivas, até porque ninguém é obrigado a fazer ou deixar de fazer alguma coisa senão em virtude de lei, conforme o art. 5º, II, da Constituição; ele tem que se limitar a estabelecer normas sobre a forma como a lei vai ser cumprida pela Administração" (Di Pietro, Maria Sylvia Zanella. *Direito administrativo*. 31. ed. Rio de Janeiro: Forense, 2018, p. 158).

Essa parte reconhece a existência de um poder normativo da administração pública – um poder para criar normas – mas limitado aos chamados *regulamento executivo* e *regulamento autônomo.*

O primeiro é aquele regulamento que apenas especifica o modo como a administração executa uma previsão legal, dando "fiel execução" à lei. Seu conteúdo é totalmente dependente de lei preexistente. O segundo não depende de lei prévia, mas, limitado pela Constituição, serve apenas para que o Presidente da República disponha sobre "organização e funcionamento da administração federal, quando não implicar aumento de despesa nem criação ou extinção de órgãos públicos", ou sobre "extinção de funções ou cargos públicos, quando vagos" (art. 84, VI).[13]

Já outra parcela dessa literatura defende que as funções do regulamento administrativo não estão limitadas apenas a essas noções. Para aqueles que a integram, o poder normativo da administração deve sim estar pautado em lei, mas, desde que não se esteja tratando de matérias submetidas à reserva legal, isso não significa que um regulamento não possa inovar em alguma medida.

Aqueles que sustentam essa ideia argumentam que a lei pode ser mais ou menos abrangente quanto à disciplina de seu tema, e o grau dessa abrangência tem direta relação com o espaço do regulamento: quanto menos a lei disciplinar, mais se poderá fazê-lo por meio de regulamento, e vice-versa.

Na prática, a opção por uma "lei-quadro", que esquematiza diretrizes gerais para a atuação administrativa e deixa muito à alçada do regulamento, ou por uma lei mais exaustiva em seu conteúdo, é decisão política, a ser tomada em cada caso considerando especialmente se a matéria demanda mais ou menos adaptação e agilidade na ação estatal.[14] Ainda assim, é curioso ver como o assunto divide opiniões.[15]

[13] BRASIL. *Constituição da República Federativa do Brasil de 1988.* Brasília: Presidência da República, 1988. Disponível em: http://www.planalto.gov.br/ccivil_03/constituicao/constituicaocompilado.htm. Acesso em: 3 nov. 2022.

[14] Gustavo Binenbojm representa bem essa parcela da doutrina ao tratar da ordenação pública de atividades econômicas: "Para matérias não submetidas à reserva de lei, incide o princípio da preferência legal, mas com ampla possibilidade de atuação criativa da Administração por via de regulamentos infralegais (de execução ou delegados). Caberá ao legislador, em cada caso, realizar a opção política por um regramento mais detalhado – a ser complementado por regulamentos de execução – ou por regramento mais esquemático, que se resuma a estabelecer normas de organização, procedimentos administrativos e fins a nortear a futura ação administrativa, como é o caso das chamadas *leis-quadro* – que serão complementadas por

Na pauta das sanções, a discussão é fundamental para avaliar se sobre elas incide a reserva de lei e em que grau elas podem ser disciplinadas por meio de regulamento. Carlos Ari Sundfeld afirma que, "[p]ela abrangência e importância econômica da ação punitiva da Administração na atualidade, a existência, ou não, de reserva de lei em matéria de infrações a sanções administrativas é possivelmente a maior das discussões sobre regulamentos entre publicistas em geral".[16]

O fato de existirem normas constitucionais disciplinadoras do poder punitivo estatal que se reportam à lei quando mencionam que conduta e penalidade devem ter previsão normativa pode sugerir que, como no sistema penal, sanções de outras naturezas devem estar preditas por lei em sentido estrito. A visão estaria em linha com a opinião mais restritiva quanto ao uso do regulamento e, uma vez que este não poderia inovar,

regulamentos delegados. Em ambos os casos, a regulação administrativa poderá ser atribuída à competência de agências setoriais, a critério do legislador" (BINENBOJM, Gustavo. *Poder de polícia, ordenação, regulação*: transformações político-jurídicas, econômicas e institucionais do direito administrativo ordenador. Belo Horizonte: Fórum, 2016, p. 165).

[15] Exercício interessante é contrastar as opiniões divergentes nesse tema de Celso Antônio Bandeira de Mello e Carlos Ari Sundfeld, talvez as mais enfáticas na defesa que cada um faz sobre o posicionamento adotado. De um lado, Bandeira de Mello sustenta que, "[...] se à lei fosse dado dispor que o Executivo disciplinaria, por regulamento, tal ou qual liberdade, o ditame assecuratório de que 'ninguém será obrigado a fazer ou deixar de fazer alguma coisa senão em virtude de lei' perderia o caráter de garantia constitucional, pois o administrado seria obrigado a fazer ou deixar de fazer alguma coisa *ora* em virtude de *regulamento*, *ora* de *lei*, ao líbito do Legislativo, isto é, conforme o legislador ordinário entendesse de decidir. É óbvio, entretanto, que, em tal caso, este último estaria se sobrepondo ao constituinte e subvertendo a hierarquia entre Constituição e lei, evento juridicamente inadmissível em regime de Constituição rígida" (BANDEIRA DE MELLO, Celso Antônio. *Curso de direito administrativo*. 32. ed. São Paulo: Malheiros, 2015, p. 364, grifo do autor). De outro, Sundfeld: "Propostas de bloqueio geral da ação criadora da Administração (ação que se realiza por meio, por exemplo, dos chamados *regulamentos autorizados*) não devem fazer parte da agenda do desenvolvimento institucional brasileiro. Nossas prioridades têm de ser outras, ligadas à discussão sobre o modo como está estruturada a Administração Pública (organização administrativa), o modo como ela decide (processos administrativos) e o modo como é controlada externamente. A grande missão do administrativista contemporâneo não é tolher a criação administrativa para defender o máximo de espaço para o legislador, mesmo contra a vontade deste. É assegurar que o Direito, em suas múltiplas formas, influa sobre o espaço de deliberação administrativa, mas sem monopolizá-lo" (SUNDFELD, Carlos Ari. Administrar é criar? *In*: SUNDFELD, Carlos Ari. *Direito administrativo para céticos*. 2. ed. São Paulo: Malheiros, 2014, p. 280).

[16] SUNDFELD, Carlos Ari. Administrar é criar? *In*: SUNDFELD, Carlos Ari. *Direito administrativo para céticos*. 2. ed. São Paulo: Malheiros, 2014, p. 258.

não seria possível que impusesse medida punitiva. Porém, a visão não é correta.

É possível identificar na Constituição Federal quatro tipos de reserva de lei: *formal, material, absoluta* e *relativa*.[17] Diz-se que há *reserva de lei formal* quando é exigido que determinada matéria seja disciplinada pelo próprio Congresso Nacional, por meio de norma que seguiu trâmites adequados de processo legislativo. É o que acontece, por exemplo, quando a Constituição veda que sejam objeto de delegação normas que versem sobre organização do Poder Judiciário e do Ministério Público ou sobre nacionalidade, cidadania, direitos individuais, políticos e eleitorais (art. 68, § 1º, I e II).

Diferentemente, a *reserva de lei material* é verificada quando a Constituição institui que um tema seja objeto de lei ordinária ou de lei complementar. Chama-se *material* porque a reserva não se dá em função propriamente da competência do Congresso Nacional, mas de um tipo de instrumento específico utilizado para disciplinar a matéria. Nesses casos, é possível que o tema seja tratado por outros instrumentos com força de lei, como a medida provisória, editada pelo Poder Executivo. É o que acontece, por exemplo, quando o texto dispõe que a lei disciplinará as formas de participação do usuário de serviços públicos na administração (art. 37, § 3º).

Ainda em relação ao conteúdo, a reserva de lei material pode ser *absoluta* ou *relativa*, dependendo da necessidade de a matéria ser totalmente regulada por lei (*absoluta*) ou de poder haver delegação de parte dela a norma infralegal (*relativa*). No exemplo dado por José Afonso da Silva, é o caso de o Poder Executivo poder alterar, por decreto, alíquotas de impostos de acordo com condições e limites estabelecidos em lei (art. 153, § 1º).[18]

A Constituição não manteve a disciplina da sanção administrativa sob reserva de lei formal. Nela não há trecho que amarre esse conteúdo à atuação do Legislativo. Sustentar que essa reserva decorreria da submissão constitucional da administração ao princípio da legalidade (art. 37, *caput*) é insuficiente, pois, dada a generalidade do princípio, seria o mesmo que sustentar que todo e qualquer ato da administração precisaria estar pautado em lei em sentido estrito.

[17] Cf. SILVA, José Afonso da. *Curso de direito constitucional positivo*. 37. ed. São Paulo: Malheiros, 2014, p. 426-427.

[18] SILVA, José Afonso da. *Curso de direito constitucional positivo*. 37. ed. São Paulo: Malheiros, 2014, p. 427.

Além do mais, no texto constitucional, o termo "legalidade" é utilizado para fins que não o de reservar conteúdo à lei formal. Enquanto a reserva de lei remete ao instrumento adequado para a positivação de determinado tema, a remissão à legalidade – ou à ilegalidade – é feita sempre no contexto de averiguação de conformidade da atuação da administração pública ao direito.

Em suma, a Constituição utiliza a expressão para: (i) assegurar a alguém o direito de se insurgir contra *ilegalidade* ou abuso de poder por parte do Estado (art. 5º, XXXIV, *a*, LXVII e LXIX); (ii) vincular a administração pública ao princípio da *legalidade* (art. 37, *caput*); e (iii) fixar *legalidade* como um dos parâmetros dos controles interno e externo sobre a administração pública (arts. 70, 71, III, VIII e IX, 74, II e §§ 1º e 2º, 103-B, II, e 130-A, II). Como se vê, o uso do termo enfatiza a submissão da administração ao ordenamento jurídico, mas não atrela seus atos unicamente à lei em sentido estrito.[19]

Aliás, normas infralegais, como regulamentos (que, lembre-se, têm base em leis), comumente são utilizadas por órgãos de controle interno e externo como parâmetro para averiguação da legalidade dos atos administrativos. Portanto, é juridicamente inconsistente defender, com base no princípio da legalidade, que sanções administrativas somente poderiam ser disciplinadas por lei em sentido estrito.

Também seria impróprio sustentar que essa necessidade viria do preceito de que "não há crime sem lei anterior que o defina, nem pena sem

[19] A distinção entre "legalidade" e "reserva de lei" é feita por José Afonso da Silva nos seguintes moldes: "A doutrina não raro confunde ou não distingue suficientemente o *princípio da legalidade* e o da *reserva de lei*. O primeiro significa a submissão e o respeito à lei, ou a atuação dentro da esfera estabelecida pelo legislador. O segundo consiste em estatuir que a regulamentação de determinadas matérias há de fazer-se necessariamente por lei formal. Embora às vezes se diga que o princípio da legalidade se revela como um caso de *reserva relativa*, ainda assim é de reconhecer-se diferença entre ambos, pois que o legislador, no caso de reserva de lei, deve ditar urna disciplina mais específica do que é necessário para satisfazer o princípio da legalidade. Em verdade, o problema das relações entre os princípios da legalidade e da reserva de lei resolve-se com base no Direito Constitucional positivo, à vista do poder que a Constituição outorga ao Poder Legislativo. Quando essa outorga consiste no poder amplo e geral sobre qualquer espécie de relações, como vimos antes, tem-se o princípio da legalidade. Quando a Constituição reserva conteúdo específico, caso a caso, à lei, encontramo-nos diante do princípio da reserva legal" (SILVA, José Afonso da. *Curso de direito constitucional positivo*. 37. ed. São Paulo: Malheiros, 2014, p. 425, grifo do autor).

prévia cominação legal" (art. 5º, XXXIX).[20] O dispositivo claramente se reporta ao direito penal e, para ele sim, cria uma reserva de lei formal e absoluta, e proíbe que terceiro que não o Congresso Nacional discipline o tema.[21,22] Essa reserva do Poder Legislativo é reforçada por outros dispositivos constitucionais, que dão competência privativa à União para legislar sobre direito penal (art. 22, I) e vedam que o conteúdo seja objeto de medida provisória, editada pelo Presidente da República, ainda que o instrumento tenha força de lei (art. 62, § 1º, I, *b*).

A conjugação dos três dispositivos amarra bem ao Legislativo a possibilidade de disciplinar crimes e suas respectivas sanções, e denota preocupação do regime constitucional em não deixar que cada ente federativo institua um código penal próprio e que o tema tenha que ser submetido ao debate democrático próprio do processo legislativo.

Defender a aplicação do inciso XXXIX do art. 5º à disciplina de irregularidades e sanções administrativas seria ignorar toda essa lógica sistêmica, pensada em função da gravidade do direito penal. Ou ainda, seria defender que as demais exigências constitucionais para edição de conteúdo penal incidiriam também sobre o direito administrativo sancionador, o que não faz sentido. Proibir que cada ente federativo possa dispor sobre as sanções administrativas aplicáveis nas relações que ele próprio institui com particulares contraria a ideia de que tais sanções também são instru-

[20] BRASIL. *Constituição da República Federativa do Brasil de 1988*. Brasília: Presidência da República, 1988. Disponível em: http://www.planalto.gov.br/ccivil_03/constituicao/constituicaocompilado.htm. Acesso em: 3 nov. 2022.

[21] Em seu curso, José Afonso da Silva, sem fazer conexão com sanções de natureza administrativa, comenta o dispositivo constitucional sob o título *legalidade penal*: "Trata-se também de garantia individual prevista no art. 5º, XXXIX, segundo o qual *não há crime sem lei anterior que o defina, nem pena sem prévia cominação legal,* em que se consubstancia o princípio *nullum crimen nulla poena sine lege.* O dispositivo contém uma reserva absoluta de lei formal, que exclui a possibilidade de o legislador transferir a outrem a função de definir o crime e de estabelecer penas. Demais, a definição legal do crime e a previsão da pena hão que preceder o fato tido como delituoso. Sem lei que o tenha feito não há crime nem pena" (SILVA, José Afonso da. *Curso de direito constitucional positivo*. 37. ed. São Paulo: Malheiros, 2014, p. 432, grifo do autor).

[22] Diferentemente do que faz a Constituição espanhola que, em seu art. 25, exige norma prévia para aplicação de sanção reportando-se àquelas de naturezas penal e administrativa: "Ninguém pode ser condenado ou sancionado por ações ou omissões que no momento de produzir-se não constituam delito, falta ou infração administrativa, segundo a legislação vigente nesse momento".

mentos de gestão pública, a serem utilizados pela administração para bem alcançar suas finalidades.

Da mesma forma, cogitar que sanções administrativas não poderiam ser objeto de medida provisória é fazer interpretação por demais extensiva de norma constitucional que veda seu uso para o direito penal. Nesse sentido, Alice Voronoff lembra que não é incomum que medidas provisórias tragam sanções administrativas:

> Há, inclusive, exemplos de medidas provisórias nesse sentido, como a Medida Provisória n. 2.177-44/2001, que deu redação às disposições da Lei n. 9.656/1998 relativas à matéria sancionatória administrativa (arts. 25 a 29-A), incluindo rol de sanções cabíveis aos agentes econômicos do segmento de saúde suplementar. Já em 2017, foi editada a Medida Provisória n. 784, que deu novo e vasto tratamento à matéria sancionatória administrativa nos âmbitos do Banco Central do Brasil e da Comissão de Valores Mobiliários, incluindo a disciplina das infrações, penalidades, medidas coercitivas e meios alternativos de soluções de controvérsias.[23]

Não é que a premissa contida no art. 5º, XXXIX, da Constituição não possua nenhum valor para a administração sancionadora. A racionalidade de exigir tipificação da conduta irregular e da sanção correspondente previamente à punição do particular é fundamental para sanções administrativas e está em conformidade com a noção de legalidade à qual a administração está submetida. Apenas não é fundamental que essas sanções sejam disciplinadas por lei em sentido estrito.

Por esse ângulo, a conclusão é de que paira sobre o tema das sanções administrativas *reserva de lei material relativa*, pois os atos da administração, inclusive sancionadores, devem estar de acordo com o ordenamento jurídico e ter fundamento em alguma lei em sentido estrito. No entanto, a Constituição não ressalva que as sanções devem estar previstas na própria lei que deu à administração poder sancionatório, podendo perfeitamente estar disciplinadas em norma infralegal.[24]

[23] VORONOFF, Alice. *Direito administrativo sancionador no Brasil*: justificação, interpretação e aplicação. Belo Horizonte: Fórum, 2018, p. 235.

[24] De modo semelhante entende Alice Voronoff (*Direito administrativo sancionador no Brasil*: justificação, interpretação e aplicação. Belo Horizonte: Fórum, 2018, p. 238-239).

É diferente, entretanto, o caso das sanções de contas e judicial cível. Não é possível que normas infralegais, editadas por órgãos e entidades pertencentes a essas jurisdições, criem novas sanções a serem aplicadas àqueles que causarem prejuízo à administração pública. É que, no caso do Poder Judiciário e do Tribunal de Contas, a Constituição Federal deu-lhes poderes normativos em contextos muito específicos, restritos, e que não abrangem, de forma alguma, a possibilidade de instituir sanções.

De maneira geral, o Poder Judiciário apenas aplica normas ou define qual seria sua interpretação mais adequada. Suas competências normativas dizem respeito a duas situações muito específicas: (i) a edição de regulamento interno, por cada tribunal, para disciplinar o seu próprio funcionamento administrativo (art. 96, I); (ii) a edição de regulamentos, pelo CNJ, para fins de "zelar pela autonomia do Poder Judiciário e pelo cumprimento do Estatuto da Magistratura" (art. 103-B, § 4º, I).[25] Não se cogita, portanto, que o Poder Judiciário teria qualquer competência regulamentar sobre sanções decorrentes de irregularidades praticadas contra a administração pública.[26]

Quanto ao TCU, a Constituição não lhe atribui competência normativa. No entanto, dispõe que se aplicam ao órgão, no que couberem, as disposições do art. 96, que trata das atribuições dos tribunais judiciários (art. 73). Daí é possível afirmar que o TCU, em razão dessa aproximação às atribuições dos tribunais, poderia editar seu próprio regulamento interno (art. 96, I), mas nada além disso.

Contudo, a LOTCU dispôs expressamente que o tribunal, no âmbito de sua competência e jurisdição, pode expedir atos e instruções normativas sobre matéria de suas atribuições e sobre a organização dos processos que lhe devam ser submetidos (art. 3º). Veja-se o dispositivo:

> Art. 3º Ao Tribunal de Contas da União, no âmbito de sua competência e jurisdição, assiste o poder regulamentar, podendo, em consequência, expedir atos e instruções normativas sobre matéria de suas atribuições e sobre a

[25] BRASIL. *Constituição da República Federativa do Brasil de 1988*. Brasília: Presidência da República, 1988. Disponível em: http://www.planalto.gov.br/ccivil_03/constituicao/constituicaocompilado.htm. Acesso em: 3 nov. 2022.

[26] Sobre a competência normativa do CNJ, cf. ROSILHO, André. O poder normativo do CNJ e o sistema de justiça brasileiro. *Revista Brasileira de Estudos Constitucionais – RBEC*, Belo Horizonte, ano 4, n. 14, p. 37-86, abr.-jun. 2010.

organização dos processos que lhe devam ser submetidos, obrigando ao seu cumprimento, sob pena de responsabilidade.[27]

É possível questionar a constitucionalidade do dispositivo legal por ter dado ao TCU competências que vão além daquelas previstas na Constituição. Não há amparo constitucional para que lei pudesse ter alargado ao máximo possível, como a redação normativa sugere, os temas sobre os quais o tribunal pode dispor normativamente – a lei parece dizer que o TCU poderia regulamentar qualquer matéria que estivesse sob sua jurisdição.

Também é necessário ressaltar o conteúdo tautológico do artigo, que não especifica quais temas poderão ser disciplinados pelo tribunal e institui previsão que traduz a ideia de que "o tribunal tem competência para editar normas sobre temas de sua competência". Na prática, a lei conferiu poder normativo por meio de uma "carta em branco" ao TCU.

O tribunal vem usando essa competência para editar instruções normativas (IN) que tratam das mais diversas matérias que o órgão entende estarem sob sua alçada, como a fiscalização de desestatizações federais (IN n. 81/2018) e a fiscalização da celebração de acordos de leniência (IN n. 83/2018).

Assumindo que a prática foi, por ora, naturalizada ao ordenamento jurídico brasileiro – e, portanto, deixando de lado a discussão sobre possível inconstitucionalidade –, por que não poderia o TCU, como o faz a administração no uso de seu poder normativo, criar sanções de contas a serem por ele aplicadas?

É que a leitura do dispositivo precisa ser feita de acordo com os limites constitucionais e legais das competências do órgão. Não poderia o tribunal criar atribuições diferentes daquelas que lhe foram conferidas pelas normas constitucionais ou legais. E nem a Constituição, nem a LOTCU, disseram que o órgão poderia dispor sobre seus próprios instrumentos sancionadores.

Nesse sentido, não é possível ler o art. 71, VIII, da Constituição, que afirma que o TCU pode "aplicar aos responsáveis, em caso de ilegalidade

[27] BRASIL. *Lei n. 8.443, de 16 de julho de 1992*. Dispõe sobre a Lei Orgânica do Tribunal de Contas da União e dá outras providências. Brasília: Presidência da República, 1992. Disponível em: https://www.planalto.gov.br/ccivil_03/Leis/L8443.htm#:~:text=Lei%20N%C2%BA%208.443%2C%20DE%2016%20DE%20JULHO%20DE%201992.&text=Disp%C3%B5e%20sobre%20a%20Lei%20Org%C3%A2nica,Uni%C3%A3o%20e%20d%C3%A1%20outras%20provid%C3%AAncias. Acesso em: 3 nov. 2022.

de despesa ou irregularidade de contas, as sanções previstas em lei, que estabelecerá, entre outras cominações, multa proporcional ao dano causado ao erário",[28] dando interpretação mais abrangente ao termo "lei" para abarcar outros atos normativos que não leis em sentido estrito.

Diferentemente do caso da administração pública, a Constituição não conferiu ao tribunal competência normativa. Então não faz sentido supor que, ao se referir à lei, o diploma poderia estar sugerindo um significado mais amplo ao termo.

Com essas considerações em mente, faz sentido entender o poder normativo do TCU limitado a prever procedimentos para especificar como se dará o desempenho de suas atribuições constitucionais e legais, mas não para expandi-las.[29,30] No âmbito das sanções de contas, isso significa que o tribunal pode editar regulamento para prever o modo como fará sua aplicação, inclusive no que diz respeito à dosimetria – temas como agravantes e atenuantes, motivos para escusar a aplicação de sanção e outros mais.

Foi o que o tribunal fez por meio de sua Resolução n. 246/2011, que aprovou o seu atual regimento interno, em relação à multa. O art. 268 dessa resolução traz uma gradação a ser observada no momento da aplicação da sanção.[31] Esse tipo de uso do poder normativo do TCU em matéria de sanções é útil para construção de um procedimento isonômico destinado

[28] BRASIL. *Constituição da República Federativa do Brasil de 1988.* Brasília: Presidência da República, 1988. Disponível em: http://www.planalto.gov.br/ccivil_03/constituicao/constituicaocompilado.htm. Acesso em: 3 nov. 2022.

[29] Luís Roberto Barroso, da mesma forma, afirma que "é possível deixar assentado que a referência feita pela lei ao poder regulamentar do Tribunal de Contas somente será constitucional se interpretada no sentido de uma competência normativa limitada, consistente na ordenação interna de sua própria atuação" (Barroso, Luís Roberto. *Temas de direito constitucional.* 2. ed. Rio de Janeiro: Renovar, 2006, t. I, p. 235).

[30] Ampliar sobre o poder normativo do TCU em Rosilho, André. *Tribunal de Contas da União*: competências, jurisdição e instrumentos de controle. São Paulo: Quartier Latin, 2019, p. 131-155.

[31] Quanto ao exemplo, é preciso dizer que a resolução pouco contribui para a construção de um processo sancionador com parâmetros que ofereçam alguma segurança jurídica mais significativa: "Ele apenas estipula, para cada situação sobre a qual incide multa, intervalos percentuais a serem aplicados sobre o limite de valor – ao estilo '*na situação X, a multa variará entre 5% a 100% do limite*' (art. 268)" (Gabriel, Yasser. Parâmetros da LINDB em multas do TCU. *Jota*, 10 jun. 2020, grifo do autor. Disponível em: https://www.jota.info/opiniao-e-analise/colunas/controle-publico/parametros-da-lindb-em-multas-do-tcu-10062020. Acesso em: 12 out. 2020).

àqueles sujeitos à atividade sancionadora da jurisdição de contas, e prestigia a premissa constitucional de segurança jurídica na aplicação de sanções.

Diante do exposto, é possível verificar diferentes possibilidades jurídicas relativas ao uso de normas para disciplinar o poder sancionador do Estado, dependendo de quem o exerce: administração, tribunal de contas ou Judiciário cível.

As sanções administrativas podem estar previstas em normas legais ou infralegais, mas, no último caso, é necessário que haja lei admitindo que regulamento traga sanção. Já tribunais de justiça e de contas somente poderão aplicar sanções previstas em lei em sentido estrito, pois não possuem competência normativa para criar, eles próprios, sanções.

No entanto, tanto administração pública como TCU detêm poder normativo que lhes permite editar regulamentos para dar mais segurança jurídica na aplicação de suas respectivas sanções. Nesse sentido, seria útil que editassem tais atos com intuito de sistematizar processos isonômicos, que deverão ser observados no momento de sancionar. Tais atos poderiam conter diretrizes sobre como, na prática, a autoridade pública promoverá a harmonização da sanção que irá aplicar com outras previamente culminadas.

2.2.1.2. Correspondência entre irregularidade e sanção

Outro ângulo a ser considerado a respeito da previsão normativa é a correspondência de irregularidade à sanção. A dúvida é sobre qual o grau de precisão que a previsão constitucional de que não há crime sem lei anterior que o defina, nem pena sem prévia cominação legal (art. 5º, XXXIX) impõe à equivalência entre conduta e punição.

A legislação relaciona irregularidade à sanção de duas maneiras: ou ela estipula que a conduta irregular levará à aplicação de determinada sanção – caso da LOTCU, quando diz que licitante fraudador de certame ficará proibido de contratar com a administração, e da LCP, que vincula cada uma de suas sanções a irregularidades específicas; ou ela relaciona a conduta irregular a um cardápio de sanções, do qual a autoridade pública sancionadora irá escolher aquelas penalidades mais adequadas ao caso – como é o caso das sanções constantes da LIA.

Ambos os modelos de estrutura legal estão de acordo com a determinação constitucional que demanda tipicidade da conduta e previsão normativa da sanção anterior à sua prática. Isso porque a Constituição exige previsibilidade na punição, mas não que uma irregularidade deva equivaler a apenas uma sanção específica, ou mesmo que não possa haver uma pluralidade de sanções possíveis para, entre elas, serem escolhidas aquelas mais pertinentes à situação.

Em todo caso, é necessário observar se há correspondência lógica entre a irregularidade praticada e o tipo de sanção a ser aplicada. Não faria sentido sancionar um particular contratado com a perda de função pública da Lei de Improbidade, por exemplo. É necessário haver justificativa para os efeitos sancionadores diante das circunstâncias fáticas que os ensejam.

2.2.2. Premissas para existência material da sanção

A Constituição Federal também traz premissas concernentes à existência material da sanção – isto é, tirá-la do plano normativo e imputá-la a alguém. Entre os direitos e as garantias individuais previstos nos incisos do art. 5º, disciplinou o exercício do poder punitivo estatal em torno, basicamente, das seguintes normas: será necessário o devido processo legal antes da culminação de pena (LIV); deverá haver a individualização da pena (XLVI); não haverá pena de caráter perpétuo, de morte ou de natureza cruel (XLVII); serão assegurados contraditório e ampla defesa ao acusado (LV).

Tais premissas estão voltadas ao modo de aplicação da sanção, tornando fundamental a existência de um processo em que seja garantida a defesa do acusado e vedando pena genérica ou que, no caso das sanções de direito administrativo, tenha caráter perpétuo.[32] A seguir, serão analisadas as premissas que compõem a lógica trazida na Constituição, segmentadas do seguinte modo: (i) processo e defesa; (ii) motivação e dosimetria.

2.2.2.1. Processo e defesa

Duas das premissas constitucionais trazidas para a aplicação de sanção estão intimamente ligadas entre si e dizem respeito à necessidade de processo administrativo (art. 5º, LIV), no qual tenha sido garantido o exercício da ampla defesa e do contraditório ao sancionado (art. 5º, LV).

[32] No caso de sanções administrativas, não faz sentido falar de pena de morte ou cruel, pois relacionadas à vida e à integridade física do apenado, bens esses que não são afetados por punições advindas dos Poderes Executivo, Judiciário cível ou Tribunal de Contas. Tal vedação claramente foi direcionada a sanções de natureza criminal, em que historicamente se verificaram penalidades dessas naturezas.

Para sanções administrativas, a obrigatoriedade de processo surgiu com a Constituição de 1988. No regime constitucional anterior, a exigência de processo para exercício do poder punitivo estatal era vinculada ao direito penal (art. 153, § 15, da Constituição Federal de 1967, com emendas de 1969). Contudo, já havia esforço doutrinário e jurisprudencial em argumento da obrigatoriedade de que houvesse a oportunidade da defesa ao particular por meio de um procedimento, ainda que essa não fosse a prática padrão do poder público e comumente fossem sustentadas exceções a essa noção.[33]

De maneira geral e não só no contexto sancionatório, o processo administrativo é visto como um importante instrumento do Estado Democrático de Direito para controle de atos da administração pública. De um lado, promove a documentação dos fundamentos jurídicos e factuais de uma decisão administrativa, o que dificulta a ocorrência de arbitrariedades. De outro, permite a manifestação formal de particulares interessados e, se não garante que suas ponderações sejam necessariamente levadas em conta pela autoridade administrativa, ao menos torna mais fácil verificar eventual desconsideração.

Assim, países adeptos da democracia, entendendo a importância dessa instrumentalidade do processo administrativo, passaram a disciplinar, por

[33] É o relato de Carlos Ari Sundfeld, considerando a Constituição Federal de 1967, com as emendas de 1969: "Dispõe o art. 153, § 15, do Texto Constitucional que 'a lei assegurará aos acusados ampla defesa, com os recursos a ela inerentes. Não haverá foro privilegiado nem tribunais de exceção'. A leitura do dispositivo imediatamente invoca em nossa mente o processo penal e as técnicas de defesa nele enfeixadas. Efetivamente, ninguém duvidará de que o princípio da ampla defesa se ajusta ao processo de aplicação da lei penal. A referência de 'foro' e 'tribunal' parece confirmar que a regra foi talhada para este caso. Mas a indagação que devemos nos fazer está ligada ao raio de abrangência do princípio. Estará ele limitado ao processo judicial, mais precisamente ao penal, ou será válido também na esfera administrativa? Já não causa mais espanto ou contestação séria a afirmação de que a Administração deve obediência ao princípio. Todos concordam em que o acusado tem direito à defesa, também perante a Administração. Entretanto, parece tratar-se de algo como uma exceção dentro do agir normal da Administração Pública; tem-se a impressão de que doutrina e jurisprudência, com uma percepção extrajurídica, com um pouco de humanidade, pode-se dizer, forçam a interpretação da regra, a fim de dar-lhe uma extensão que originalmente não possuía. Em suma, os analistas não conseguem, via de regra, esconder certo desconforto ante a aplicação do princípio na esfera administrativa. Daí a facilidade com que admitem exceções à regra, com que procuram explicações para elas" (SUNDFELD, Carlos Ari. A defesa nas sanções administrativas. *Revista Forense*, Rio de Janeiro, v. 298, p. 100-101, 1985).

meio de normas ou jurisprudência, o procedimento pelo qual a administração toma decisões e se relaciona com particulares.[34]

Nos EUA, com essa finalidade há o *Administrative Procedure Act* (APA), de 1946. A norma surgiu da preocupação de se obter padronização e transparência na atuação do governo federal, sem, contudo, instituir uma burocracia que comprometesse a eficiência da atuação governamental.[35] Apesar de sucinta, traz diretrizes gerais a serem utilizadas pelas agências federais em procedimentos como divulgação de informações governamentais, elaboração normativa (inclusive com participação popular) e aplicação de sanções a particulares.

No caso das sanções, o APA resguarda o direito do particular de ser ouvido pela administração, de ter representação legal e de obter uma decisão imparcial da autoridade administrativa. Norma semelhante foi editada para os estados federados, chamada *Model State Administrative Procedure Act*, apesar de nem todos os 51 estados americanos terem aderido a ela.

[34] Cf. MEDAUAR, Odete. *A processualidade no direito administrativo*. 2. ed. São Paulo: Malheiros, 2008.

[35] Há uma interessante história por trás do surgimento do APA. Em 1938, o presidente americano Franklin Roosevelt, após receber uma série de críticas ao modo obscuro e sem padrão da atuação das agências federais, provocou o chefe do Departamento de Justiça dos Estados Unidos, *Attorney General* Homer Cummings, a propor alguma solução de uniformização. O *Attorney General* elaborou comissão composta de juristas, administradores e acadêmicos que, durante dois anos, dedicou-se ao estudo do processo administrativo a partir da observação do modo de operar do que considerou serem as principais agências federais. Após esse período, a comissão entregou relatório final à Presidência dos Estados Unidos e ao Senado Federal, contendo uma série de recomendações para implementação de um processo administrativo federal padronizado. O relatório foi extensamente debatido no Senado em 1941, mas, em virtude da Segunda Guerra, o tema acabou sendo deixado de lado. Em 1945, voltou à pauta do Senado e da *House of Representatives*, e as recomendações feitas no relatório foram revisadas, aprovadas e o APA sancionado já pelo presidente Harry Truman, em 11 de junho de 1946. Sobre a versão final do texto, em carta enviada ao Congresso Nacional, o *Attorney General* Tom Clark, quarto sucessor de Homer Cummings, disse: "O texto parece oferecer uma perspectiva esperançosa para alcançar uniformidade e justiça em termos de procedimento administrativo sem, ao mesmo tempo, interferir indevidamente na atuação eficiente e econômica do governo" (tradução livre) (ESTADOS UNIDOS DA AMÉRICA. *Attorney's General Manual on the Administrative Procedure Act*. 1947. Disponível em: http://library.law.fsu.edu/Digital-Collections/ABA-AdminProcedureArchive/1947intro.html. Acesso em: 20 jan. 2023. O histórico de elaboração do APA, bem como comentários relativos à sua operação prática podem ser encontrados no *Attorney's General Manual on the Administrative Procedure Act*, guia produzido pelo Departamento de Justiça em 1947, ano seguinte à edição da norma.

Na Espanha, a codificação de um processo administrativo – lá chamado de *procedimento administrativo*[36] – *teve início em 1889, com a Ley de Bases del Procedimiento Administrativo*, que estipulou incipientes diretrizes gerais à atuação do Estado espanhol, mas deixou amplo espaço para que cada Ministério desenvolvesse seu próprio rito.

Também foi editada, em 1958, a *Ley de Procedimiento Administrativo*, cuja pretensão era padronizar a atuação pública em uma única norma geral, sem, contudo, eliminar a possibilidade de outras leis elaborarem processos administrativos específicos, observando subsidiariamente as disposições da lei geral. Na exposição de motivos, é explicitado que intrínseca à lei havia a pretensão de se manter uma atuação estatal ágil e eficiente, sem deixar de lado direitos e garantias fundamentais dos particulares.[37]

Em 2015, o parlamento espanhol editou nova lei, complementar às anteriores (*ley 39/2015*), que leva em consideração temas atuais, como acordos administrativos e presença da tecnologia nas relações entre administração e cidadão.

Já na França, o tema não é objeto de lei. Sua disciplina ocorreu por meio da jurisprudência do *Conseil d'État*, que, ao longo dos séculos XIX e XX, emitiu decisões a respeito dos requisitos para a produção de atos administrativos, em julgamentos sobre a validade desses atos. A jurisprudência do Conselho de Estados francês, nesse caso, ocupou o espaço que em outros países é da lei.[38] Mas, da mesma forma que países que apresentaram solução normativa, essa jurisprudência preocupou-se com o equilíbrio entre atuação administrativa eficiente e garantias individuais.

Vale dizer que, no direito europeu, a construção da ideia de necessidade de processo também foi muito influenciada pela preocupação com atos administrativos sancionadores. Franck Moderne relata que a jurispru-

[36] Sobre as diferenças terminológicas "processo" e "procedimento" administrativo, cf. SUNDFELD, Carlos Ari. As leis de processo administrativo e o desenvolvimento institucional. *In*: SUNDFELD, Carlos Ari. *Direito administrativo para céticos*. 2. ed. São Paulo: Malheiros, 2014, p. 295-298.

[37] ESPANHA. *Exposicion de Motivos del Ley de 17 de julio de 1958 sobre Procedimiento Administrativo*. Disponível em: www.boe.es. Acesso em: 12 jun. 2020.

[38] Cf. SUNDFELD, Carlos Ari. As leis de processo administrativo e o desenvolvimento institucional. *In*: SUNDFELD, Carlos Ari. *Direito administrativo para céticos*. 2. ed. São Paulo: Malheiros, 2014, p. 296.

dência europeia buscou no direito constitucional duas diretrizes básicas, muito ligadas a garantias de particulares em face do poder sancionador do Estado, para sustentar que a formação de atos administrativos finais deveria acontecer mediante um procedimento prévio: a presunção de inocência e o direito de defesa.[39]

O Brasil teve desenvolvimento relativamente tardio no tema. Não foi até o final dos anos 1990 que as leis gerais de processo administrativo começaram a ser editadas, apesar de já em 1988 a Constituição ter previsto competência concorrente para União, estados e municípios legislarem sobre "procedimentos em matéria processual" (art. 24, XI).[40] A primeira delas foi a Lei Geral de Processo Administrativo do Estado de São Paulo (Lei paulista n. 10.177/1998), seguida imediatamente pela Lei Geral de Processo Administrativo federal (LPA, Lei n. 9.784/1999).

De modo semelhante à experiência estrangeira – e muito inspiradas por ela –, as leis paulista e federal, por um lado, preocuparam-se em limitar poderes da administração pública e tentar imprimir garantias de eficiência à atuação do agente público e, por outro, dar ao particular instrumentos para defesa de seus direitos.

Não é coincidência que as leis paulista e federal de processo administrativo tenham sido editadas tão próximas e sejam muito parecidas em seus conteúdos. Ambas tiveram acadêmicos administrativistas por trás de suas respectivas elaborações, conhecedores da experiência estrangeira no tema, e em alguma medida alinhados quanto aos objetivos de uma lei geral de processo administrativo.

No caso da lei paulista, de 1998, a proposta foi feita por Carlos Ari Sundfeld, à época professor de Direito Administrativo da Pontifícia Universidade Católica (PUC) e procurador do estado de São Paulo, que presidiu comissão instituída pelo governo do estado para estudar a implementação do art. 113 da Constituição Paulista ("A lei deverá fixar prazos para a prá-

[39] "Deux garanties émergent dans le droit constitutionnel jurisprudentiel relatif à la répression administrative; on les retrouve éventuellment dans les textes législatifs consacrés à la matière. Il ságit de la présomption d'innocence et du principe des droits de la défense" (MODERNE, Franck. *Sanctions administratives et justice constitutionnelle*. Paris: Economica, 1993, p. 297).

[40] BRASIL. *Constituição da República Federativa do Brasil de 1988*. Brasília: Presidência da República, 1988. Disponível em: http://www.planalto.gov.br/ccivil_03/constituicao/constituicaocompilado.htm. Acesso em: 3 nov. 2022.

tica dos atos administrativos e estabelecer recursos adequados à sua revisão, indicando seus efeitos e forma de processamento").[41]

Já a lei federal, de 1999, foi elaborada por comissão composta, entre outros, de Odete Medauar, Maria Sylvia Zanella Di Pietro, Adilson Dallari, Diogo de Figueiredo Moreira Neto e Almiro do Couto e Silva, acadêmicos com significativa projeção no campo do direito público. A produção desses autores apresentava relativo alinhamento de ideias em relação a processo administrativo, representadas no seguinte trecho, escrito por Sundfeld:

> O que é uma lei geral de procedimento (ou processo) administrativo? Em termos singelos, trata-se de um conjunto de normas objetivando, de um lado, limitar os poderes dos administradores públicos, desde os Chefes do Executivo e seus auxiliares diretos até as autoridades de menor escalão, com fixação de prazos e condições adjetivas para o exercício de todas as suas competências; e de outro, proteger os indivíduos e entidades contra o poder arbitrário exercido por autoridades ao dar-lhes instrumentos legais para que apresentem, à Administração, suas defesas, impugnações, recursos e, mais amplamente, peticionem com suas reivindicações, denúncias, sugestões, críticas e daí por diante. [...] As leis de procedimento (ou processo) administrativo são consideradas instrumentos fundamentais do Estado de Direito e da cidadania, na generalidade dos Estados democráticos. Ademais, costumam desempenhar papel central no direito administrativo de diferentes países, funcionando como seu texto normativo básico.[42]

Percebe-se que a discussão em torno da necessidade de um processo para que a administração produzisse seus atos, em larga medida, baseava-se na ideia de evitar que arbitrariedades fossem praticadas pelo poder estatal – o que obviamente incluía a aplicação de sanções a particulares de maneira desmedida ou injustificada. Dessa discussão, nasceram as leis gerais de processo administrativo.

O modelo de lei geral adotado no Brasil é, em alguma medida, minimalista. Não por ter poucos artigos, ou por disciplinar apenas alguns aspec-

[41] Esse histórico é baseado em depoimento do próprio Carlos Ari Sundfeld: Processo e procedimento administrativo no Brasil. *In*: SUNDFELD, Carlos Ari (org.). *As leis de processo administrativo*. São Paulo: Malheiros, 2006, p. 17-18.

[42] SUNDFELD, Carlos Ari. Processo e procedimento administrativo no Brasil. *In*: SUNDFELD, Carlos Ari (org.). *As leis de processo administrativo*. São Paulo: Malheiros, 2006, p. 18.

tos do assunto, mas por ser um texto que basicamente reúne diretrizes para produção de qualquer ato pela administração pública, independentemente da espécie.

Suas normas são de dois tipos: *conceitos gerais*, como a vedação à aplicação retroativa de nova interpretação normativa (art. 2º, parágrafo único, VIII, da LPA); e *regras concretas*, como a de que o direito da administração pode anular seus atos de que decorram efeitos favoráveis para os destinatários decai em cinco anos (art. 54 da LPA). Essas leis incidem sobre qualquer tipo de processo administrativo, inclusive aqueles que levam à aplicação de sanção.

A importância de haver norma que preveja um procedimento para a produção de atos administrativos é tamanha que o STJ editou, em 2019, a Súmula 633, que fixa que a lei federal de processo administrativo pode ser aplicada a estados e municípios ante a inexistência de leis próprias. A súmula foi formulada com base em reiteradas decisões do tribunal determinando que, em prestígio à segurança jurídica, fossem aplicados à formação de atos administrativos estaduais e municipais os dispositivos da lei federal por ausência de norma equivalente em seus respectivos âmbitos.[43]

Particularmente quanto à legítima defesa do particular diante do poder sancionador do Estado, vale a pena chamar atenção para três pontos a partir da lei federal: em linha com o que prevê a Constituição, é seu direito ter ciência do conteúdo do processo administrativo (art. 3º, II), bem como formular alegações e apresentar provas que corroborem seus argumentos (art. 3º, III). Garante-se, portanto, a oportunidade de o particular exercer devidamente a sua defesa. Além disso, se após a aplicação da sanção surgirem novos elementos que demonstrem sua inadequação, o processo administrativo pode ser revisto a qualquer tempo, do que não pode resultar o agravamento da sanção (art. 65).

Percebe-se harmonia entre o que dizem lei e Constituição para garantir ao particular seu direito de defesa e uma decisão adequada, o que tem especial importância ao se tratar de processo que pode levar a uma repressão.

[43] Súmula 633 do STJ: "A Lei 9.784/1999, especialmente no que diz respeito ao prazo decadencial para a revisão de atos administrativos no âmbito da Administração Pública federal, pode ser aplicada, de forma subsidiária, aos estados e municípios, se inexistente norma local e específica que regule a matéria" (BRASIL. Superior Tribunal de Justiça. *Súmula n. 633*. 17 jun. 2009. Disponível em: https://www.stj.jus.br/publicacaoinstitucional/index.php/sumstj/article/download/5064/5190. Acesso em: 3 nov. 2022).

A própria lei concebe a possibilidade de haver outras leis que disciplinem processos administrativos específicos, inclusive sancionatórios (art. 69). É o caso, por exemplo, da LCP, que, em seus arts. 157 a 160, prevê aspectos processuais a serem observados no processo administrativo para apuração de eventuais irregularidades em contratações públicas submetidas ao seu regime.[44]

Isso não significa, entretanto, que as normas da lei geral de processo não se aplicam. Isso porque boa parte delas são conceitos gerais, que refle-

[44] LCP: "Art. 157. Na aplicação da sanção prevista no inciso II do *caput* do art. 156 desta Lei, será facultada a defesa do interessado no prazo de 15 (quinze) dias úteis, contado da data de sua intimação. Art. 158. A aplicação das sanções previstas nos incisos III e IV do *caput* do art. 156 desta Lei requererá a instauração de processo de responsabilização, a ser conduzido por comissão composta de 2 (dois) ou mais servidores estáveis, que avaliará fatos e circunstâncias conhecidos e intimará o licitante ou o contratado para, no prazo de 15 (quinze) dias úteis, contado da data de intimação, apresentar defesa escrita e especificar as provas que pretenda produzir. § 1º Em órgão ou entidade da Administração Pública cujo quadro funcional não seja formado de servidores estatutários, a comissão a que se refere o *caput* deste artigo será composta de 2 (dois) ou mais empregados públicos pertencentes aos seus quadros permanentes, preferencialmente com, no mínimo, 3 (três) anos de tempo de serviço no órgão ou entidade. § 2º Na hipótese de deferimento de pedido de produção de novas provas ou de juntada de provas julgadas indispensáveis pela comissão, o licitante ou o contratado poderá apresentar alegações finais no prazo de 15 (quinze) dias úteis, contado da data da intimação. § 3º Serão indeferidas pela comissão, mediante decisão fundamentada, provas ilícitas, impertinentes, desnecessárias, protelatórias ou intempestivas. § 4º A prescrição ocorrerá em 5 (cinco) anos, contados da ciência da infração pela Administração, e será: I – interrompida pela instauração do processo de responsabilização a que se refere o *caput* deste artigo; II – suspensa pela celebração de acordo de leniência previsto na Lei n. 12.846, de 1º de agosto de 2013; III – suspensa por decisão judicial que inviabilize a conclusão da apuração administrativa. Art. 159. Os atos previstos como infrações administrativas nesta Lei ou em outras leis de licitações e contratos da Administração Pública que também sejam tipificados como atos lesivos na Lei n. 12.846, de 1º de agosto de 2013, serão apurados e julgados conjuntamente, nos mesmos autos, observados o rito procedimental e a autoridade competente definidos na referida Lei. Parágrafo único. (VETADO). Art. 160. A personalidade jurídica poderá ser desconsiderada sempre que utilizada com abuso do direito para facilitar, encobrir ou dissimular a prática dos atos ilícitos previstos nesta Lei ou para provocar confusão patrimonial, e, nesse caso, todos os efeitos das sanções aplicadas à pessoa jurídica serão estendidos aos seus administradores e sócios com poderes de administração, a pessoa jurídica sucessora ou a empresa do mesmo ramo com relação de coligação ou controle, de fato ou de direito, com o sancionado, observados, em todos os casos, o contraditório, a ampla defesa e a obrigatoriedade de análise jurídica prévia" (BRASIL. *Lei n. 14.133, de 1º de abril de 2021.* Lei de Licitações e Contratos Administrativos. Brasília: Presidência da República, 2021. Disponível em: https://www.planalto.gov.br/ccivil_03/_ato2019-2022/2021/lei/L14133.htm. Acesso em: 3 nov. 2022).

tem garantias constitucionais e, por isso, devem guiar o agente público na condução e decisão de qualquer processo. Além do mais, há temas específicos dos quais a LCP não tratou, ou o fez de maneira insuficiente, de modo que a lei geral oferece solução subsidiária.[45]

Ao mesmo passo que resguardou particulares, a lei federal – e aquelas que seguem seu modelo – também deu espaço à discricionariedade necessária à eficiência da atuação administrativa, movimento compatível com a noção de que sanções são instrumentos de gestão pública. A preocupação com direitos do particular foi ajustada com a flexibilidade da autoridade para decidir e não a ela oposta.

Nesse espírito, a lei trouxe parâmetros para que a decisão estivesse de acordo com os interesses gerais e não fosse emocionada por objetivos individuais, mas não exterminou, nem diminuiu, a possibilidade de serem feitas avalições circunstanciais sobre qual decisão melhor atende às finalidades da atuação pública. Como diz Vera Monteiro, ao analisar a compatibilização do regime processual à eficiência administrativa:

> As disposições normativas das leis federal e estadual paulista parecem conduzir à ideia de que suas prescrições estão imbuídas da ideia genérica de eficiência administrativa. Parece que elas não impõem entraves à formação do processo de decisão, burocratizando-o. Ao contrário, elas aparecem como um facho de luz que orienta o caminho ótimo a ser seguido pelos agentes administrativos. Elas tornam transparente a vontade administrativa, facilitando o seu controle desde o instante de sua prática.[46]

Considerando a narrativa histórica e os próprios dispositivos normativos, fica claro que, por trás da legislação de processo administrativo, há uma preocupação de preservar os direitos dos particulares em face da administração, ainda que mantendo a agilidade necessária ao dia a dia da gestão pública. E nela há dispositivos particularmente adequados para pautar a aplicação de sanções administrativas em consonância com essa preocupação,

[45] Existem várias decisões do STJ que determinam a aplicação subsidiária da Lei n. 9.784/1999 a processos administrativos regulados por lei específica. Exemplo disso é o MS 19.560/DF (rel. Min. Herman Benjamin, j. 13.02.2019). No acórdão, estão relacionadas decisões anteriores do tribunal que também o fizeram.

[46] MONTEIRO, Vera. As leis de procedimento administrativo: uma leitura operacional do princípio constitucional da eficiência. *In*: SUNDFELD, Carlos Ari (org.). *As leis de processo administrativo*. São Paulo: Malheiros, 2006, p. 360.

que inclusive podem se articular com outras normas que disciplinam processos administrativos sancionadores específicos.

Já para as sanções de contas, a LOTCU traz algumas formalidades que deverão ser observadas pelo tribunal em seus processos administrativos de contas, inclusive naqueles que culminem na aplicação de sanções. Nesse sentido, também segue um modelo de "lei geral", focando nos elementos essenciais do processo, independentemente do seu tipo.

Porém, por não ser uma lei voltada especificamente a processo, são poucas as previsões dedicadas ao tema, e a maior parte diz respeito ao modo de decidir do tribunal e da execução de suas decisões. Estabelece, por exemplo, os possíveis resultados de um julgamento de contas (art. 16), a forma de dar ciência dos atos processuais (art. 22) e o modo de contagem dos prazos processuais (art. 30).

Quanto à garantia da defesa do responsável perante o órgão de contas, há apenas previsão genérica dispondo que "Em todas as etapas do processo de julgamento de contas será assegurado ao responsável ou interessado ampla defesa" (art. 31)[47] e a estipulação dos procedimentos recursais cabíveis em decisões proferidas em tomada e julgamento de contas (arts. 32 a 35). Nesse sentido, o normativo não apresenta um conteúdo mínimo para dizer como ela seria assegurada.

Por sua vez, o Regimento Interno do tribunal vigente, editado em 30 de novembro de 2011, também traz previsões a respeito do processo administrativo de contas. Em relação à garantia da ampla defesa, a norma trata de como o responsável poderá se manifestar nos autos processuais, da produção de provas e da realização de eventual sustentação oral.

Sobre esses temas, estabelece o RITCU, em suma, ser garantido que o responsável possa levar ao tribunal elementos que justifiquem total ou parcialmente a conduta objeto de análise. A norma também permitiu que, no caso de revelia, elementos objetivos – aqueles não personalizáveis à conduta de cada indivíduo – sejam aproveitados ao responsável revel.[48]

[47] BRASIL. *Lei n. 8.443, de 16 de julho de 1992.* Dispõe sobre a Lei Orgânica do Tribunal de Contas da União e dá outras providências. Brasília: Presidência da República, 1992. Disponível em: https://www.planalto.gov.br/ccivil_03/Leis/L8443.htm#:~:text=Lei%20N%C2%BA%208.443%2C%20DE%2016%20DE%20JULHO%20DE%201992.&text=Disp%C3%B5e%20sobre%20a%20Lei%20Org%C3%A2nica,Uni%C3%A3o%20e%20d%C3%A1%20outras%20provid%C3%AAncias. Acesso em: 3 nov. 2022.

[48] RITCU: "Art. 160. As alegações de defesa e as razões de justificativa serão admitidas dentro do prazo determinado na citação ou na audiência. § 1º Desde a constituição do processo até

Apesar de críticas poderem ser feitas em função de o RITCU ter deixado às deliberações do tribunal o prazo que o responsável terá para produzir suas manifestações, há um direito de defesa estipulado dentro de parâmetros mínimos: ao deliberar, o tribunal não pode deixar de ouvir as justificativas do responsável.

No entanto, a abordagem escassa do tema levanta dois pontos de necessária reflexão: (i) é suficiente que a LOTCU respalde o direito de defesa do responsável, mas a forma que esse direito será exercido seja inteiramente disciplinada em caráter infralegal?; (ii) temas que não tenham sido abordados nas normas específicas do TCU estão subsidiariamente submetidos à LPA?

A primeira questão está relacionada à discussão anteriormente apresentada a respeito da relação entre lei e regulamento. Em princípio, não há problema em que a disciplina de um tema seja feita por norma inferior, desde que respaldada em lei. Como há previsão legal resguardando a elaboração de defesa do particular em processo administrativo de contas, em tese não haveria nada de errado com o arranjo normativo.

o término da etapa de instrução, é facultada à parte a juntada de documentos novos. § 2º Considera-se terminada a etapa de instrução do processo no momento em que o titular da unidade técnica emitir seu parecer conclusivo, sem prejuízo do disposto no § 3º do art. 157. § 3º O disposto no § 1º não prejudica o direito da parte de distribuir, após a inclusão do processo em pauta, memorial aos ministros, ministros-substitutos e ao representante do Ministério Público. Art. 161. Havendo mais de um responsável pelo mesmo fato, a defesa apresentada por um deles aproveitará a todos, mesmo ao revel, no que concerne às circunstâncias objetivas, e não aproveitará no tocante aos fundamentos de natureza exclusivamente pessoal. Art. 162. As provas que a parte quiser produzir perante o Tribunal devem sempre ser apresentadas de forma documental, mesmo as declarações pessoais de terceiros. § 1º São inadmissíveis no processo provas obtidas por meios ilícitos. § 2º O relator, em decisão fundamentada, negará a juntada de provas ilícitas, impertinentes, desnecessárias ou protelatórias. [...] Art. 168. No julgamento ou apreciação de processo, ressalvada a hipótese prevista no § 9º, as partes poderão produzir sustentação oral, após a apresentação, ainda que resumida, do relatório e antes da leitura do voto resumido do relator, pessoalmente ou por procurador devidamente constituído, desde que a tenham requerido ao Presidente do respectivo colegiado até quatro horas antes do início da sessão, cabendo ao referido Presidente autorizar, excepcionalmente, a produção de sustentação oral nos casos em que houver pedido fora do prazo estabelecido. [...] § 9º Não se admitirá sustentação oral no julgamento ou apreciação de consulta, embargos de declaração, agravo e medida cautelar" (BRASIL. Tribunal de Contas da União. *Regimento Interno do Tribunal de Contas da União*. Brasília: TCU, 2022. Disponível em: https://portal.tcu.gov.br/data/files/7B/17/AB/27/9E6D3810B4FE0FF7E18818A8/RITCU.pdf. Acesso em: 7 nov. 2022).

Contudo, tal estrutura potencialmente fragiliza o direito à defesa em função de não haver em lei garantias mínimas para o modo como esse direito será protegido. Diferentemente do que faz a LPA, a LOTCU não estipula nenhuma medida concreta sobre como será assegurada a ampla defesa. Apenas declara que o direito existe. Essas medidas foram confiadas ao RITCU, norma de mutabilidade fácil e que pode ser substituída por outra menos protetiva do direito de defesa dos responsáveis perante o TCU. Ideal seria que lei em sentido estrito previsse ao menos medidas mínimas a serem observadas pelo tribunal em seus processos – o que é ainda mais importante quando se trata de processos dos quais podem decorrer sanções.

Quanto à segunda questão, a pergunta é pertinente porque, em vista da baixa densidade normativa da LOTCU e do RITCU em relação a aspectos processuais de defesa, a LPA poderia ser aplicada subsidiariamente nos temas não endereçados pelas normas específicas. Em contraponto, o TCU não compõe a estrutura do Poder Executivo federal, de modo que a incidência da lei sobre a produção de seus atos não é óbvia.

Dois argumentos parecem fortalecer a ideia de que seria adequada a aplicação subsidiária da LPA ao TCU.

Primeiro é que a lei traz muitas normas que estão mais ligadas à implementação concreta de premissas constitucionais de proteção de particulares e do devido processo, do que à atividade administrativa em si. É o caso, por exemplo, da previsão que permite ao particular o oferecimento de alegações finais antes da decisão de recurso do qual possa decorrer agravamento da sua situação jurídica (art. 2º, parágrafo único, X) e que não encontra disposição equivalente no RITCU.[49]

A norma tem clara preocupação com a garantia de uma ampla defesa ao particular em face do poder sancionador de autoridade pública e não

[49] LPA: "Art. 2º A Administração Pública obedecerá, dentre outros, aos princípios da legalidade, finalidade, motivação, razoabilidade, proporcionalidade, moralidade, ampla defesa, contraditório, segurança jurídica, interesse público e eficiência. Parágrafo único. Nos processos administrativos serão observados, entre outros, os critérios de: [...] X – garantia dos direitos à comunicação, à apresentação de alegações finais, à produção de provas e à interposição de recursos, nos processos de que possam resultar sanções e nas situações de litígio" (BRASIL. *Lei n. 9.784, de 29 de janeiro de 1999.* Regula o processo administrativo no âmbito da Administração Pública Federal. Brasília: Presidência da República, 1999. Disponível em: http://www.planalto.gov.br/ccivil_03/leis/l9784.htm. Acesso em: 3 nov. 2022).

está essencialmente ligada à função específica do Poder Executivo. É, por isso, perfeitamente compatível com o processo administrativo de contas. Na falta de previsão especificamente destinada ao TCU, deve ser aplicada em função de concretizar garantias constitucionais.

Já o segundo argumento é mais pragmático: em 2020, decisão da Primeira Câmara do tribunal reconheceu explicitamente a aplicação subsidiária da LPA para vedar aplicação retroativa de lei, nos termos de seu art. 2º, parágrafo único, XIII.[50] Nas palavras do relator, ministro Vital do Rêgo, o dispositivo busca, em sua essência, "preservar a segurança jurídica em prol dos administrados, conferindo a expectativa de que, agindo de acordo com os normativos, orientações e jurisprudência vigentes, estarão atuando dentro dos limites legais aplicáveis".[51] Vê-se que a lógica adotada na decisão foi justamente de que o artigo está relacionado à proteção de particulares e, por isso, compatível com o processo administrativo de contas.

O caso possivelmente representa mudança paradigmática na atuação da Corte de Contas, que, desde 2000, em múltiplas ocasiões, afastou a aplicação da lei em processos de fiscalização sob a justificativa de que ela somente seria aplicável à sua "autogestão administrativa", ou seja, aos seus processos internos.[52] O motivo para tanto seria apenas a exis-

[50] LPA: "Art. 2º A Administração Pública obedecerá, dentre outros, aos princípios da legalidade, finalidade, motivação, razoabilidade, proporcionalidade, moralidade, ampla defesa, contraditório, segurança jurídica, interesse público e eficiência. Parágrafo único. Nos processos administrativos serão observados, entre outros, os critérios de: [...] XIII – interpretação da norma administrativa da forma que melhor garanta o atendimento do fim público a que se dirige, vedada aplicação retroativa de nova interpretação" (BRASIL. *Lei n. 9.784, de 29 de janeiro de 1999.* Regula o processo administrativo no âmbito da Administração Pública Federal. Brasília: Presidência da República, 1999. Disponível em: http://www.planalto.gov.br/ccivil_03/leis/l9784.htm. Acesso em: 3 nov. 2022).

[51] BRASIL. Tribunal de Contas da União (1. Câmara). *Acórdão 4.719/2020.* Tomada de contas especial. Convênio. Capacitação de trabalhadores. Recursos do FAT. Contas irregulares. Débito. Recurso de reconsideração. Conhecimento. Aplicação do art. 2º, parágrafo único, inciso XII, da Lei 9.784/1999 e art. 24 da LINDB. Provimento parcial. Redução do débito. Notificação. Relator: Min. Vital do Rêgo. Julgamento: 20 de abril de 2020, p. 2 (voto). Disponível em: https://pesquisa.apps.tcu.gov.br/#/documento/acordao-completo/*/NUMACORDAO%253A4719%2520RELATOR%253A%2522VITAL% 2520DO%2520R%25C3%258AGO%2522%2520COLEGIADO%253A%2522Primeira%2520C%25C3%25A2mara%2522/DTRELEVANCIA%2520desc%252C%2520NUMACORDAOINT%2520desc/0/%2520. Acesso em: 8 nov. 2022.

[52] É preciso reconhecer, contudo, que ainda é cedo para dizer se o julgado realmente irá provocar mudança do posicionamento que impera na Corte desde a edição da LPA. Nesse

tência de normativos próprios que disciplinem os processos de fiscalização – ainda que nada fosse dito em relação a eventuais omissões desses normativos.[53]

Para além da aplicação subsidiária da LPA, há ainda os parâmetros instituídos pela Intosai para guiar a imposição de sanção por entidades fiscalizadoras superiores, como o TCU. Nos *Princípios da Atividade Jurisdicional das Entidades Fiscalizadoras Superiores*, anteriormente referidos, são doze as premissas estabelecidas pela organização: (i) previsão normativa do regime de responsabilização e sanção; (ii) independência dos julgadores; (iii) acesso à informação relevante para o julgamento; (iv) necessidade de prazo de prescrição para a responsabilização; (v) possibilidade de recurso da decisão; (vi) julgamento justo; (vii) imparcialidade no julgamento; (viii) garantia de efetividade da decisão; (ix) não ocorrência de *bis in idem* na aplicação de sanções; (x) garantia de qualidade do procedimento; (xi) razoável duração do procedimento; (xii) publicidade do julgamento.

Essas premissas, embora contenham algum grau de generalidade, funcionam como guia de boas práticas que devem pautar a atuação do tribunal. Ainda que, sob aspectos jurídicos, não possuam caráter normativo, o tribunal, sendo membro da organização, deve observá-las.[54] Além do mais, estão em consonância com exigências e garantias constitucionais e legais do ordenamento jurídico brasileiro, devendo inclusive servir como parâmetro de interpretação da legislação nacional.

sentido, cf. BOGÉA, Daniel; GOMES, Gilberto Mendes; DAMASCENO, Vitória. A aplicação da Lei de Processo Administrativo ao TCU. *Jota*, 3 jun. 2020. Disponível em: https://www.jota.info/opiniao-e-analise/artigos/a-aplicacao-da-lei-de-processo-administrativo-ao-tcu-03062020. Acesso em: 26 out. 2020.

[53] Cf. Acórdão 1.020/2000 – Plenário, rel. Min. Marcos Vinicios Vilaça, j. 29.11.2000; Acórdão 615/2010 – Segunda Câmara, rel. Min. Raimundo Carreiro, j. 23.02.2010; Acórdão 874/2012 – Primeira Câmara, rel. Min. Valmir Campello, j. 28.02.2012; Acórdão 3.271/2012 – Plenário, rel. Min. Ana Arraes, j. 28.11.2012; Acórdão 9.167/2017 – Segunda Câmara, rel. Min. Augusto Nardes, j. 10.10.2017; Acórdão 3.119/2018 – Primeira Câmara, rel. Min. Walton Alencar Rodrigues, j. 10.04.2018; Acórdão 10.412/2019 – Primeira Câmara, rel. Min. André de Carvalho, j. 24.09.2019.

[54] Historicamente, as premissas da Intosai, nos mais diversos temas, têm servido de guia para o TCU compreender qual papel fiscalizador deve exercer. André Rosilho aponta que, a partir delas, inclusive, o tribunal pleiteou a reconfiguração de suas atribuições por ocasião da Assembleia Constituinte e da elaboração da LOTCU (ROSILHO, André. *Tribunal de Contas da União*: competências, jurisdição e instrumentos de controle. São Paulo: Quartier Latin, 2019, p. 110).

Por fim, no caso das sanções judiciais cíveis, elas são submetidas ao trâmite do CPC (Lei n. 13.105/2015), que prevê: "Não se proferirá decisão contra uma das partes sem que ela seja previamente ouvida" (art. 9º, *caput*).[55] Para dar execução a tal premissa, há vários momentos processuais em que deve haver a manifestação do particular, potencial sancionado, como a contestação (arts. 335 a 341), a audiência de instrução e julgamento (arts. 358 a 368) e as razões finais (art. 364) – sem esquecer de toda a estrutura recursal em que a defesa pode ser realizada, inclusive perante tribunais superiores.

Em comparação aos processos administrativos nos âmbitos da administração pública e do TCU, o processo judicial cível oferece uma estrutura mais estável e previsível sobre os momentos, as formas e os prazos para o particular se manifestar. Porém, independentemente do âmbito, é possível perceber que a aplicação de sanção sempre deve ser precedida de um processo em que é oportunizada defesa àquele que poderá ser punido.

2.2.2.2. Motivação e dosimetria

A Constituição exige a individualização da sanção (art. 5º, XLVI) e proíbe que seja aplicada pena de caráter perpétuo (art. 5º, XLVII). Essas premissas gerais formam a seguinte racionalidade básica à formatação da sanção: (i) não pode a sanção ter caráter genérico; (ii) consequentemente, deve haver a dosagem da sanção para que seja compatível com a conduta individual praticada; (iii) independentemente da gravidade da conduta, a sanção não pode perdurar indeterminadamente.[56]

[55] BRASIL. *Lei n. 13.105, de 16 de março de 2015*. Código de Processo Civil. Brasília: Presidência da República, 2015. Disponível em: https://www.planalto.gov.br/ccivil_03/_ato2015-2018/2015/lei/l13105.htm. Acesso em: 3 nov. 2022.

[56] Constituição Federal de 1988: "Art. 5º Todos são iguais perante a lei, sem distinção de qualquer natureza, garantindo-se aos brasileiros e aos estrangeiros residentes no País a inviolabilidade do direito à vida, à liberdade, à igualdade, à segurança e à propriedade, nos termos seguintes: [...] XLVI – a lei regulará a individualização da pena e adotará, entre outras, as seguintes: a) privação ou restrição da liberdade; b) perda de bens; c) multa; d) prestação social alternativa; e) suspensão ou interdição de direitos; XLVII – não haverá penas: a) de morte, salvo em caso de guerra declarada, nos termos do art. 84, XIX; b) de caráter perpétuo; c) de trabalhos forçados; d) de banimento; e) cruéis" (BRASIL. *Constituição da República Federativa do Brasil de 1988*. Brasília: Presidência da República, 1988. Disponível em: http://www.planalto.gov.br/ccivil_03/constituicao/constituicaocompilado.htm. Acesso em: 3 nov. 2022).

A partir daí, normas infraconstitucionais dão contornos menos genéricos e diretrizes mais concretas para a autoridade pública com competência sancionadora conseguir exercê-la de modo compatível com a Constituição.

A decisão que aplica sanção deve sempre acompanhar motivação. A exigência está prevista tanto na LPA quanto na LOTCU e é parte essencial da decisão prolatada. Na mesma linha, o CPC também exige que as decisões judiciais sejam fundamentadas.

> *Lei de Processo Administrativo federal*
>
> Art. 2º A Administração Pública obedecerá, dentre outros, aos princípios da legalidade, finalidade, *motivação*, razoabilidade, proporcionalidade, moralidade, ampla defesa, contraditório, segurança jurídica, interesse público e eficiência.
>
> Art. 50. Os atos administrativos deverão ser motivados, com indicação dos fatos e dos fundamentos jurídicos, quando:
>
> [...]
>
> II – imponham ou agravem deveres, encargos ou sanções;
>
> [...]
>
> § 1º A motivação deve ser explícita, clara e congruente, podendo consistir em declaração de concordância com fundamentos de anteriores pareceres, informações, decisões ou propostas, que, neste caso, serão parte integrante do ato.
>
> § 2º Na solução de vários assuntos da mesma natureza, pode ser utilizado meio mecânico que reproduza os fundamentos das decisões, desde que não prejudique direito ou garantia dos interessados.
>
> § 3º A motivação das decisões de órgãos colegiados e comissões ou de decisões orais constará da respectiva ata ou de termo escrito.[57]

> *Lei Orgânica do TCU*
>
> Art. 1º [...].
>
> § 3º Será parte essencial das decisões do Tribunal ou de suas Câmaras:
>
> [...]
>
> II – fundamentação com que o Ministro-Relator analisará as questões de fato e de direito[58]

[57] BRASIL. *Lei n. 9.784, de 29 de janeiro de 1999.* Regula o processo administrativo no âmbito da Administração Pública Federal. Brasília: Presidência da República, 1999, grifo nosso. Disponível em: http://www.planalto.gov.br/ccivil_03/leis/l9784.htm. Acesso em: 3 nov. 2022.

[58] BRASIL. *Lei n. 8.443, de 16 de julho de 1992.* Dispõe sobre a Lei Orgânica do Tribunal de Contas da União e dá outras providências. Brasília: Presidência da República, 1992. Disponível

Código de Processo Civil

Art. 11. Todos os julgamentos dos órgãos do Poder Judiciário serão públicos, e fundamentadas todas as decisões, sob pena de nulidade.

Art. 489. São elementos essenciais da sentença:

[...]

II – os fundamentos, em que o juiz analisará as questões de fato e de direito;

[...]

§ 1º Não se considera fundamentada qualquer decisão judicial, seja ela interlocutória, sentença ou acórdão, que:

I – se limitar à indicação, à reprodução ou à paráfrase de ato normativo, sem explicar sua relação com a causa ou a questão decidida;

II – empregar conceitos jurídicos indeterminados, sem explicar o motivo concreto de sua incidência no caso;

III – invocar motivos que se prestariam a justificar qualquer outra decisão;

IV – não enfrentar todos os argumentos deduzidos no processo capazes de, em tese, infirmar a conclusão adotada pelo julgador;

V – se limitar a invocar precedente ou enunciado de súmula, sem identificar seus fundamentos determinantes nem demonstrar que o caso sob julgamento se ajusta àqueles fundamentos;

VI – deixar de seguir enunciado de súmula, jurisprudência ou precedente invocado pela parte, sem demonstrar a existência de distinção no caso em julgamento ou a superação do entendimento.[59]

Os dispositivos exigem como motivação a indicação dos fundamentos de fato e de direito que justifiquem a decisão. Na aplicação de sanção, isso sempre importará em demonstrar a correspondência da conduta praticada à previsão normativa de irregularidade, bem como a equivalência da irregularidade a uma ou mais sanções. Se a sanção depender de alguma gradação, como normalmente ocorre, sua dosimetria *necessariamente* também comporá a motivação.

em: https://www.planalto.gov.br/ccivil_03/Leis/L8443.htm#:~:text=Lei%20N%C2%BA%208.443%2C%20DE%2016%20DE%20JULHO%20DE%201992.&text=Disp%C3%B5e%20sobre%20a%20Lei%20Org%C3%A2nica,Uni%C3%A3o%20e%20d%C3%A1%20outras%20provid%C3%AAncias. Acesso em: 3 nov. 2022.

[59] BRASIL. *Lei n. 13.105, de 16 de março de 2015*. Código de Processo Civil. Brasília: Presidência da República, 2015. Disponível em: https://www.planalto.gov.br/ccivil_03/_ato2015-2018/2015/lei/l13105.htm. Acesso em: 3 nov. 2022.

A regra constitucional de individualização da pena, com consequente vedação de penas genéricas, impõe à decisão sancionadora a obrigatoriedade de demonstrar a lógica empregada para concluir pelo valor total da sanção – diga ele respeito a pena pecuniária ou restritiva de direitos. A não exposição da dosimetria viola a Constituição e as previsões legais que demandam motivação "explícita, clara e congruente" (art. 50, § 1º, da LPA)[60] e que vedam a indicação, a reprodução ou a paráfrase de ato normativo, "sem explicar sua relação com a causa ou a questão decidida" (art. 489, § 1º, I, do CPC).[61] A decisão seria falha por não avaliar "questões de fato e de direito" em relação à intensidade da pena (art. 1º, § 3º, II, da LOTCU).

A presença da motivação na decisão sancionadora, incluindo a dosimetria, é essencial para que o sancionado possa exercer efetivamente a ampla defesa que lhe é garantida. Como aponta Diego Zegarra Valdivia, somente com a exposição de uma motivação completa é que esse particular poderá criticar e se defender de eventuais equívocos cometidos pela autoridade pública sancionadora.[62]

Para condutas criminosas, existe um procedimento previsto no CP. Em seu Capítulo III, intitulado "Da Aplicação da Pena", o normativo prevê circunstâncias agravantes e atenuantes, regras para o concurso de dois ou mais crimes, limite para duração da pena e outras regras que orientam o magistrado no cálculo e na fixação da sanção. Além disso, na própria tipificação de crimes e infrações são previstos valores máximos para a pena e circunstâncias de cometimento da conduta vedada que levam ao aumento ou à diminuição da pena.

[60] BRASIL. *Lei n. 9.784, de 29 de janeiro de 1999.* Regula o processo administrativo no âmbito da administração Pública Federal. Brasília: Presidência da República, 1999. Disponível em: http://www.planalto.gov.br/ccivil_03/leis/l9784.htm. Acesso em: 3 nov. 2022.

[61] BRASIL. *Lei n. 13.105, de 16 de março de 2015.* Código de Processo Civil. Brasília: Presidência da República, 2015. Disponível em: https://www.planalto.gov.br/ccivil_03/_ato2015-2018/2015/lei/l13105.htm. Acesso em: 3 nov. 2022.

[62] Sobre a motivação nos atos administrativos, diz o autor: "En el ámbito formal, cumple una 'función prevalentemente informadora' ya que representa la exteriorización de los fundamentos por cuya virtud se dicta un acto administrativo, y aspira, por un lado, a que el particular interesado tenga conocimiento de los datos fácticos y jurídicos que han fundamentado la decisión administrativa, para poder articular su defesa con posibilidad de criticar las bases en que se funda e impugnarla" (VALDIVIA, Diego Zegarra. La motivación como elemento esencial del acto administrativo. *In*: MEDAUAR, Odete; SCHIRATO, Victor Rhein [coords.]. *Os caminhos do ato administrativo.* São Paulo: Revista dos Tribunais, 2011, p. 166).

Na medida do possível, o CP se vale de parâmetros objetivos: ao crime e à infração é atribuído valor máximo para a pena e são utilizados percentuais sobre esse valor para calcular seu aumento ou diminuição. No entanto, é inevitável alguma discricionariedade em determinados momentos do procedimento da dosimetria, como para fixação da pena-base. Cabe ao julgador, baseado em características do caso concreto e de motivos devidamente expostos, escolher, a partir do intervalo temporal dado pela norma, qual será o quantitativo básico sobre o qual irão incidir os demais elementos que poderão aumentar ou diminuir a pena.[63,64]

Para sanções administrativas ligadas a infrações tributárias, também é possível encontrar, para alguns casos, parâmetros de aplicação que, em alguma medida, lembram aqueles da legislação penal. Por exemplo, a Lei n. 9.430/1996 ("Dispõe sobre a legislação tributária federal, as contribuições para a seguridade social, o processo administrativo de consulta e dá outras providências"),[65] ao trazer normas sobre lançamento de tributos

[63] No caso do crime de homicídio simples, por exemplo, o CP prevê pena de reclusão, de seis a vinte anos (art. 121). A fixação da pena-base será feita dentro desse intervalo, com alguma discricionariedade, pelo magistrado.

[64] Nesse sentido, o STF fixou que a dosimetria da sanção penal é feita com alguma discricionariedade: "A dosimetria da pena é matéria sujeita a certa discricionariedade judicial. O Código Penal não estabelece rígidos esquemas matemáticos ou regras absolutamente objetivas para a fixação da pena" (BRASIL. Supremo Tribunal Federal [1. Turma]. *Recurso Ordinário em Habeas Corpus 101.576/SP*. Direito penal. Recurso Ordinário em *Habeas Corpus*. Apropriação indébita de contribuição previdenciária. Dosimetria. Ausência de demonstração de ilegalidade ou arbitrariedade. [...]. Relatora: Min. Rosa Weber. Julgamento: 26 de junho de 2012. Disponível em: https://jurisprudencia.stf.jus.br/pages/search/sjur212668/false. Acesso em: 8 nov. 2022). A Quinta Turma do STJ ecoou o posicionamento: "A dosimetria da pena insere-se dentro de um juízo de discricionariedade do julgador, atrelado às particularidades fáticas do caso concreto e subjetivas do agente, somente passível de revisão por esta Corte no caso de inobservância dos parâmetros legais ou de flagrante desproporcionalidade" (BRASIL. Superior Tribunal de Justiça [5. Turma]. *Agravo Regimental no Habeas Corpus 617.690/SP*. Penal. Agravo Regimental no *Habeas Corpus*. Extorsão majorada. Dosimetria. Exasperação da pena-base. *Quantum* de incremento punitivo elevado no julgamento de apelação criminal do Ministério Público. Motivação empregada semelhante à utilizada pelo juiz singular. [...]. Relator: Min. Reynaldo Soares da Fonseca. Julgamento: 20 de outubro de 2020. Disponível em: https://scon.stj.jus.br/SCON/GetInteiroTeorDoAcordao?num_registro=202002629422&dt_publicacao=26/10/2020. Acesso em: 8 nov. 2022).

[65] BRASIL. *Lei n. 9.430, de 27 de dezembro de 1996*. Dispõe sobre a legislação tributária federal, as contribuições para a seguridade social, o processo administrativo de consulta e dá outras providências. Brasília: Presidência da República, 1996. Disponível em: http://www.planalto.gov.br/ccivil_03/leis/l9430.htm. Acesso em: 7 nov. 2022.

e contribuições, estipula faixas percentuais fixas para a multa decorrente de irregularidades nos lançamentos tributários de ofício, bem como percentuais específicos para aumento desse valor a depender da gravidade da conduta do contribuinte (art. 44).

Além de casos específicos como esse, o Código Tributário Nacional (Lei n. 5.172/1966) estabelece premissas gerais para a atividade sancionatória e dispõe que se deve interpretar a lei da maneira mais favorável ao particular em caso de dúvida quanto à capitulação do fato, à extensão de seus efeitos, à natureza da sanção e à sua gradação (art. 112).

Porém, a previsão normativa de critérios mais detalhados para dosagem da pena não é a regra para as sanções de direito administrativo, sejam elas administrativas, sejam de contas, sejam judiciais cíveis. No geral, as normas trazem a sanção em espécie, por vezes acompanhada de limitação de valor.

Exemplo dessa estrutura são as sanções aplicadas pelo TCU. O art. 46 da LOTCU dispõe que a declaração de inidoneidade pode ser fixada em até cinco anos. Já os arts. 57 e 58, que dão competência ao tribunal para aplicação de multa a seus jurisdicionados, determinam limites de valor em função da ocorrência de dano: havendo dano ao erário, a multa é limitada ao valor total do dano; não havendo dano, a limitação é valor fixado periodicamente por portaria da presidência do tribunal. Para nenhum caso, contudo, a LOTCU especifica quais elementos do caso concreto devem ser sopesados na fixação da pena.

Segundo a lei, o Regimento Interno do tribunal deveria estabelecer critérios para auxiliar na gradação da multa (art. 58, § 3º), mas o normativo pouco contribui nesse sentido. Ele somente estipula, para cada situação sobre a qual incide multa, intervalos percentuais a serem aplicados sobre o limite de valor – ao estilo "na situação X, a multa variará entre 5% e 100% do limite" (art. 268). Ausentes nas normas, portanto, elementos que sirvam para o TCU calibrar a intensidade da multa.

A LIA, por sua vez, também traz poucos elementos para auxiliar na dosimetria de suas sanções. Na reforma de 2021, foram adicionados os seguintes parágrafos ao seu art. 12, notoriamente genéricos ou destinados a situações muito específicas:

> *Lei de Improbidade Administrativa*
>
> § 1º A sanção de perda da função pública, nas hipóteses dos incisos I e II do *caput* deste artigo, atinge apenas o vínculo de mesma qualidade e natureza que o agente público ou político detinha com o poder público na época do

cometimento da infração, podendo o magistrado, na hipótese do inciso I do *caput* deste artigo, e em caráter excepcional, estendê-la aos demais vínculos, consideradas as circunstâncias do caso e a gravidade da infração.

§ 2º A multa pode ser aumentada até o dobro, se o juiz considerar que, em virtude da situação econômica do réu, o valor calculado na forma dos incisos I, II e III do *caput* deste artigo é ineficaz para reprovação e prevenção do ato de improbidade.

§ 3º Na responsabilização da pessoa jurídica, deverão ser considerados os efeitos econômicos e sociais das sanções, de modo a viabilizar a manutenção de suas atividades.

§ 4º Em caráter excepcional e por motivos relevantes devidamente justificados, a sanção de proibição de contratação com o poder público pode extrapolar o ente público lesado pelo ato de improbidade, observados os impactos econômicos e sociais das sanções, de forma a preservar a função social da pessoa jurídica, conforme disposto no § 3º deste artigo.

§ 5º No caso de atos de menor ofensa aos bens jurídicos tutelados por esta Lei, a sanção limitar-se-á à aplicação de multa, sem prejuízo do ressarcimento do dano e da perda dos valores obtidos, quando for o caso, nos termos do *caput* deste artigo.

§ 6º Se ocorrer lesão ao patrimônio público, a reparação do dano a que se refere esta Lei deverá deduzir o ressarcimento ocorrido nas instâncias criminal, civil e administrativa que tiver por objeto os mesmos fatos.

§ 7º As sanções aplicadas a pessoas jurídicas com base nesta Lei e na Lei n. 12.846, de 1º de agosto de 2013, deverão observar o princípio constitucional do *non bis in idem*.

[...]

§ 10. Para efeitos de contagem do prazo da sanção de suspensão dos direitos políticos, computar-se-á retroativamente o intervalo de tempo entre a decisão colegiada e o trânsito em julgado da sentença condenatória.[66]

Em comparação, a LAC é mais completa nesse sentido, tendo seu decreto regulamentador sido bem detalhado quanto à forma de cálculo da multa (arts. 20 a 27 do Decreto n. 11.129/2022):

[66] BRASIL. *Lei n. 8.429, de 2 de junho de 1992.* Dispõe sobre as sanções aplicáveis em virtude da prática de atos de improbidade administrativa, de que trata o § 4º do art. 37 da Constituição Federal; e dá outras providências. Brasília: Presidência da República, 1992. Disponível em: http://www.planalto.gov.br/ccivil_03/leis/l8429.htm. Acesso em: 3 nov. 2022.

Lei Anticorrupção

Art. 7º Serão levados em consideração na aplicação das sanções:

I – a gravidade da infração;

II – a vantagem auferida ou pretendida pelo infrator;

III – a consumação ou não da infração;

IV – o grau de lesão ou perigo de lesão;

V – o efeito negativo produzido pela infração;

VI – a situação econômica do infrator;

VII – a cooperação da pessoa jurídica para a apuração das infrações;

VIII – a existência de mecanismos e procedimentos internos de integridade, auditoria e incentivo à denúncia de irregularidades e a aplicação efetiva de códigos de ética e de conduta no âmbito da pessoa jurídica;

IX – o valor dos contratos mantidos pela pessoa jurídica com o órgão ou entidade pública lesados; e

X – (VETADO).[67]

Decreto n. 11.129/2022

Art. 20. A multa prevista no inciso I do *caput* do art. 6º da Lei n. 12.846, de 2013, terá como base de cálculo o faturamento bruto da pessoa jurídica no último exercício anterior ao da instauração do PAR, excluídos os tributos.

§ 1º Os valores que constituirão a base de cálculo de que trata o *caput* poderão ser apurados, entre outras formas, por meio de:

I – compartilhamento de informações tributárias, na forma do disposto no inciso II do § 1º do art. 198 da Lei n. 5.172, de 1966 – Código Tributário Nacional;

II – registros contábeis produzidos ou publicados pela pessoa jurídica acusada, no Brasil ou no exterior;

III – estimativa, levando em consideração quaisquer informações sobre a sua situação econômica ou o estado de seus negócios, tais como patrimônio, capital social, número de empregados, contratos, entre outras; e

IV – identificação do montante total de recursos recebidos pela pessoa jurídica sem fins lucrativos no ano anterior ao da instauração do PAR, excluídos os tributos incidentes sobre vendas.

[67] BRASIL. *Lei n. 12.846, de 1º de agosto de 2013.* Dispõe sobre a responsabilização administrativa e civil de pessoas jurídicas pela prática de atos contra a administração pública, nacional ou estrangeira, e dá outras providências. Brasília: Presidência da República, 2013. Disponível em: http://www.planalto.gov.br/ccivil_03/_ato2011-2014/2013/lei/l12846.htm. Acesso em: 3 nov. 2022.

§ 2º Os fatores previstos nos art. 22 e art. 23 deste Decreto serão avaliados em conjunto para os atos lesivos apurados no mesmo PAR, devendo-se considerar, para o cálculo da multa, a consolidação dos faturamentos brutos de todas as pessoas jurídicas pertencentes de fato ou de direito ao mesmo grupo econômico que tenham praticado os ilícitos previstos no art. 5º da Lei n. 12.846, de 2013, ou concorrido para a sua prática.

Art. 21. Caso a pessoa jurídica comprovadamente não tenha tido faturamento no último exercício anterior ao da instauração do PAR, deve-se considerar como base de cálculo da multa o valor do último faturamento bruto apurado pela pessoa jurídica, excluídos os tributos incidentes sobre vendas, que terá seu valor atualizado até o último dia do exercício anterior ao da instauração do PAR.

Parágrafo único. Na hipótese prevista no *caput*, o valor da multa será estipulado observando-se o intervalo de R$ 6.000,00 (seis mil reais) a R$ 60.000.000,00 (sessenta milhões de reais) e o limite mínimo da vantagem auferida, quando for possível sua estimação.

Art. 22. O cálculo da multa se inicia com a soma dos valores correspondentes aos seguintes percentuais da base de cálculo:

I – até quatro por cento, havendo concurso dos atos lesivos;

II – até três por cento para tolerância ou ciência de pessoas do corpo diretivo ou gerencial da pessoa jurídica;

III – até quatro por cento no caso de interrupção no fornecimento de serviço público, na execução de obra contratada ou na entrega de bens ou serviços essenciais à prestação de serviços públicos ou no caso de descumprimento de requisitos regulatórios;

IV – um por cento para a situação econômica do infrator que apresente índices de solvência geral e de liquidez geral superiores a um e lucro líquido no último exercício anterior ao da instauração do PAR;

V – três por cento no caso de reincidência, assim definida a ocorrência de nova infração, idêntica ou não à anterior, tipificada como ato lesivo pelo art. 5º da Lei n. 12.846, de 2013, em menos de cinco anos, contados da publicação do julgamento da infração anterior; e

VI – no caso de contratos, convênios, acordos, ajustes e outros instrumentos congêneres mantidos ou pretendidos com o órgão ou com as entidades lesadas, nos anos da prática do ato lesivo, serão considerados os seguintes percentuais:

a) um por cento, no caso de o somatório dos instrumentos totalizar valor superior a R$ 500.000,00 (quinhentos mil reais);

b) dois por cento, no caso de o somatório dos instrumentos totalizar valor superior a R$ 1.500.000,00 (um milhão e quinhentos mil reais);

c) três por cento, no caso de o somatório dos instrumentos totalizar valor superior a R$ 10.000.000,00 (dez milhões de reais);

d) quatro por cento, no caso de o somatório dos instrumentos totalizar valor superior a R$ 50.000.000,00 (cinquenta milhões de reais); ou

e) cinco por cento, no caso de o somatório dos instrumentos totalizar valor superior a R$ 250.000.000,00 (duzentos e cinquenta milhões de reais).

Parágrafo único. No caso de acordo de leniência, o prazo constante do inciso V do *caput* será contado a partir da data de celebração até cinco anos após a declaração de seu cumprimento.

Art. 23. Do resultado da soma dos fatores previstos no art. 22 serão subtraídos os valores correspondentes aos seguintes percentuais da base de cálculo:

I – até meio por cento no caso de não consumação da infração;

II – até um por cento no caso de:

a) comprovação da devolução espontânea pela pessoa jurídica da vantagem auferida e do ressarcimento dos danos resultantes do ato lesivo; ou

b) inexistência ou falta de comprovação de vantagem auferida e de danos resultantes do ato lesivo;

III – até um e meio por cento para o grau de colaboração da pessoa jurídica com a investigação ou a apuração do ato lesivo, independentemente do acordo de leniência;

IV – até dois por cento no caso de admissão voluntária pela pessoa jurídica da responsabilidade objetiva pelo ato lesivo; e

V – até cinco por cento no caso de comprovação de a pessoa jurídica possuir e aplicar um programa de integridade, conforme os parâmetros estabelecidos no Capítulo V.

Parágrafo único. Somente poderão ser atribuídos os percentuais máximos, quando observadas as seguintes condições:

I – na hipótese prevista na alínea "a" do inciso II do *caput*, quando ocorrer a devolução integral dos valores ali referidos;

II – na hipótese prevista no inciso IV do *caput*, quando a admissão ocorrer antes da instauração do PAR; e

III – na hipótese prevista no inciso V do *caput*, quando o plano de integridade for anterior à prática do ato lesivo.

Art. 24. A existência e quantificação dos fatores previstos nos art. 22 e art. 23 deverá ser apurada no PAR e evidenciada no relatório final da comissão, o qual também conterá a estimativa, sempre que possível, dos valores da vantagem auferida e da pretendida.

Art. 25. Em qualquer hipótese, o valor final da multa terá como limite:

I – mínimo, o maior valor entre o da vantagem auferida, quando for possível sua estimativa, e:

a) um décimo por cento da base de cálculo; ou

b) R$ 6.000,00 (seis mil reais), na hipótese prevista no art. 21; e

II – máximo, o menor valor entre:

a) três vezes o valor da vantagem pretendida ou auferida, o que for maior entre os dois valores;

b) vinte por cento do faturamento bruto do último exercício anterior ao da instauração do PAR, excluídos os tributos incidentes sobre vendas; ou

c) R$ 60.000.000,00 (sessenta milhões de reais), na hipótese prevista no art. 21, desde que não seja possível estimar o valor da vantagem auferida.

§ 1º O limite máximo não será observado, caso o valor resultante do cálculo desse parâmetro seja inferior ao resultado calculado para o limite mínimo.

§ 2º Na ausência de todos os fatores previstos nos art. 22 e art. 23 ou quando o resultado das operações de soma e subtração for igual ou menor que zero, o valor da multa corresponderá ao limite mínimo estabelecido no *caput*.

Art. 26. O valor da vantagem auferida ou pretendida corresponde ao equivalente monetário do produto do ilícito, assim entendido como os ganhos ou os proveitos obtidos ou pretendidos pela pessoa jurídica em decorrência direta ou indireta da prática do ato lesivo.

§ 1º O valor da vantagem auferida ou pretendida poderá ser estimado mediante a aplicação, conforme o caso, das seguintes metodologias:

I – pelo valor total da receita auferida em contrato administrativo e seus aditivos, deduzidos os custos lícitos que a pessoa jurídica comprove serem efetivamente atribuíveis ao objeto contratado, na hipótese de atos lesivos praticados para fins de obtenção e execução dos respectivos contratos;

II – pelo valor total de despesas ou custos evitados, inclusive os de natureza tributária ou regulatória, e que seriam imputáveis à pessoa jurídica caso não houvesse sido praticado o ato lesivo pela pessoa jurídica infratora; ou

III – pelo valor do lucro adicional auferido pela pessoa jurídica decorrente de ação ou omissão na prática de ato do Poder Público que não ocorreria sem a prática do ato lesivo pela pessoa jurídica infratora.

§ 2º Os valores correspondentes às vantagens indevidas prometidas ou pagas a agente público ou a terceiros a ele relacionados não poderão ser deduzidos do cálculo estimativo de que trata o § 1º.

> Art. 27. Com a assinatura do acordo de leniência, a multa aplicável será reduzida conforme a fração nele pactuada, observado o limite previsto no § 2º do art. 16 da Lei n. 12.846, de 2013.
>
> § 1º O valor da multa prevista no *caput* poderá ser inferior ao limite mínimo previsto no art. 6º da Lei n. 12.846, de 2013.
>
> § 2º No caso de a autoridade signatária declarar o descumprimento do acordo de leniência por falta imputável à pessoa jurídica colaboradora, o valor integral encontrado antes da redução de que trata o *caput* será cobrado na forma do disposto na Seção IV, descontando-se as frações da multa eventualmente já pagas.[68]

O decreto, como se pode perceber, traz método elaborado para cálculo da multa, com parâmetros que guiam o passo a passo da autoridade pública e oferecem para o sancionado, ao menos considerando o aspecto normativo, segurança jurídica e previsibilidade quanto à punição. Por meio da motivação do ato decisório, a autoridade pública pode mostrar como tais parâmetros foram considerados para definir a intensidade da sanção e, com isso, que a garantia constitucional de individualização da pena está sendo observada.

O sistema de dosimetria trazido na LCP parece estar no meio do caminho entre a vagueza da LIA e o detalhamento do decreto regulamentador da LAC. Os parágrafos de seu art. 156 dão os seguintes direcionamentos à dosimetria da sanção, a ser elaborada pela autoridade administrativa:

> *Lei Geral de Contratações Públicas*
>
> § 1º Na aplicação das sanções serão considerados:
>
> I – a natureza e a gravidade da infração cometida;
>
> II – as peculiaridades do caso concreto;
>
> III – as circunstâncias agravantes ou atenuantes;
>
> IV – os danos que dela provierem para a Administração Pública;
>
> V – a implantação ou o aperfeiçoamento de programa de integridade, conforme normas e orientações dos órgãos de controle.

[68] BRASIL. *Decreto n. 11.129, de 11 de julho de 2022*. Regulamenta a Lei n. 12.846, de 1º de agosto de 2013, que dispõe sobre a responsabilização administrativa e civil de pessoas jurídicas pela prática de atos contra a administração pública, nacional ou estrangeira. Brasília: Presidência da República, 2022. Disponível em: http://www.planalto.gov.br/ccivil_03/_ato2019-2022/2022/decreto/D11129.htm. Acesso em: 3 nov. 2022.

§ 2º A sanção prevista no inciso I do *caput* deste artigo será aplicada exclusivamente pela infração administrativa prevista no inciso I do *caput* do art. 155 desta Lei, quando não se justificar a imposição de penalidade mais grave.

§ 3º A sanção prevista no inciso II do *caput* deste artigo, calculada na forma do edital ou do contrato, não poderá ser inferior a 0,5% (cinco décimos por cento) nem superior a 30% (trinta por cento) do valor do contrato licitado ou celebrado com contratação direta e será aplicada ao responsável por qualquer das infrações administrativas previstas no art. 155 desta Lei.

§ 4º A sanção prevista no inciso III do *caput* deste artigo será aplicada ao responsável pelas infrações administrativas previstas nos incisos II, III, IV, V, VI e VII do *caput* do art. 155 desta Lei, quando não se justificar a imposição de penalidade mais grave, e impedirá o responsável de licitar ou contratar no âmbito da Administração Pública direta e indireta do ente federativo que tiver aplicado a sanção, pelo prazo máximo de 3 (três) anos.

§ 5º A sanção prevista no inciso IV do *caput* deste artigo será aplicada ao responsável pelas infrações administrativas previstas nos incisos VIII, IX, X, XI e XII do *caput* do art. 155 desta Lei, bem como pelas infrações administrativas previstas nos incisos II, III, IV, V, VI e VII do *caput* do referido artigo que justifiquem a imposição de penalidade mais grave que a sanção referida no § 4º deste artigo, e impedirá o responsável de licitar ou contratar no âmbito da Administração Pública direta e indireta de todos os entes federativos, pelo prazo mínimo de 3 (três) anos e máximo de 6 (seis) anos.

§ 6º A sanção estabelecida no inciso IV do *caput* deste artigo será precedida de análise jurídica e observará as seguintes regras:

I – quando aplicada por órgão do Poder Executivo, será de competência exclusiva de ministro de Estado, de secretário estadual ou de secretário municipal e, quando aplicada por autarquia ou fundação, será de competência exclusiva da autoridade máxima da entidade;

II – quando aplicada por órgãos dos Poderes Legislativo e Judiciário, pelo Ministério Público e pela Defensoria Pública no desempenho da função administrativa, será de competência exclusiva de autoridade de nível hierárquico equivalente às autoridades referidas no inciso I deste parágrafo, na forma de regulamento.

§ 7º As sanções previstas nos incisos I, III e IV do *caput* deste artigo poderão ser aplicadas cumulativamente com a prevista no inciso II do *caput* deste artigo.

§ 8º Se a multa aplicada e as indenizações cabíveis forem superiores ao valor de pagamento eventualmente devido pela Administração ao contratado,

> além da perda desse valor, a diferença será descontada da garantia prestada ou será cobrada judicialmente.[69]

As transcrições dessas normas demonstram existir, na legislação brasileira, sistemas de dosimetria das sanções de direito administrativo diferentes entre si no que tange ao seu grau de normatização. E, em muitos casos, a legislação não fornece à autoridade pública elementos suficientes para ajudá-la a aplicar adequadamente uma sanção.

A situação tem potencial para gerar vários problemas: como garantir que a aplicação da sanção obedecerá à vedação constitucional à generalidade? Como saber se haverá congruência entre os vários casos analisados? Como conferir previsibilidade e segurança jurídica à atuação sancionadora?

Essa falta de elementos para auxiliar na individualização de sanções foi, em alguma medida, contornada pela reforma da LINDB, em 2018, ao terem sido introduzidas na legislação as seguintes diretrizes gerais:

> Art. 22. Na interpretação de normas sobre gestão pública, serão considerados os obstáculos e as dificuldades reais do gestor e as exigências das políticas públicas a seu cargo, sem prejuízo dos direitos dos administrados.
>
> § 1º Em decisão sobre regularidade de conduta ou validade de ato, contrato, ajuste, processo ou norma administrativa, serão consideradas as circunstâncias práticas que houverem imposto, limitado ou condicionado a ação do agente.
>
> § 2º Na aplicação de sanções, serão consideradas a natureza e a gravidade da infração cometida, os danos que dela provierem para a administração pública, as circunstâncias agravantes ou atenuantes e os antecedentes do agente.
>
> § 3º As sanções aplicadas ao agente serão levadas em conta na dosimetria das demais sanções de mesma natureza e relativas ao mesmo fato.[70]

Tais diretrizes ajudam tanto a saber se a conduta do agente, em face das peculiaridades que envolveram sua atuação, é passível de punição (*caput* e § 1º) quanto a dosar a intensidade de eventual sanção (§§ 2º e 3º).

[69] BRASIL. *Lei n. 14.133, de 1º de abril de 2021*. Lei de Licitações e Contratos Administrativos. Brasília: Presidência da República, 2021. Disponível em: https://www.planalto.gov.br/ccivil_03/_ato2019-2022/2021/lei/L14133.htm. Acesso em: 3 nov. 2022.

[70] BRASIL. *Decreto-Lei n. 4.657, de 4 de setembro de 1942*. Lei de Introdução às normas do Direito Brasileiro. Brasília: Presidência da República, 1942. Disponível em: http://www.planalto.gov.br/ccivil_03/decreto-lei/del4657.htm. Acesso em: 3 nov. 2022.

Porém, antes de analisar quais os direcionamentos trazidos pela norma, é preciso entender a quais autoridades públicas sancionadoras ela é direcionada e a quais potenciais sancionados. Em outras palavras: (i) se ela se aplica às jurisdições administrativa, de contas e judicial; e (ii) se ela vale apenas à sanção de gestores públicos ou se seu âmbito de incidência é mais amplo.

As dúvidas se põem por duas razões. Primeira, o *caput* do dispositivo não especifica quem está interpretando "as normas de gestão pública" (uma autoridade administrativa? Um juiz? Um ministro do TCU?). Segunda, ele menciona as "dificuldades reais do gestor e as exigências das políticas públicas a seu cargo",[71] o que demonstra estar se referindo a gestores públicos. No entanto, seus parágrafos remetem à sanção de "agentes".

As regras valem para qualquer pessoa submetida ao poder sancionador do Estado, seja agente público, seja privado, exercido no âmbito da administração pública, do Tribunal de Contas ou do Judiciário.[72]

Tanto a administração pública, no exercício de revisão de seus atos, quanto o Poder Judiciário e o TCU, no controle da atuação pública, realizam a "interpretação de normas de gestão pública" referida no *caput* do artigo. É com base nessa interpretação que realizam suas respectivas análises – sejam elas de conveniência, legalidade, economicidade, eficiência ou por outro critério. E, ao interpretar normas de gestão pública, atentando às circunstâncias práticas que influenciaram nas condutas dos agentes envolvidos, se verificarem alguma irregularidade, surge a possibilidade de sanção dos envolvidos.

Nesse sentido, por ocasião da tramitação no Congresso Nacional do PL do Senado 349/2017, a senadora Simone Tebet, relatora do projeto na CCJ, deixou muito claro no parecer elaborado que tal dispositivo seria destinado às decisões tomadas nos âmbitos administrativo, judicial e controlador (o que abarca, nesse último caso, a jurisdição de contas). Na época, o dispositivo correspondia ao art. 21 do PL:

[71] BRASIL. *Decreto-Lei n. 4.657, de 4 de setembro de 1942*. Lei de Introdução às normas do Direito Brasileiro. Brasília: Presidência da República, 1942. Disponível em: http://www.planalto.gov.br/ccivil_03/decreto-lei/del4657.htm. Acesso em: 3 nov. 2022.

[72] Cf. JORDÃO, Eduardo. Art. 22 da LINDB. Acabou o romance: reforço do pragmatismo no direito público brasileiro. *Revista de Direito Administrativo – RDA*, Rio de Janeiro, Edição Especial: Direito Público na Lei de Introdução às Normas de Direito Brasileiro – LINDB (Lei n. 13.655/2018), p. 63-92, nov. 2018.

> Por outro lado, o art. 21 traz uma medida de prudência básica ao instituir parâmetros para o controle do comportamento do gestor público de modo a evitar abusos de órgãos controladores, protegendo o gestor que atua de boa-fé. Trata-se de norma direcionada principalmente aos órgãos de controle, que, por vezes, fazem exigências deslocadas da realidade dos gestores. O dispositivo insere-se, assim, no contexto em que se considera que os órgãos executores e a fiscalização devem estreitar os laços de comunicação e, sem invadir as competências alheias, buscar as soluções que maximizem o bem comum. [...] O artigo citado deixa claro, ainda, que as decisões judiciais, administrativas e controladoras, que se baseiam em valores jurídicos abstratos (podem ser entendidos como princípios), tem que levar em conta as consequências práticas da decisão e considerar "as possíveis alternativas".[73]

O propósito do *caput* e do § 1º do art. 22 é conferir à atividade controladora – realizada seja pela administração pública, seja pelo Judiciário, seja pelo tribunal de contas – premissas mais realistas e, com isso, evitar dificuldades e distorções observadas por Floriano de Azevedo Marques Neto e Rafael Véras de Freitas que, embora se reportem a processos administrativos (inclusive de contas), também podem ser verificadas em processos judiciais:

> O exercício do poder extroverso estatal tem se desenvolvido por meio de uma interpretação estática pelo seu viés repressivo. Dito em outros termos, os controladores levaram adiante processos administrativos sancionadores, com base nos seus próprios juízos a propósito da adequação das condutas de administradores públicos e dos particulares. Juízos que, em razão da morosidade própria à burocracia, são formados sempre, retrospectivamente, muita vez anos após a conduta. O distanciamento temporal, contudo, turva a avaliação, propicia seu enviesamento. Oblitera circunstâncias que não poder ser desconsideradas pelos órgãos de controle.[74]

[73] BRASIL. Senado Federal. *Parecer n. 22, de 29 de março de 2017.* Relatora Senadora Simone Tebet. 2017, p. 7-8.

[74] MARQUES NETO, Floriano de Azevedo; FREITAS, Rafael Véras de. *Comentários à Lei 13.655/2018 (Lei da Segurança para Inovação Pública).* Belo Horizonte: Fórum, 2019, p. 57.

Dessa forma, será irregular e justificará punição a conduta que, considerado seu contexto fático, e concluído que o agente não estava por ele limitado, importou no descumprimento da legalidade.[75]

O § 1º do art. 22, ao utilizar o termo "agente", refere-se àqueles envolvidos na atuação considerada irregular, sejam eles agentes públicos, sejam privados. No caso de uma contratação pública, será potencialmente sancionado tanto aquele que, pelo lado da administração pública, interpretou as normas de gestão pública de modo equivocado, levando a cabo o contrato tido por irregular, quanto o particular que foi beneficiado por tal interpretação. Em casos desse tipo, condutas de agentes públicos e privados colaboram para a consumação da irregularidade e, por isso, os expõem aos fundamentos sancionadores. De uma interpretação irregular de normas sobre gestão pública, decorrem, portanto, sanções para todos os agentes que agiram com base nela.

Será então hora de realizar a dosimetria da sanção, para a qual os §§ 2º e 3º determinam a adoção de três parâmetros gerais.[76]

[75] No caso da responsabilização pessoal de agente público, a LINDB, em seu art. 28, ainda reservou a sanção àqueles que deliberadamente pretendam cometer conduta irregular (dolo) ou que agem em claro descompasso com o comportamento tido por razoável em determinada situação (erro grosseiro). Importante compreender quanto ao conceito de erro grosseiro que, por mais fluido que possa parecer, ele se reporta a situações em que se enxerga obviedade: antes do agente público agir, não haveria dúvidas sobre qual seria a conduta concreta esperada dele esperada e, mesmo assim, agiu de maneira diversa. Gustavo Binenbojm e André Cyrino exemplificam: "Mas não é qualquer erro que ensejará responsabilidade. Apenas o erro grosseiro, nos termos da lei, poderá conduzir a algum tipo de punição. Será erro grosseiro, *e.g.*, a aplicação de norma jurídica revogada, ou a decisão (e/ou opinião) que ignore a ocorrência de uma prescrição, a despeito de as informações pertinentes constarem do processo administrativo. Também será grosseiro o erro que aplique a legislação municipal para fins de um licenciamento federal" (Binenbojm, Gustavo; Cyrino, André. O art. 28 da LINDB. A cláusula geral do erro administrativo. *Revista de Direito Administrativo – RDA*, Rio de Janeiro, Edição Especial: Direito Público na Lei de Introdução às Normas de Direito Brasileiro – LINDB [Lei n. 13.655/2018], p. 212-213, nov. 2018).

[76] Os parágrafos não constavam na redação original do PL n. 349/2015, que deu origem à Lei n. 13.655/2018. Eles foram inseridos, na Comissão de Constituição e Cidadania, pela senadora Simone Tebet, que em seu relatório disse: "Um ponto positivo dessa alteração é a exigência da explicitação de critérios – mínimos que sejam – para a dosimetria de sanções administrativas, tema ainda pouco debatido, mas causador de muitos problemas práticos. Cremos, porém, ser possível aperfeiçoar o dispositivo, para nele incluir dosimetria em matéria de direito público" (BRASIL. Senado Federal. *Parecer n. 22, de 29 de março de 2017.* Disponível em: https://legis.senado.leg.br/sdleg-getter/documento?dm=4407699&disposition=inline. Acesso em: 2 jun. 2020).

Primeiro, que se olhe para a administração pública: qual foi o prejuízo causado a ela e qual o seu tamanho? A determinação é importante ante o fato de uma mesma sanção poder ser utilizada para punir condutas que repercutiram danos com intensidades diferentes. Em um contrato público, a multa da LCP pode ser aplicada tanto para o contratado que atrasou alguns meses o cumprimento de uma obrigação quanto para aquele que deu causa à rescisão do contrato. São situações diferentes e que exigem multas com valores distintos. Ou, ainda, um licitante que combinou preços em uma única licitação agiu errado, mas talvez não deva ficar impedido de contratar com a administração pelo mesmo tempo que outro licitante que fraudou inúmeros certames e causou recorrentes prejuízos à competição. Para aplicar a sanção, é necessário avaliar a extensão do dano causado individualmente pela conduta irregular e medir a punição de acordo com esse dano.

Segundo, exige que entre em foco o agente praticante da conduta: qual seu histórico de comportamentos com a administração pública? Já foi sancionado anteriormente por motivo semelhante ou por outro? Em alguma medida, o contexto em que estava inserido atenua o fato de ter praticado irregularidade? Como no direito penal, a lógica é a da individualização de acordo com as características do agente. Ainda que sem estipular valores ou percentuais para aumento ou diminuição da sanção, colocam-se holofotes na ideia de que não são só os aspectos que circundam a irregularidade em si devem modelar a sanção, mas também aqueles que dizem respeito ao seu praticante.

Terceiro, a norma requer que se reconheça e pondere a multiplicidade de controles e sanções: outro controlador já aplicou alguma sanção em relação à mesma irregularidade? Essa sanção aplicada tem efeitos semelhantes aos da futura sanção? A avaliação é muito importante para que se evite a penalização exacerbada do agente.

Especificamente quanto à previsão de contabilização de outras sanções, é relevante indagar o que significa quando o § 3º se reporta a "sanções de mesma natureza". A mesma natureza remeteria à sua esfera de aplicação ou aos efeitos gerados pela sanção? Seriam de mesma natureza duas sanções administrativas, independentemente de seus efeitos, ou duas sanções de multa, aplicadas em âmbitos diferentes? A leitura correta é a que considera a natureza em função dos efeitos da sanção. Alguns motivos permitem tal afirmação.

Uma leitura que adotasse exclusivamente a lente da jurisdição levaria a comando normativo cuja aplicação seria extremamente confusa e de difícil implementação. Se não for considerado que o dispositivo remete aos efeitos concretos da sanção, estar-se-ia dizendo, por exemplo, que o cálculo do valor de uma multa deveria levar em conta a proibição para contratar, se ambas as sanções fossem aplicadas no mesmo âmbito, e vice-versa. Não faz sentido. Mesmo que fosse sustentado que a "natureza" está ligada ao âmbito em que a sanção é manifestada, é premissa lógica da aplicação do dispositivo que as sanções harmonizadas tenham efeitos semelhantes.

Contudo, em tal leitura de "natureza", que pressupõe âmbitos e efeitos semelhantes, o alcance do dispositivo seria demasiadamente limitado, sem razão para tanto. Em uma contratação pública irregular, isso significaria que apenas as sanções provenientes de instâncias administrativas deveriam ser harmonizadas. Ou seja, ao órgão ou à entidade pública contratante, a CGU e o Cade precisariam articular suas sanções sob o comando do art. 22, § 3º, mas o mesmo não seria necessário para o Poder Judiciário e para o TCU. Considerando que todas as sanções poderiam ter rigorosamente os mesmos efeitos, não há sentido em fazer a leitura da norma dessa maneira restritiva. O problema de superdimensionamento dos efeitos da sanção subsistiria e o propósito do dispositivo legal não seria alcançado.

Além disso, o parágrafo anterior também oferece um bom parâmetro para entender qual uso a Lei n. 13.655/2018 fez do termo "natureza". Ao dispor que a dosagem da pena levará em conta a "natureza e a gravidade da infração cometida",[77] o § 2º, já tratando da aplicação da sanção, por óbvio não está se referindo à avaliação sobre se a conduta é considerada irregular em âmbito administrativo, judicial ou controlador. Estando no momento de mensuração da sanção, essa avaliação já foi feita – e disciplinada pelo *caput* e pelo § 1º do art. 22. Ao se reportar à natureza e à gravidade da infração, o dispositivo remete à valoração dos efeitos nocivos por ela causados.

Reforça ainda a leitura de que "natureza" diz respeito aos efeitos da sanção a visão de um dos autores da lei sobre harmonização de sanções

[77] BRASIL. *Lei n. 13.655, de 25 de abril de 2018.* Inclui no Decreto-Lei n. 4.657, de 4 de setembro de 1942 (Lei de Introdução às Normas do Direito Brasileiro), disposições sobre segurança jurídica e eficiência na criação e na aplicação do direito público. Brasília: Presidência da República, 2018. Disponível em: http://www.planalto.gov.br/ccivil_03/_ato2015-2018/2018/lei/l13655.htm. Acesso em: 8 nov. 2022.

na LINDB (art. 22, § 3º), que, em artigo publicado em coautoria, deixou claro que o dispositivo era direcionado a sanções com efeitos semelhantes, independentemente do âmbito de sua aplicação:

> A duplicidade de sanções não deve ser tolerada, muito menos legitimada. O que não evita que ela exista. Algo inevitável, diante da independência das instâncias competentes para punir, prevista no ordenamento jurídico pátrio (por exemplo, no artigo 125 da Lei 8.112/1990) que enseja que um mesmo agente possa ser responsabilizado funcional, administrativa, cível e criminalmente. Ciente disso, a nova LINDB vai de encontro com os efeitos provocados pelo *bis in idem*. Um exemplo ilustra o oposto. Cogite-se da hipótese em que um agente público seja sancionado, em âmbito disciplinar, por ter atuado, com desídia, num processo administrativo licitatório que veio a ter a sua nulidade decretada. Nesse exemplo, caso este mesmo agente ocupe o polo passivo de uma ação de improbidade administrativa, ajuizada com base no mesmo fato (causa de pedir), de acordo com o novel diploma, o magistrado terá de levar em consideração, por ocasião de eventual sentença condenatória, a punição administrativa pretérita. Reiteramos que o *bis in idem* já foi consagrado pelo ordenamento jurídico brasileiro. É uma realidade. O que o parágrafo comentado pretende é atenuar, com base no racional pragmático de toda a Lei 13.655/2018, os seus deletérios efeitos para os administrados.[78]

Por fim, ainda quanto a esse ponto, ressalta-se que não há na lei nenhuma definição para o termo. Sendo assim, toda a interpretação lógica do dispositivo sustenta a conclusão de que ele é direcionado a todas as sanções que possuam efeitos semelhantes, como forma de evitar punições com intensidade além daquela que o direito permite.

A lógica do dispositivo remete, em alguma medida, àquela da *detração*, prevista no CP brasileiro, que dispõe: "Computam-se, na pena privativa de liberdade e na medida de segurança, o tempo de prisão provisória, no Brasil ou no estrangeiro, o de prisão administrativa e o de internação em qualquer dos estabelecimentos referidos no artigo anterior" (art. 42).[79] Na

[78] Marques Neto, Floriano de Azevedo; Freitas, Rafael Véras de. *Comentários à Lei 13.655/2018 (Lei da Segurança para Inovação Pública)*. Belo Horizonte: Fórum, 2019, p. 69.

[79] BRASIL. *Decreto-Lei n. 2.848, de 7 de dezembro de 1940*. Código Penal. Brasília: Presidência da República, 1940. Disponível em: https://www.planalto.gov.br/ccivil_03/decreto-lei/del2848compilado.htm. Acesso em: 5 nov. 2022.

detração penal, promove-se a compensação, na pena definitiva, da pena já cumprida em caráter provisório para que não haja desproporcionalidade prática na punição.

Vale dizer que o § 3º do art. 22 apenas deixou evidente algo que já deveria ser realizado pelas autoridades sancionadoras em decorrência da proporcionalidade inerente a toda e qualquer repressão. Apesar de, na legislação objeto desse capítulo, apenas a Lei de Processo Administrativo trazer expressamente à administração pública o dever geral de proporcionalidade a seus atos, inclusive os sancionadores,[80] a calibração da repressão para que ela seja proporcional é inerente à premissa constitucional de individualização da pena.[81]

Há, contudo, uma situação específica que excetua a lógica prevista no § 3º do art. 22: quando se tratar de pessoa jurídica cuja responsabilização esteja sujeita às sanções da LIA e da LAC. Nesse caso, por força do art. 3º, § 2º, e do art. 12, § 7º, ambos da LIA, com redação dada pela Lei n. 14.230/2021, o Estado deverá se abster de aplicar as sanções da LIA e, se for o caso, sancionar a pessoa jurídica apenas com as punições decorrentes da LAC. Os dispositivos são claros nesse sentido:

[80] LPA: "Art. 2º A Administração Pública obedecerá, dentre outros, aos princípios da legalidade, finalidade, motivação, razoabilidade, *proporcionalidade*, moralidade, ampla defesa, contraditório, segurança jurídica, interesse público e eficiência. Parágrafo único. Nos processos administrativos serão observados, entre outros, os critérios de: [...] VI – *adequação entre meios e fins, vedada a imposição de obrigações, restrições e sanções em medida superior àquelas estritamente necessárias ao atendimento do interesse público*" (BRASIL. *Lei n. 9.784, de 29 de janeiro de 1999.* Regula o processo administrativo no âmbito da Administração Pública Federal. Brasília: Presidência da República, 1999, grifo nosso. Disponível em: http://www.planalto.gov.br/ccivil_03/leis/l9784.htm. Acesso em: 3 nov. 2022).

[81] Sobre proporcionalidade no caso dos atos administrativos, Celso Antônio Bandeira de Mello: "Este princípio enuncia a ideia – singela, aliás, conquanto frequentemente desconsiderada – de que as competências administrativas só podem ser *validamente* exercidas na *extensão* e *intensidade* correspondentes ao que seja realmente demandado para cumprimento da finalidade de interesse público a que estão atreladas. Segue-se que os atos cujos conteúdos ultrapassem o necessário para alcançar o objetivo que justifica o uso da competência ficam maculados de ilegitimidade, porquanto desbordam do âmbito da competência; ou seja, superam os limites que naquele caso lhes corresponderiam. Sobremodo quando a Administração restringe situação jurídica dos administrados além do que caberia, por imprimir às medidas tomadas uma intensidade ou extensão supérfluas, prescindendas, ressalta a ilegalidade de sua conduta. É que ninguém deve estar obrigado a suportar constrições em sua liberdade ou propriedade que não sejam indispensáveis à satisfação do interesse público" (BANDEIRA DE MELLO, Celso Antônio. *Curso de direito administrativo.* 32. ed. São Paulo: Malheiros, 2015, p. 113, grifo do autor).

> Art. 3º As disposições desta Lei são aplicáveis, no que couber, àquele que, mesmo não sendo agente público, induza ou concorra dolosamente para a prática do ato de improbidade.
>
> [...]
>
> § 2º As sanções desta Lei não se aplicarão à pessoa jurídica, caso o ato de improbidade administrativa seja também sancionado como ato lesivo à administração pública de que trata a Lei n. 12.846, de 1º de agosto de 2013.
>
> Art. 12. Independentemente do ressarcimento integral do dano patrimonial, se efetivo, e das sanções penais comuns e de responsabilidade, civis e administrativas previstas na legislação específica, está o responsável pelo ato de improbidade sujeito às seguintes cominações, que podem ser aplicadas isolada ou cumulativamente, de acordo com a gravidade do fato:
>
> [...]
>
> § 7º As sanções aplicadas a pessoas jurídicas com base nesta Lei e na Lei n. 12.846, de 1º de agosto de 2013, deverão observar o princípio constitucional do *non bis in idem*.[82]

Os quesitos trazidos pela LINDB foram um grande avanço para sanções de direito administrativo em termos de segurança jurídica na sua operacionalização. Diminuiu-se a incerteza que poderiam ter tanto a autoridade pública em relação a como proceder no manuseio da sanção quanto o particular que será sancionado, que agora sabe o que deve ser considerado na sua dosimetria.

Ainda há, contudo, espaço para edição de normativos que, a partir dos quesitos gerais da LINDB, detalhem como fazer essa gradação considerando a sanção específica sobre a qual versam. E quanto a normativos que já trazem algum tipo de previsão de dosimetria, a eles são adicionados os comandos da LINDB.

2.2.3. Harmonização de sanções de direito administrativo com acordo substitutivo de sanção

A sanção não é a única maneira que a administração pública tem para imputar consequências àquele que pratica irregularidade. É possível que,

[82] BRASIL. *Lei n. 8.429, de 2 de junho de 1992*. Dispõe sobre as sanções aplicáveis em virtude da prática de atos de improbidade administrativa, de que trata o § 4º do art. 37 da Constituição Federal; e dá outras providências. Brasília: Presidência da República, 1992b. Disponível em: http://www.planalto.gov.br/ccivil_03/leis/l8429.htm. Acesso em: 3 nov. 2022.

no curso do processo sancionador, havendo convergência de vontades entre os envolvidos competentes, opte-se pela celebração de um *acordo substitutivo de sanção*, por meio do qual o agente particular compromete-se a executar determinadas obrigações em troca de a ele não ser imprimida a lógica sancionadora padrão.

O acordo permite ao particular uma situação jurídica que, sob sua perspectiva, é mais conveniente do que a sanção. Ao mesmo tempo, possibilita à administração alcançar as mesmas finalidades buscadas com o exercício de poder sancionador, uma vez que gera consequências ao particular e permite o alcance de fins públicos mediante o cumprimento das obrigações que lhe são impostas. Ainda, pode oferecer solução mais célere ao conflito, visto que encerra o processo administrativo sancionador e os questionamentos que podem ser levantados pelas partes a respeito do seu adequado desfecho.

O acordo substitutivo está inserido no contexto da administração pública consensual, segundo a qual a gestão pública adota lógica mais permeável à participação popular em suas tomadas de decisão. Essa mentalidade passou a ganhar cada vez mais espaço nas democracias em decorrência da limitação dos poderes da administração e da demanda cidadã por uma atuação pública que melhor refletisse seus anseios.

No caso dos acordos substitutivos, houve ainda uma catalisação pela imprescindível agilidade na resolução de conflitos entre administração e particulares derivados da regulação pública sobre setores econômicos, para a qual o processo sancionatório muitas vezes mostrava-se insuficiente.[83]

Perceba-se que a ideia de administração pública consensual é mais ampla do que o acordo substitutivo e abrange instrumentos como a consulta pública prévia à elaboração de atos normativos e o procedimento de manifestação de interesse para participação privada na modelagem de

[83] Floriano de Azevedo Marques Neto e Tatiana Cymbalista: "Esse crescente consensualismo no exercício da atividade administrativa estaria relacionado a diversos fenômenos convergentes, dentre os quais a limitação da autoridade do Estado, a crescente abertura da atividade administrativa para a participação popular, a contratualização da atuação administrativa, o fortalecimento dos vetores de eficiência e economicidade administrativas e o reconhecimento do esgotamento/insuficiência dos mecanismos tradicionais de atuação administrativa" (MARQUES NETO, Floriano de Azevedo; CYMBALISTA, Tatiana. Os acordos substitutivos do procedimento sancionatório e da sanção. *Revista Brasileira de Direito Público – RBDP*, Belo Horizonte, ano 8, n. 31, p. 51, out.-dez. 2010).

projetos de infraestrutura pública.[84] De maneira geral, envolve instrumentos com finalidades diferentes, mas cujo resultado seja uma solução construída por interação público-privada.

No entanto, comum a todos eles os pressupostos que fundamentam a noção de consensualidade na gestão pública, que, segundo Juliana Bonacorsi de Palma, são eficiência, participação deliberativa e governança pública. De acordo com eles, o dever de otimização das ações administrativas, sob os aspectos de responsividade eficiente e conformidade com interesses gerais, justificaria uma atuação pública mais inclusiva de particulares.[85]

Nesse panorama, existem no Brasil várias normas que possibilitam a celebração de acordo substitutivo de sanção. Talvez a mais antiga delas seja a LACP, de 1985, que, desde alteração promovida em 1990, permite a órgãos públicos legitimados tomar do agente interessado compromisso de ajustamento de sua conduta a exigências legais em substituição à aplicação de sanção (art. 5º, § 6º).

Algum tempo depois, também passaram a expressamente prever acordos substitutivos em seus respectivos âmbitos de incidência a antiga Lei do Conselho Administrativo de Defesa da Concorrência (art. 53 da Lei n. 8.884/1994) e a Lei da Comissão de Valores Mobiliários, com os acréscimos feitos em 1997 (art. 11, § 5º, da Lei n. 6.385/1976).

Apesar de essas normas terem gerado debates específicos em seus nichos, o tema do acordo começou a ganhar notoriedade mais ampla com a experiência das agências reguladoras federais, criadas no fim dos anos 1990 e início dos anos 2000. Em alguns casos, como da Agência Nacional de Saúde Suplementar, foi sua própria lei de criação que previu expressamente a possibilidade de a entidade celebrar termo de compromisso e fiscalizar o seu cumprimento (art. 4º, XXXIX, da Lei n. 9.961/2000). Em outros, essa função coube a regulamentos que se reportaram à previsão genérica da Lei da ACP: por exemplo, na Aneel, na Anatel, na Agência Nacional de Transportes Terrestres e na Antaq, o acordo substitutivo de sanção foi tema das Resoluções Normativas n. 333/2008, 629/2013, 152/2003 e 987/2008, respectivamente.

84 Para exemplos desses temas, cf. PEREZ, Marcos Augusto. *A administração pública democrática*. Belo Horizonte: Fórum, 2004; e MORENO, Maís. *A participação do administrado no processo de elaboração dos contratos de PPP*. Belo Horizonte: Fórum, 2019.

85 PALMA, Juliana Bonacorsi de. *Sanção e acordo na administração pública*. São Paulo: Malheiros, 2015, p. 119-148.

Talvez a explicação para o ganho de visibilidade do tema seja que ele mexeu em algumas noções muito enraizadas na concepção do direito administrativo brasileiro.

Primeira delas, a vinculação da administração à legalidade estrita. A dúvida era se, caso a lei que definia as competências da agência não tivesse expressamente mencionado, poderia norma infralegal prever a possibilidade de o poder público celebrar acordo substitutivo. A questão foi especialmente fomentada pela resistência enfrentada pela Anatel para que pudesse celebrar acordos substitutivos com seus regulados com base em regulamento editado pela própria agência.

Eventualmente, a ideia acabou sendo aceita, pautada nas concepções de que há na LACP um permissivo geral para a administração transacionar e de que a Lei Geral de Telecomunicações (Lei n. 9.472/1997) adotou o formato de "lei-quadro", admitindo que vários temas, dentre os quais as sanções aplicadas pela agência e o acordo substitutivo, fossem objeto de regulamentos produzidos pela própria Anatel.[86]

Muito mais polêmico, no entanto, foi o debate em torno do binômio *supremacia* e *indisponibilidade do interesse público*, que embasa um *regime jurídico de direito público*, defendido por Celso Antônio Bandeira de Mello como regedor das relações travadas pela administração. Conforme o autor, a *supremacia* denota prevalência, em todo caso, daquilo que for considerado interesse público sobre o que for considerado interesse privado; complementarmente, a *indisponibilidade* proíbe que a administração "abra mão", em qualquer medida, daquilo que for considerado o interesse público.[87]

Ainda que "interesse público" seja conceito extremamente vago, que pode ser preenchido de diferentes maneiras a depender de seu intérprete,

[86] "Todavia, ainda que não houvesse essa autorização legislativa genérica, a Anatel poderia, em sua regulamentação, prever mecanismos consensuais, como os acordos substitutivos, como meio de evitar ou superar infrações aos deveres decorrentes das normas setoriais infralegais, impedindo a aplicação ou execução de sanções. Isso porque, como explicado há pouco, no setor de telecom a constituição e a definição das infrações e de suas causas excludentes não foram feitas na própria lei, cabendo à agência reguladora. Logo, a Anatel pode, no simples uso de suas competências regulatórias, prever em regulamento que a realização de certa prestação alternativa é causa excludente da aplicação ou execução de sanções" (Câmara, Jacintho Arruda; Sundfeld, Carlos Ari. Acordos substitutivos nas sanções regulatórias. *Revista de Direito Público da Economia – RDPE*, Belo Horizonte, ano 9, n. 34, p. 137, abr.-jun. 2011).

[87] Bandeira de Mello, Celso Antônio. *Curso de direito administrativo*. 32. ed. São Paulo: Malheiros, 2015, p. 70-90.

essa noção de um regime jurídico de direito público foi responsável por, em um primeiro momento, gerar críticas à possibilidade de a administração transacionar. O interesse público seria a aplicação de sanção e disso não se poderia dispor em nome do interesse do privado em não ser penalizado.[88]

Obviamente não existe, em abstrato, nenhuma contrariedade entre acordo substitutivo e a noção de interesse público. Embora por vezes haja uma equivocada concepção de que, porque o particular prefere celebrar acordo a ser sancionado nos moldes tradicionais, ele estaria recebendo um benefício e não sendo verdadeiramente penalizado por seu comportamento irregular, o acordo também traz conteúdo punitivo e, por isso, deve ser enxergado como exercício do poder sancionador do Estado. Afinal, com o acordo, o particular terá algum tipo de restrição de direito, apenas fora da lógica sancionadora convencional.

Nesse sentido, o acordo substitutivo pode combinar diversos efeitos das sanções de direito administrativo. Ele pode ser utilizado como legítima ferramenta de gestão pública, eficaz para a administração bem desempenhar suas funções, assim como para punir o agente que praticou irregularidade. Deve então pautar a análise de conveniência da celebração de acordo a avaliação sobre quais objetivos pretende-se atingir e qual o melhor caminho para tanto: a sanção ou o acordo. Desde que tenham base em previsão normativa, ambos são consequências válidas para a prática de irregularidade.[89,90]

[88] Sobre essa visão crítica, cf. Palma, Juliana Bonacorsi de. *Sanção e acordo na administração pública*. São Paulo: Malheiros, 2015, p. 166-188; Marques Neto, Floriano de Azevedo; Cymbalista, Tatiana. Os acordos substitutivos do procedimento sancionatório e da sanção. *Revista Brasileira de Direito Público – RBDP*, Belo Horizonte, ano 8, n. 31, p. 61-63, out.-dez. 2010.

[89] De maneira mais ampla, Juliana Bonacorsi de Palma aduz que esse olhar deve permear a consensualidade administrativa como um todo: "[...] deve-se reconhecer a consensualidade como *técnica de gestão administrativa*. Antes de uma exteriorização da participação administrativa ou afirmação da democratização na Administração Pública, a consensualidade consiste em uma técnica de gestão cujo instrumento de formalização corresponde ao *acordo administrativo*. Isso significa que o acordo administrativo consiste em um dos meios para satisfação das finalidades públicas que a Administração tem ao seu dispor, o que certamente reforça o caráter instrumental da atuação administrativa consensual, dado o enfoque no fim de interesse público que a Administração deve perseguir" (Palma, Juliana Bonacorsi de. *Sanção e acordo na administração pública*. São Paulo: Malheiros, 2015, p. 112, grifos do autor).

[90] Floriano de Azevedo Marques Neto e Tatiana Cymbalista também sustentam que a opção por um ou outro deve considerar o que trará consequência menos gravosa ao particular punido: "Eis porque a aplicação de toda e qualquer sanção deve ser precedida de um juízo

Em especial no caso das sanções administrativas, essa concepção do acordo como instrumento que alia efeitos de gestão e punição ganhou reforço em 2018, quando a Lei n. 13.655 incluiu na LINDB o art. 26, um permissivo geral para celebração de acordos pela administração pública. O dispositivo trouxe ainda requisitos gerais a serem observados pela autoridade administrativa no momento de transacionar.

> Art. 26. Para eliminar irregularidade, incerteza jurídica ou situação contenciosa na aplicação do direito público, inclusive no caso de expedição de licença, a autoridade administrativa poderá, após oitiva do órgão jurídico e, quando for o caso, após realização de consulta pública, e presentes razões de relevante interesse geral, celebrar compromisso com os interessados, observada a legislação aplicável, o qual só produzirá efeitos a partir de sua publicação oficial.
>
> § 1º O compromisso referido no *caput* deste artigo:
>
> I – buscará solução jurídica proporcional, equânime, eficiente e compatível com os interesses gerais;
>
> II – (VETADO);
>
> III – não poderá conferir desoneração permanente de dever ou condicionamento de direito reconhecidos por orientação geral;
>
> IV – deverá prever com clareza as obrigações das partes, o prazo para seu cumprimento e as sanções aplicáveis em caso de descumprimento.
>
> § 2º (VETADO).[91]

O artigo trata de acordos administrativos em geral, não somente daqueles substitutivos de sanção, e dispõe que, em todo caso, a administração deve considerar qual a solução que melhor atende aos interesses gerais de maneira eficiente; que é vedada a criação de regime jurídico paralelo per-

de proporcionalidade e de utilidade. Esse juízo não diz respeito tão somente à quantificação da sanção, mas abarca também a própria necessidade da sanção, que deve ser cotejada com outros mecanismos dissuasivos ou reparatórios. [...] Diante de uma pluralidade de meios que satisfaçam os imperativos regulatórios, deverá o regulador optar por aquele que seja menos gravoso, ou seja, a sanção será o último recurso a ser empregado" (MARQUES NETO, Floriano de Azevedo; CYMBALISTA, Tatiana. Os acordos substitutivos do procedimento sancionatório e da sanção. *Revista Brasileira de Direito Público – RBDP*, Belo Horizonte, ano 8, n. 31, p. 63, out.-dez. 2010).

[91] BRASIL. *Decreto-Lei n. 4.657, de 4 de setembro de 1942.* Lei de Introdução às normas do Direito Brasileiro. Brasília: Presidência da República, 1942. Disponível em: http://www.planalto.gov.br/ccivil_03/decreto-lei/del4657.htm. Acesso em: 3 nov. 2022.

manente, de modo que o particular reste desonerado de obrigações previstas em normas gerais por tempo indeterminado; e que as obrigações das partes devem estar nítidas nos termos pactuados.[92]

Embora sejam diretrizes um tanto quanto básicas, o dispositivo é importante para "dar tom" à atuação administrativa transacional. E esse tom não significa favorecer o particular e prejudicar o interesse geral, mas, pelo contrário, enxergar acordos administrativos, inclusive os substitutivos, como ferramentas para a administração alcançar fins públicos.

O art. 26 teve impacto significativo na viabilização de acordos substitutivos ao dar respaldo jurídico geral à sua celebração – dessa vez não em uma lei que trate de ação judicial, como o que ocorre na LACP. Se antes da sua existência podia ser questionada a possibilidade de a administração transacionar por ausência de previsão legal, agora esse argumento não faz mais sentido. Ainda que não haja lei que disponha que a aplicação de uma específica sanção administrativa pode ser preterida pelo acordo, a substituição é adequadamente respaldada no dispositivo da LINDB.

O fato, contudo, não esvazia de utilidade a edição de regras particulares a cada nicho sancionador. Conquanto a permissão legal geral para transacionar já exista, resta muito espaço à disciplina de temas relativos a procedimento e limites à negociação das partes, bem como à fiscalização do cumprimento dos termos do acordo. No âmbito da Anatel, por exemplo, a Resolução n. 629/2013 traz regras sobre como requerer o acordo (art. 4º), competência administrativa para celebração (art. 7º), hipóteses em que o acordo não será viável (art. 6º) e outros temas mais que detalham o regime jurídico dos acordos substitutivos no âmbito daquela agência reguladora.

É importante haver essas previsões específicas por questões de segurança jurídica (administração e particular saberem como proceder na situação), de isonomia (haver procedimento único para todos os particulares que desejarem celebrar acordo) e para facilitar o controle sobre a administração, dificultando eventuais desvirtuamentos que possam causar prejuízo aos interesses gerais.

Entretanto, a viabilidade dos acordos substitutivos tem sido constantemente testada pela multiplicidade sancionadora. Como diversos ato-

[92] Cf. PALMA, Juliana Bonacorsi de; GUERRA, Sérgio. Art. 26 da LINDB – Novo regime jurídico de negociação com a Administração Pública. *Revista de Direito Administrativo – RDA*, Rio de Janeiro, Edição Especial: Direito Público na Lei de Introdução às Normas de Direito Brasileiro – LINDB (Lei n. 13.655/2018), p. 135-169, nov. 2018.

res autônomos têm competência para aplicar sanção com base na mesma irregularidade, é desafiador conseguir preservar o principal incentivo que tem o particular para celebrar o acordo: não ser sancionado nos moldes tradicionais.

Caso bem emblemático é o do acordo de leniência, no qual, em troca de informações relevantes às investigações, a administração se compromete a dar alguns benefícios na aplicação de sanção à empresa infratora.

O acordo de leniência foi previsto nos arts. 16 e 17 da LAC como instrumento a ser celebrado entre a autoridade máxima de cada órgão ou entidade pública e a empresa que praticou, sozinha ou em conjunto, algum dos ilícitos previstos na própria lei ou na LGL. Desde que a colaboração resulte na identificação dos demais envolvidos e na obtenção de provas, poderá haver isenção ou atenuação das sanções aplicadas à empresa. Em nível federal, a lei atribuiu à CGU competência para negociar o acordo. Apesar disso, o que se viu na prática foi verdadeira disputa institucional entre CGU, TCU e Ministério Público Federal (MPF) para definição dos termos do negócio jurídico.

O envolvimento do TCU decorreu de grande parte dos acordos dizer respeito a atos praticados em contratações públicas federais e, consequentemente, implicar despesas públicas. Como ao TCU compete apurar eventuais danos ao erário, determinar a devolução de valores recebidos indevidamente por empresas contratadas pela administração e aplicar sanções em decorrência da irregularidade, o tribunal entendeu que ele deveria chancelar os termos negociados, tendo editado ele próprio duas INs para disciplinar o tema.

A IN 74/2015 condicionava a eficácia dos acordos de leniência ao pronunciamento prévio do TCU, em todas as etapas do processo de celebração, quanto à legalidade, à legitimidade e à economicidade das condições pactuadas (arts. 1º e 3º). Também dizia que o acordo não afastaria as competências do tribunal para realizar suas apurações e para aplicar sanção à empresa signatária (art. 6º).

Esse modelo de controle chegou a gerar tensões entre TCU, CGU e Advocacia-Geral da União (AGU). O Aviso Interministerial 22, de julho de 2018, assinado conjuntamente pelo Ministro da CGU e pelo Advogado-Geral da União, e endereçado à presidência do TCU, relatou dificuldades de interação entre membros da CGU e da AGU e auditores do TCU:

> [...] a equipe técnica desse Colegiado tem realizado reuniões com as comissões de negociação [composta por membros da CGU e da AGU] [...] nas quais os auditores dessa Corte de Contas registram a necessidade de apresentação dos CPFs dos participantes para fins de responsabilização eventual, inquirindo os integrantes da comissão a respeito de cada cláusula e registrando resposta em ata. Tal postura tem gerado desnecessária situação de desconforto, quando é certa a ausência de competência dessa Corte de Contas para aferir a conduta de tais membros no âmbito dos acordos de leniência.[93]

No comunicado oficial, CGU e AGU ainda sustentaram a incompetência do tribunal para intervir no tema, uma vez que as cláusulas dos acordos não diziam respeito à aplicação de recursos públicos, de modo que não se enquadrariam na perspectiva fiscalizatória de natureza contábil, financeira ou orçamentária, que pauta a atuação do TCU.[94]

Posteriormente, a IN 74/2015 foi substituída pela IN 83/2018, que, apesar de não prever mais a exigência de chancela prévia do tribunal como condição de eficácia do acordo de leniência, reforçou a possibilidade de avaliação pelo TCU das condições pactuadas e dispôs que autoridades celebrantes do acordo podem ser responsabilizadas por cláusulas que limitem ou dificultem a atuação do TCU (art. 4º, *caput*) – parece, em alguma medida, ser um enfrentamento ao conteúdo do Aviso Interministerial 22/2018.[95]

Por sua vez, há ainda o MPF como ingrediente-chave para que os termos do acordo de leniência sejam eficazes, já que o órgão é legitimado para propor ações de improbidade administrativa para apuração judicial da responsabilidade da empresa infratora. Em razão disso, o próprio MPF tem defendido que, apesar do que dispõe a LAC, deve ser sua a compe-

[93] BRASIL. Controladoria-Geral da União e Advocacia-Geral da União. *Aviso Interministerial CGU/AGU 22, de julho de 2018.*

[94] Também nesse sentido, cf. MOREIRA, Egon Bockmann. Tribunais de Contas podem controlar acordos de leniência? *Jornal Gazeta do Povo*, 13 jul. 2018. Disponível em: https://www.gazetadopovo.com.br/justica/colunistas/egon-bockmann-moreira/tribunais-de-contas-podem-controlar-acordos-de-leniencia-77we8fvgzumzr9nykivxoond3/. Acesso em: 8 nov. 2022.

[95] Cf. GABRIEL, Yasser. Novo regulamento do TCU sobre acordos de leniência: algo mudou? *Jota*, 1º maio 2019. Disponível em: https://www.jota.info/opiniao-e-analise/colunas/controle-publico/novo-regulamento-do-tcu-sobre-acordos-de-leniencia-algo-mudou-01052019. Acesso em: 1º jul. 2020.

tência para celebrar acordos de leniência, dado que atua com transversalidade e autonomia nas instâncias cível e criminal, o que é necessário para garantir à empresa o cumprimento dos termos pactuados, e que o sistema administrativo sancionador não é a "regra geral" de combate à corrupção, devendo haver prevalência das esferas cível e criminal.[96]

Essa confusão de atribuições, na prática, gerou dois momentos na experiência dos acordos de leniência federais.

No primeiro, a despeito de a lei voltar o acordo para sanções administrativas, houve uma preferência pelas empresas por procurarem o MPF para fazerem suas negociações, o que talvez possa ser explicado pela projeção que o órgão ganhou nos anos seguintes à edição da LAC em virtude de suas investigações no que ficou conhecido como "Operação Lava Jato" e pelo fato de que apenas o MPF poderia abrir mão das repercussões judiciais dos ilícitos. Sobre essa preferência inicial pelo MPF, Caio Farah Rodriguez, advogado que assessorou a empresa Odebrecht nas negociações de seu acordo de leniência, em entrevista, relatou:

> [...] a realidade é que o Ministério Público assumiu o protagonismo do combate à corrupção estrutural e tinha instrumentos, com a efetividade necessária, para inverter o poder de barganha típico que algumas empresas exercitavam em sua relação com certos agentes estatais. Por exemplo, o Ministério Público, como se sabe, é titular da ação penal, a qual geralmente tem caráter mais imediato e decorre da investigação também por ele supervisionada. Além disso, seu papel constitucional de defesa da ordem jurídica, do regime democrático e dos interesses sociais e individuais indisponíveis, tem amplitude consistente com a natureza peculiar do problema que se evidenciou. Então, era interlocutor necessário e urgente. Acordos com o Ministério Público não foram propriamente uma opção, mas sim uma necessidade, quase uma última possibilidade de sobrevivência.[97]

[96] Cf. BRASIL. Ministério Público Federal. *Estudo Técnico n. 01/2017 – 5ª Câmara de Coordenação e Revisão*. Brasília, p. 65. Disponível em: https://www.mpf.mp.br/atuacao-tematica/ccr5/publicacoes/estudo-tecnico/doc/Estudo%20Tecnico%2001-2017.pdf. Acesso em: 1º jun. 2020.

[97] RODRIGUEZ, Caio Farah. Entrevista: Caio Farah Rodriguez, o advogado que negocia com o Estado. Entrevista concedida a Felipe Recondo e Luciano Pádua. *Jota*, 31 jul. 2018. Disponível em: https://www.jota.info/especiais/leniencia-caio-farah-rodriguez-odebrecht-31072018. Acesso em: 1º jul. 2020.

Porém, CGU e AGU entenderam que seria ilegítimo celebrar esses acordos sem que elas estivessem envolvidas, em vista de a LAC dar competência à CGU e de a AGU ser responsável pela representação jurídica dos interesses da União.

A AGU então levou o tema ao Judiciário, que decidiu ser a CGU a autoridade competente para firmar o acordo de leniência, no âmbito do Poder Executivo federal, mas que não haveria impedimentos para a participação de outros órgãos da administração pública federal na negociação, como AGU, MPF e TCU, dada a necessidade de uma atuação "harmônica e cooperativa" desses entes públicos.[98] Vale dizer que, à época da decisão, o MPF já havia celebrado dez acordos de leniência no âmbito da Lava Jato, em que provas relevantes às suas investigações haviam sido produzidas, mas nenhum deles contava com a participação da CGU ou da AGU.

Paralelamente a essa situação, o TCU vinha proferindo decisões em que reafirmava a sua autonomia em face dos acordos de leniência celebrados sem sua aquiescência, reforçando que sua competência para aplicar sanções restava preservada. A eventual não punição dependeria do quanto as empresas que haviam celebrado acordos colaborariam com as investigações realizadas pelo próprio tribunal de contas.[99]

A descoordenação institucional colocava em risco a boa utilização do instrumento, o que poderia levar ao descrédito na segurança jurídica oferecida e, ultimamente, ao seu abandono.[100] Viu-se então o início de um segundo momento para a experiência dos acordos de leniência, em que as instituições públicas envolvidas passaram a se articular para a negociação dos termos e assinatura de acordos "globais", envolvendo MPF, CGU e AGU, com aprovação do TCU – que passou a fazer constar na sua jurisprudência sobre o tema um dever de colaboração entre instituições que formam o que chama de "microssistema de proteção da administração contra a prática de atos ilícitos".[101,102]

[98] BRASIL. Tribunal Regional Federal da 4ª Região (3. Turma). *Agravo de Instrumento 5023972-66.2017.4.04.0000/PR*. Relator: Des. Vânia Hack de Almeida. Julgamento: 22 de agosto de 2017.

[99] Para exemplo, cf. acórdão 874/2018 – Plenário, rel. Min. Bruno Dantas, j. 25.04.2018.

[100] Sampaio, Patrícia; Canetti, Rafaela. Conflitos nos programas de acordos de leniência brasileiros nos casos de fraudes em licitação. *Revista da AGU*, Brasília, v. 17, n. 4, p. 273-292, out.-dez. 2018.

[101] Para exemplo, cf. acórdão 1.214/2018 – Plenário, rel. Min. Benjamin Zymler, j. 30.05.2018.

[102] Para mais sobre a jurisprudência do TCU a respeito de acordos de leniência, cf. Gabriel, Yasser. Acordos de leniência na jurisdição do Tribunal de Contas da União. *In*: Sundfeld,

Marca o início desse momento o acordo com as agências de publicidade MullenLowe Brasil e FCB Brasil, primeiro que articulou esses diversos atores, anunciado para a imprensa em abril de 2018.[103] Posteriormente, em 2019, chegou-se a celebrar acordo de leniência "global" que envolveu, inclusive, o Departamento de Justiça dos Estados Unidos, para as empresas Technip Brasil e Flexibras.[104]

Nesse segundo momento, o TCU deu decisões significativas no que toca ao seu poder sancionador e ao compromisso com a articulação institucional. O debate ocorreu em função da imputação de débitos pelo tribunal e como obrigações pecuniárias decorrentes da mesma irregularidade, mas provenientes de acordos, deveriam ser consideradas na jurisdição de contas.

Foi no acórdão 2.677, de 21 de novembro de 2018, que a discussão inicial mais relevante foi feita pelo TCU. O caso tratava de irregularidades em contratos celebrados pela Petrobras para construção da Unidade de Destilação Atmosférica e da Unidade de Hidrotratamento da Refinaria Abreu e Lima. Nos termos sugeridos pelo ministro relator, Benjamin Zymler, ficou decidido, por unanimidade do Plenário, que a AGU e a Petrobras deveriam solicitar ao juízo da Vara de Falências competente medidas de constrição patrimonial contra uma das empresas envolvidas.

Nesse pedido, o tribunal determinou que o valor da constrição deveria considerar os pagamentos pactuados, a título de multas ou confiscos, no âmbito dos acordos de leniência (e de delação premiada) celebrados entre as empresas envolvidas e o MPF e a CGU, para fins de amortização dos valores das indenizações.[105] Além disso, ao longo de seu voto, o relator

Carlos Ari; ROSILHO, André (orgs.). *Tribunal de Contas da União no direito e na realidade*. São Paulo: Almedina, 2020, p. 403-427.

[103] AGÊNCIAS de publicidade fecham leniência inédita de R$ 50 mi. *O Estado de São Paulo*, 16 abr. 2018.

[104] CGU, AGU, MPF e DoJ firmam primeiro acordo de leniência global no âmbito da Lava Jato. Disponível em: www.gov.br. Acesso em: 2 jul. 2020.

[105] BRASIL. Tribunal de Contas da União (Plenário). *Acórdão 2.677/2018*. Tomada de Contas Especial decorrente do Acórdão 2.960/2015-Plenário. Refinaria Abreu e Lima (RNEST). Implantação das unidades de destilação atmosférica – UDA (U-11 E U-12). [...]. Relator: Min. Benjamin Zymler. Julgamento: 21 de novembro de 2018, p. 1900. Disponível em: https://pesquisa.apps.tcu.gov.br/#/documento/acordao-completo/*/NUMACORDAO%253A2677%2520ANOACORDAO%253A2018%2520RELATOR%253A%2522BENJAMIN%2520ZYMLER%2522/DTRELEVANCIA%2520desc%252C%2520NUMACORDAOINT%2520desc/0/%2520. Acesso em: 11 nov. 2022.

deixou consignado importante preceito para o momento de cobrança dos débitos fixados pelo TCU a título de ressarcimento do dano:

> Avalio que na fase de cobrança executiva desta tomada de contas especial eventuais ressarcimentos efetuados pela Odebrecht em face dos acordos de leniência com o MPF e com a CGU/AGU poderão ser utilizados para abatimento das dívidas ora imputadas, desde que configurada a identidade dos fatos geradores.[106]

O preceito reflete, em alguma medida, o que já havia sido fixado, em 1979, pela Súmula 128 do TCU.[107] Mas interessante foi que, na sessão do julgamento do caso, o Ministério Público de Contas (MPTCU) demonstrou preocupação com a eventual dificuldade de verificação da identidade entre naturezas dos valores imputados ao particular pelo acordo e pela decisão do TCU.

Dito de outra forma: o problema era saber se a obrigação de pagamento decorrente dos acordos era justificada como reparação de dano ou como sanção, para poder abatê-la do cálculo de ressarcimento feito pelo tribunal de contas. Veja-se o que falou a Procuradora-Geral do MPTCU, Cristina Machado da Costa e Silva, na sessão:

> A minha dúvida é a gente vai permitir a utilização do valor pago a título de multa [em acordos de colaboração] para quitar o dano? Porque eu vejo aqui no seu voto, no parágrafo 157, diz assim: Avalio que na fase de cobrança executiva desta tomada de contas especial eventuais ressarcimentos efetuados pela

[106] BRASIL. Tribunal de Contas da União (Plenário). *Acórdão 2.677/2018*. Tomada de Contas Especial decorrente do Acórdão 2.960/2015-Plenário. Refinaria Abreu e Lima (RNEST). Implantação das unidades de destilação atmosférica – UDA (U-11 E U-12). [...]. Relator: Min. Benjamin Zymler. Julgamento: 21 de novembro de 2018, p. 36. Disponível em: https://pesquisa.apps.tcu.gov.br/#/documento/acordao-completo/*/NUMACORDAO%253A2677%2520ANOACORDAO%253A2018%2520RELATOR%253A%2522BENJAMIN%2520ZYMLER%2522/DTRELEVANCIA%2520desc%252C%2520NUMACORDAOINT%2520desc/0/%2520. Acesso em: 11 nov. 2022.

[107] Súmula TCU 128: "Mesmo na hipótese de já se ter verificado recolhimento parcial, o Acórdão de condenação expressará o total da dívida, abatendo-se, na execução, o valor já satisfeito, sem a incidência da correção monetária e dos juros de mora sobre a quantia já ressarcida e a partir da data de cada pagamento" (BRASIL. Tribunal de Contas da União. *Súmula n. 128*. 11 dez. 1979. Disponível em: https://portal.tcu.gov.br/lumis/portal/file/fileDownload.jsp?fileId=8A8182A25753C20F0157679AA5617071&inline=1. Acesso em: 3 nov. 2022).

> Odebrecht em face dos acordos de leniência com o MPF e com a CGU/AGU poderão ser utilizados para abatimento das dívidas ora imputadas, desde que configurada a identidade dos fatos geradores, que é o que eu penso também que deve ser. A gente vai ter que ver, se realmente lá no âmbito do acordo foi feito o pagamento de um dano, e aqui no Tribunal a gente vai utilizar o mesmo fato gerador para aplicar o dano? Não, a gente realmente tem que verificar e fazer esse abatimento. Agora, no item, como Vossa Excelência acompanhou o que disse o Juiz Sérgio Moro, a gente estaria permitindo, da forma como ele colocou, que as multas, que tem caráter sancionatório, seriam utilizadas para quitar danos. Era esse o esclarecimento que eu gostaria de obter.[108]

A preocupação apresentada pelo MPTCU era especialmente relevante em face dos primeiros acordos celebrados, pois, segundo relatou o ministro Benjamin Zymler na sessão, eles não traziam a distinção entre valores vinculados ao ressarcimento do dano causado ao erário e valores voltados à punição do particular.[109]

Todavia, no final das contas, o conteúdo da decisão, cujo molde foi posteriormente repetido no acórdão 2.688, de 7 de outubro de 2020, endereçou apenas a consideração de valores que seriam pagos pelos particulares como forma de ressarcir o prejuízo causado à administração. O tribunal deixou de fazer menção expressa à harmonização dos valores previstos nos acordos com natureza de multa com as multas aplicadas na jurisdição de contas.

A constatação é importante porque demonstra uma postura do tribunal com potencial para originar um total de multas desproporcional à irregularidade praticada, considerando a multiplicidade de sanções que podem surgir nas diversas esferas punitivas. Da mesma forma que o dano a ser reparado é só um, e, por isso, faz sentido haver o abatimento dos valores recolhidos em acordos, a conduta irregular punida é, na prática, exatamente a mesma, não sendo correto manter a responsabilização alienada dos termos pactuados no instrumento consensual.

A experiência dos acordos de leniência serve para jogar luz sobre problemática mais ampla que envolve os acordos substitutivos de sanção diante da pluralidade de instâncias sancionadoras. Para que os acordos produzam

[108] O relato da sessão de julgamento consta em outra decisão do TCU, no acórdão 2.688/2020 – Plenário, rel. Min. substituto André de Carvalho, j. 07.10.2020, p. 133.

[109] relato da sessão de julgamento consta em outra decisão do TCU, no acórdão 2.688/2020 – Plenário, rel. Min. substituto André de Carvalho, j. 07.10.2020.

resultados efetivos, é necessário que essas várias instâncias empenhem esforços para não sabotarem os termos pactuados, ainda que atuem nos limites de suas competências constitucionais e legais, devendo levá-los em consideração no momento de exercer suas atribuições. Na prática, isso significa duas coisas.

Primeiro, que eventual sanção aplicada leve em consideração em sua dosimetria aquela punição de efeitos semelhantes pactuada no acordo. Por exemplo: multas a serem aplicadas por uma instância que não é parte no instrumento devem considerar os valores de mesma natureza previstos para serem pagos pelo particular. Da mesma forma que a lógica se aplica à culminação de várias sanções com efeitos semelhantes, ela também deve prevalecer na situação em que conviverão sanção e acordo concernentes aos mesmos fatos.

Segundo, tendo em mente que a situação jurídica de quem celebrou o acordo não pode ser a mesma daquela que se verificaria caso o acordo não tivesse sido viabilizado, é necessário saber se foi negociado que consequências sancionadoras específicas não ocorreriam. Nesse caso, em função da coerência do "microssistema de proteção da administração contra a prática de atos ilícitos" – aqui emprestando a terminologia utilizada pelo TCU –, a instância que ainda for aplicar sanção não deve frustrar os termos pactuados. Por exemplo: se uma empresa transacionou para que não ficasse impedida de celebrar contratos públicos, eventual declaração de inidoneidade por uma instância que não assinou o acordo comprometeria seus efeitos.

Nessas situações, há um dever de proteção à segurança jurídica e à confiança depositada pelo particular no Estado. Afinal, os efeitos sancionadores que recaem sobre ele, decorrentes da atuação dos diversos poderes estatais, são rigorosamente os mesmos, independentemente de sua origem. Uma vez que o acordo tenha sido celebrado e o particular esteja cumprindo com suas obrigações, ele não deve ficar sujeito à instabilidade causada por eventual descoordenação das atuações públicas sancionadoras.

2.3. Considerações pragmáticas sobre como harmonizar os efeitos das sanções em vista de suas premissas jurídicas

A harmonização de sanções de direito administrativo ocorrerá no momento da dosimetria da pena. Vale, a partir de considerações pragmáticas, pontuar como devem se articular as premissas jurídicas expostas neste capítulo para que a harmonização aconteça.

Primeiro, no momento da apresentação de sua defesa, o particular deve informar à autoridade pública sobre a existência de sanções que lhe tenham sido culminadas anteriormente, especialmente no que diz respeito aos seus valores. Algumas sanções, como a proibição para contratar, ficam registradas em cadastros unificados – como o Cadastro de Empresas Inidôneas e Suspensas (CEIS), o Cadastro Nacional de Empresas Punidas e outros similares.[110] Ainda que se possa argumentar que é responsabilidade da autoridade sancionadora verificar a preexistência de outras punições, considerando as dificuldades que a burocracia estatal pode impor, e que o particular previamente sancionado tem o direito a se manifestar no processo sancionador em curso, é mais seguro que ele leve essa informação para ser fatorada na dosimetria da nova sanção. A informação, obviamente, deve estar devidamente comprovada.

Segundo, é essencial que a motivação da decisão que culmine sanção exponha os elementos avaliados na dosimetria da pena. Não é suficiente, considerando as disposições constitucionais e legais apresentadas neste capítulo, a mera referência ao dispositivo que prevê a sanção aplicada, ou a um valor genérico para a pena, sem a indicação adequada dos elementos que foram ponderados para se chegar àquela conclusão. A ausência dessa motivação adequada vicia a decisão, por deixar de promover a correta individualização da pena, e contra ela o particular deve se insurgir por meio dos recursos jurídicos cabíveis.

Terceiro, seria útil que fossem editadas normas fixando critérios padronizados para que a autoridade pública utilizasse no momento da dosimetria, complementares àqueles trazidos nos §§ 2º e 3º do art. 22 da LINDB. No caso das sanções administrativas e de contas, essas normas poderiam, inclusive, ter caráter infralegal. Como já disse o STF para a dosimetria das sanções penais, é natural que haja alguma discricionariedade na dosagem da pena. A fixação de critérios não iria contra essa discricionariedade, mas, considerando que ela existe e com ela se articula, incrementaria a segurança jurídica dos procedimentos sancionadores.

Por fim, talvez a forma mais adequada para promover a harmonização dos efeitos das sanções seja expor qual seria o valor da sanção isoladamente considerada e, em seguida, subtrair desse montante o valor das sanções aplicadas nas demais jurisdições. Assim, restaria facilitado o controle tanto

[110] Disponíveis em: www.portaltransparencia.gov.br/sancoes. Acesso em: 25 nov. 2020.

dos critérios utilizados pela autoridade sancionadora para concluir qual a correta intensidade da pena quanto da harmonização com os efeitos das demais sanções de direito administrativo.

2.4. Conclusões parciais

O capítulo trabalhou os elementos que compõem o regime jurídico para exercício do poder sancionador estatal em contratações públicas. O objetivo foi compreendê-lo a fim de verificar se ele permite a harmonização das sanções de direito administrativo, aplicadas com base em uma mesma irregularidade. Suas conclusões podem ser sintetizadas da seguinte maneira:

(i) No ordenamento jurídico brasileiro, é possível encontrar um regime jurídico comum para aplicação de sanções de direito administrativo, que, embora possua fundamentos específicos a cada jurisdição (administrativa, de contas e judicial cível), é composto das mesmas premissas: previsão normativa para a sanção e para a irregularidade; processo que preceda a eventual punição, no qual o particular deve exercer adequadamente a sua defesa; motivação da decisão da autoridade pública, com a devida dosimetria da pena caso seja concluído pela necessidade da sanção.

(ii) Esse regime jurídico dá à autoridade pública alguma discricionariedade no momento de aplicar sanções, mas ele foi construído sobretudo com o propósito de proteger o particular, sancionado em potencial, do cometimento de arbitrariedades. Busca-se, portanto, um equilíbrio entre o agir do Estado, pautado nas finalidades que justificam seu poder sancionador, e os efeitos punitivos suportados pelo sancionado.

(iii) A proteção do particular em face de excessos cometidos pelo Estado, especialmente considerando o dever constitucional de individualização e proporcionalidade de pena, constitui fundamento relevante a favor da necessidade de harmonização de efeitos das sanções de direito administrativo. No entanto, o § 3º do art. 22 da LINDB tornou expresso esse dever de harmonização ao dispor que a dosimetria das sanções deve considerar aquelas de mesma natureza, aplicadas anteriormente. A "mesma natureza" mencionada no dispositivo da LINDB refere-se aos efeitos similares de sanções aplicadas em decorrência da mesma irregularidade. Ou seja, têm a mesma natureza, por exemplo, as sanções que proíbem o sancionado de contratar com a administração pública ou a multa, que gera ônus financeiro ao sancionado.

(iv) A harmonização de efeitos corresponde a cada autoridade sancionadora descontar do valor da sanção que irá aplicar os valores decorrentes das sanções anteriormente culminadas por outras autoridades sancionadoras. Esse abatimento promove a punição adequada, sem efeitos desproporcionais que possam resultar da acumulação de sanções alienadas.

(v) Assim, os fundamentos constitucionais da harmonização de sanções são: o direito à individualização da pena (art. 5º, XLVI), do qual deriva a necessidade de dosimetria da sanção e a consideração de todos os fatos relevantes para calcular o *quantum* da pena, incluindo-se aí os efeitos semelhantes de outras sanções; e a proibição para a pena vigorar indeterminadamente, como se caráter perpétuo tivesse (art. 5º, XLVII), que demanda a previsibilidade da duração da sanção, e que seria desrespeitada caso o particular ficasse sujeito a novas punições de efeitos semelhantes que culminassem, na prática, em punição acima daquela prevista na decisão condenatória. O fundamento legal, por sua vez, é o § 3º do art. 22 da LINDB, que expressamente determina que a aplicação de sanções deve, no momento da dosimetria da pena, considerar os efeitos de outras sanções de natureza semelhante, previamente aplicadas.

(vi) Outros elementos que compõem o regime jurídico de aplicação de sanção podem colaborar para que se promova uma adequada harmonização de efeitos. Normas sobre dosimetria podem ser editadas para dar à autoridade pública parâmetros para a harmonização, disciplinando, por exemplo, ser necessário verificar se alguma sanção foi previamente aplicada ao particular; ou, ainda, instituindo, no curso da dosimetria, que será indagado ao particular sobre a existência de punições relacionadas à irregularidade analisada. Da mesma forma, no momento de apresentação da defesa, o particular deverá avisar sobre a existência de sanções que lhe foram anteriormente imputadas e pedir à autoridade pública que promova a harmonização de efeitos de sanções que lhes sejam eventualmente aplicadas. A motivação da decisão sancionadora também é importante para o controle dos elementos considerados pela autoridade pública no cálculo da pena. É necessário que haja motivação adequada, em que são explicitadas as bases jurídicas e fáticas da decisão condenatória. Essa motivação servirá, entre outras coisas, para verificar se os efeitos foram devidamente harmonizados.

Estas conclusões, acrescidas da constatação feita no Capítulo 1, de que os argumentos da independência das sanções e do *non bis in idem* não permitem a aplicação de sanções de direito administrativos sem que em sua dosimetria sejam considerados os efeitos similares, provenientes de sanções anteriores e já suportados pelo particular, demonstram que há, no ordenamento jurídico brasileiro, o dever, constitucional e legal, de harmonização de efeitos das sanções de direito administrativo. Resta saber se esse dever é obedecido.

3
DECLARAÇÃO DE INIDONEIDADE PELO TRIBUNAL DE CONTAS DA UNIÃO À LUZ DA HARMONIZAÇÃO DOS EFEITOS DE SANÇÕES

3.1. Notas introdutórias e metodológicas: por que olhar para a declaração de inidoneidade na jurisdição de contas e como fazê-lo?

Entre as várias sanções que poderiam ter sido escolhidas como objeto deste capítulo, optou-se pela declaração de inidoneidade pelo TCU. Por quê?

A sanção, cujo efeito prático é a proibição para contratar com a administração pública, pode ter repercussões graves, visto que impede empresas de acessarem um mercado relevante. A depender do tamanho da empresa, da importância que contratações públicas têm para sua receita e do tempo que perdurar o impedimento, a sanção pode ser uma "pena de morte" à sancionada.[1] É, por isso, uma sanção relevante para ser estudada.

Fazê-lo no âmbito do TCU tem justificativas práticas. Primeiro que o tribunal, conforme visto, detém competência legal para aplicar tal sanção – ainda que a constitucionalidade do fundamento possa ser questionada. Segundo, porque sua jurisprudência está disponibilizada ao amplo acesso

[1] "Chocada pelos escândalos e denúncias de amplitude e profundidade impactantes, a sociedade reage em linha com a solução pena de morte: não bastam condenações criminais, clama-se pela extinção das empresas envolvidas. Se corruptas, devem ser banidas! Reação passional do homem comum, até compreensível. Espanta quando cultores do direito sustentam a tese. Punir empresas com sanções que inviabilizem sua continuidade não é garantia da purgação das más práticas. E traz efeitos colaterais que vão muito além dos responsáveis pelos malfeitos" (MARQUES NETO, Floriano de Azevedo. Pena de morte e responsabilidade das empresas. *Valor Econômico*, 30 maio 2015. Disponível em: https://valor.globo.com/legislacao/noticia/2015/07/30/pena-de-morte-e-responsabilidade-das-empresas.ghtml. Acesso em: 27 jan. 2023).

do público no sítio eletrônico do órgão, o que permite verificar não apenas se a sanção foi aplicada, mas a fundamentação da decisão que o fez.

Além disso, o universo de pesquisa limitado a uma Corte com nove ministros, e com baixa frequência na alteração de sua composição, permite que comparações sejam feitas na tentativa de indicar algum padrão de comportamento, assim como fazem pesquisas dedicadas ao estudo do STF.[2] No mais, assim como o STF em questões de jurisdição constitucional, o TCU atualmente figura como importante arena de conformação da gestão pública, o que torna seu estudo essencial ao direito administrativo.[3]

O recorte metodológico utilizado foi simples. No sítio eletrônico do tribunal, procurou-se, a partir das chaves de busca "inidoneidade" e "*bis in idem*", decisões do tribunal prolatadas entre 1º de maio de 2018, mês seguinte à reforma da LINDB, e 30 de novembro de 2020, mês em que o presente capítulo estava sendo escrito.

A opção pelo intervalo temporal derivou da premissa de que, se antes inexistia comando normativo expresso para a harmonização dos efeitos de sanções, houve a partir da reforma da LINDB a explicitação de tal dever, e o tribunal, em casos de multiplicidade sancionadora, teria de interagir com o § 3º do art. 22 da lei. Quanto às chaves de busca, o termo "*bis in idem*" foi escolhido por uma intuição de que o debate sobre harmonização dos efeitos da sanção seria feito sob essa ótica, ainda que não exclusivamente – intuição que se mostrou acertada.

Excluíram-se do resultado da busca aqueles acórdãos que não tinham pertinência em função de os termos "*bis in idem*" e "inidoneidade" estarem sendo utilizados em outros contextos que não o da multiplicidade sancionadora, ou porque tais conceitos não tinham relação entre si.

Foram encontrados nove acórdãos em que era diretamente abordada a harmonização dos efeitos da declaração de inidoneidade pelo TCU com

[2] SUNDFELD, Carlos Ari; SOUZA, Rodrigo Pagani de. *Accountability* e jurisprudência do STF: estudo empírico de variáveis institucionais e estrutura das decisões. *In*: VOJVODIC, Adriana *et al.* (orgs.). *Jurisdição constitucional no Brasil*. São Paulo: Malheiros, 2012, p. 75-116.

[3] "Desde meados dos anos 2000, o TCU ampliou seu fortalecimento institucional e a transformação de sua imagem e ação. Hoje ele está no centro do mundo público. É peça-chave no controle das licitações e contratos, dos processos de desestatização, da regulação e por aí vai. Há indícios de que, na prática, esteja se transformando numa espécie de justiça administrativa de ofício. É preciso compreender e avaliar esse fenômeno" (SUNDFELD, Carlos Ari; ROSILHO, André. *Tribunal de Contas da União no Direito e na realidade*. São Paulo: Almedina, 2020, p. 11).

outras sanções de direito administrativo. Contudo, outros acórdãos se mostraram relevantes para a pesquisa por tratarem de temas com repercussão na harmonização: a interação da atividade sancionadora de diversas instâncias punitivas e a sistemática da dosimetria para declaração da inidoneidade. Chegou-se a um total de 24 acórdãos.

A partir da leitura desse material, identificaram-se referências recorrentes a dois outros acórdãos – um de 2014, outro de 2016, ambos relevantes à análise por dialogarem diretamente com as decisões prolatadas entre 2018 e 2020. Por isso, eles foram acrescidos ao universo de pesquisa, ao final composto de um total de 26 acórdãos.[4]

As próximas seções trabalham o conteúdo dessas decisões, que se mostra útil para entender a visão do tribunal a respeito da necessidade de harmonização dos efeitos de sanções de direito administrativo. Além disso, o material também permite compreender como o TCU enxerga sua atribuição institucional sancionadora e alguns aspectos de como a coloca em prática. Antes, contudo, será feita breve contextualização da sanção de proibição para contratar com a administração pública.

[4] São eles: Acórdão 148/2014 – Plenário, rel. Min. substituto André Luís de Carvalho, j. 28.05.2014; Acórdão 348/2016, rel. Min. Walton Alencar Rodrigues, j. 24.02.2016; Acórdão 961/2018 – Plenário, rel. Min. Benjamin Zymler, j. 02.05.2018; Acórdão 1.640/2018 – Plenário, rel. Min. Vital do Rêgo, j. 18.07.2018; Acórdão 1.744/2018 – Plenário, rel. Min. Benjamin Zymler, j. 1º.08.2018; Acórdão 2.702/2018 – Plenário, rel. Min. Bruno Dantas, j. 21.11.2018; Acórdão 1.640/2018 – Plenário, rel. Min. Vital do Rêgo, j. 18.07.2018; Acórdão 2.168/2018 – Plenário, rel. Min. Benjamin Zymler, j. 12.09.2018; Acórdão 2.355/2018 – Plenário, rel. Min. Benjamin Zymler, j. 10.10.2018; Acórdão 61/2019 – Plenário, rel. Min. Bruno Dantas, j. 23.01.2019; Acórdão 424/2019 – Plenário, rel. Min. substituto André Luís de Carvalho, j. 27.02.2019; Acórdão 1.900/2019 – Plenário, rel. Min. Benjamin Zymler, j. 14.08.2019; Acórdão 2.453/2019 – Plenário, rel. Min. Bruno Dantas, j. 09.10.2019; Acórdão 2.638/2019 – Plenário, rel. Min. Bruno Dantas, j. 30.10.2019; Acórdão 148/2020 – Plenário, rel. Min. Bruno Dantas, j. 29.01.2020; Acórdão 160/2020 – Plenário, rel. Min. substituto Marcos Bemquerer Costa, j. 29.01.2020; Acórdão 300/2020 – Plenário, rel. Min. Vital do Rêgo, j. 12.02.2020; Acórdão 440/2020 – Plenário, rel. Min. Raimundo Carreiro, j. 04.03.2020; Acórdão 1.354/2020 – Plenário, rel. Min. substituto André Luís de Carvalho, j. 27.05.2020; Acórdão 1.430/2020 – Plenário, rel. Min. Vital do Rêgo, j. 03.06.2020; Acórdão 1.556/2020 – Plenário, rel. Min. Bruno Dantas, j. 17.06.2020; Acórdão 1.816/2020 – Plenário, rel. Min. Bruno Dantas, j. 15.07.2020; Acórdão 2.541/2020 – Plenário, rel. Min. Aroldo Cedraz, j. 23.09.2020; Acórdão 2.687/2020 – Plenário, rel. Min. substituto André Luís de Carvalho, j. 07.10.2020; Acórdão 3.163/2020 – Plenário, rel. Min. Vital do Rêgo, j. 25.11.2020; e Acórdão 3.175/2020 – Plenário, rel. Min. substituto André Luís de Carvalho, j. 25.11.2020.

3.2. A declaração de inidoneidade do TCU e outras sanções de proibição para contratar com a administração pública

O efeito da sanção de proibição para contratar com a administração é que o particular fica impedido, por tempo determinado, de participar de licitações e celebrar contratos com o poder público. Comumente, a medida é associada à ideia de particular que causa prejuízo à administração na posição de licitante ou de contratado. No entanto, ela não decorre necessariamente de prática ocorrida no âmbito de uma contratação pública.

Há, atualmente e no Brasil, várias normas legais que fundamentam a aplicação de tal sanção. Em nível federal, são: (i) art. 12, I a III, da LIA; (ii) art. 87, III e IV, da LGL; (iii) art. 46 da LOTCU; (iv) art. 38, II, da Lei do Cade; (v) art. 83, III, da Lei das Estatais; (vi) arts. 173, V, e 182 da Lei Geral de Telecomunicações; (vii) art. 78-A, V, da Lei da ANTT e da Antaq; (viii) art. 7º da Lei do Pregão (Lei n. 10.520/2002) e art. 28 do decreto que regula o pregão em sua modalidade eletrônica (Decreto federal n. 5.450/2005), com redações semelhantes; (ix) art. 47 do Regime Diferenciado de Contratação (Lei n. 12.462/2011); (x) art. 22, III, da Lei de Crimes Ambientais (Lei n. 9.605/1998); (xi) art. 2º, V, da Resolução da Aneel sobre imposição de penalidades aos concessionários, permissionários, autorizados e demais agentes de instalações e serviços de energia elétrica (Resolução Normativa n. 63/2004); e (xii) art. 156, III e IV, da LCP.

Há ainda quem entenda que a sanção possa ser aplicada com base no art. 19, II, da LAC – mesmo que o dispositivo não o diga expressamente.[5,6] Além disso, antes de haver a proibição do financiamento de campanha eleitoral por pessoa jurídica, também havia previsão da sanção no art. 81, § 3º, da Lei Eleitoral (Lei n. 9.504/1997), voltada a empresas que fizessem

[5] LAC: "Art. 19. Em razão da prática de atos previstos no art. 5º desta Lei, a União, os Estados, o Distrito Federal e os Municípios, por meio das respectivas Advocacias Públicas ou órgãos de representação judicial, ou equivalentes, e o Ministério Público, poderão ajuizar ação com vistas à aplicação das seguintes sanções às pessoas jurídicas infratoras: [...] II – suspensão ou interdição parcial de suas atividades" (BRASIL. *Lei n. 12.846, de 1º de agosto de 2013.* Dispõe sobre a responsabilização administrativa e civil de pessoas jurídicas pela prática de atos contra a administração pública, nacional ou estrangeira, e dá outras providências. Brasília: Presidência da República, 2013. Disponível em: http://www.planalto.gov.br/ccivil_03/_ato2011-2014/2013/lei/l12846.htm. Acesso em: 3 nov. 2022).

[6] Cf. Pereira, Cesar; Schwind, Rafael Wallbach. Autossaneamento (*self-cleaning*) e reabilitação no direito brasileiro anticorrupção. *Revista de Direito Administrativo Contemporâneo*, Belo Horizonte: Revista dos Tribunais, v. 20, p. 13-34, set.-out. 2015.

doações acima de 2% do faturamento bruto do ano anterior à eleição. O dispositivo, no entanto, foi revogado em 2015. Há também a legislação de estados e municípios, que prevê sanções semelhantes.

Dados revelam que a aplicação da sanção não é incomum: o CEIS mostra que, no final de 2020, 14.448 proibições para contratar com caráter sancionador estavam vigentes no Brasil.[7] Destas, 173 decorriam da inidoneidade declarada pelo TCU. O Gráfico 1 demonstra as leis mais utilizadas para fundamentar a aplicação da sanção – o TCU está incluído na seção "outros".[8]

Gráfico 1 – Fundamentos jurídicos das sanções aplicadas

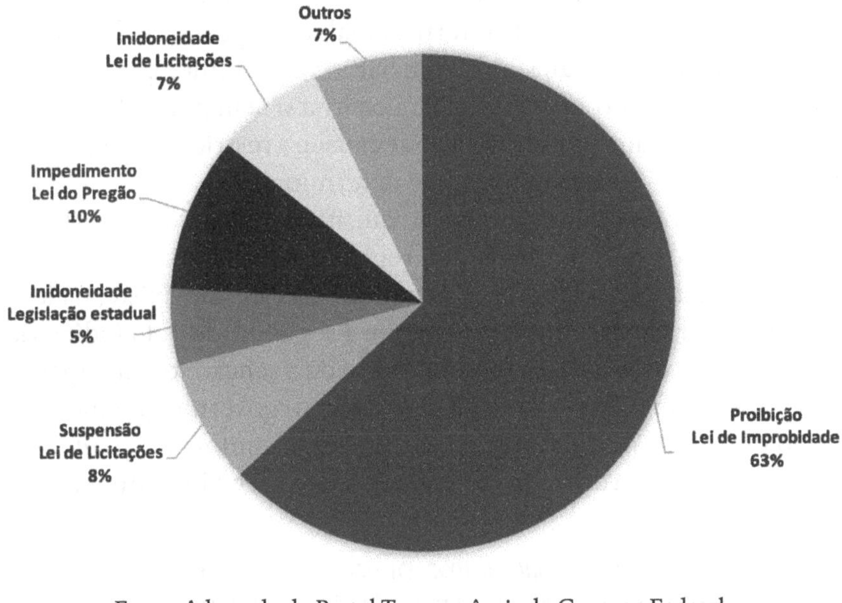

Fonte: Adaptado do Portal Transparência do Governo Federal.

Essa legislação varia no modo como denomina a sanção: *suspensão do direito de licitar*, *impedimento para contratar*, *declaração de inidoneidade* e *proibição para contratar* são os termos comumente utilizados. Varia também no grau de abrangência. Em alguns casos, a proibição vale apenas para as

7 Foram excluídas dessa contagem proibições decorrentes de decisões judiciais liminares, de natureza jurídica preventiva e não sancionadora.

8 Dados oficiais obtidos em: www.portaltransparencia.gov.br. Acesso em: 7 dez. 2020.

contratações da entidade ou do ente federativo que aplicou a sanção. Em outros, ela extrapola esses limites para alcançar contratações públicas de outros componentes da federação.

No caso do TCU, a norma de sua lei orgânica que dá fundamento à sanção dispõe que, "[v]erificada a ocorrência de fraude comprovada à licitação, o Tribunal declarará a inidoneidade do licitante fraudador para participar, por até cinco anos, de licitação na Administração Pública Federal" (art. 46).[9] Institui, portanto, critério de reabilitação temporal (até cinco anos) e circunda os efeitos restritivos a contratações públicas da União.

A proibição para contratar com a administração não é uma invenção brasileira e encontra correspondência em sanções administrativas aplicadas em outros países. As nomenclaturas corriqueiramente utilizadas para se referir a ela na comunidade internacional são *suspension* e *debarment*. Na legislação norte-americana, a diferenciação na terminologia é relevante: *suspension* diz respeito à proibição para contratar sem prazo determinado, que ficará vigente até que a situação que causou a restrição cesse, enquanto *debarment* designa a sanção por prazo determinado.[10]

Ambas têm previsão no Federal Acquisition Regulations (FAR), principal norma federal americana que regula contratações públicas, e são impostas apenas por integrantes da administração; não existe, na legislação norte-americana, sanção equivalente a ser aplicada pelo Judiciário ou por auditorias externas. Isso talvez decorra de a sanção ser enxergada não como punição, mas como uma proteção para o governo, que lhe garanta seleção de parceiros contratuais responsáveis, conforme aponta Jessica Tillipman.[11] A autora critica aqueles que enxergam no impedimento pura-

[9] BRASIL. *Lei n. 8.443, de 16 de julho de 1992.* Dispõe sobre a Lei Orgânica do Tribunal de Contas da União e dá outras providências. Brasília: Presidência da República, 1992. Disponível em: https://www.planalto.gov.br/ccivil_03/Leis/L8443.htm#:~:text=Lei%20N%C2%BA%20 8.443%2C%20DE%2016%20DE%20JULHO%20DE%201992.&text=Disp%C3%B5e%20 sobre%20a%20Lei%20Org%C3%A2nica,Uni%C3%A3o%20e%20d%C3%A1%20outras%20 provid%C3%AAncias. Acesso em: 3 nov. 2022.

[10] Block, Samantha. Defying Debarment: Judicial Review of Agency Suspension and Debarment Actions. *George Washington University Law Review*, Washington, George Washington University Law School, v. 86, n. 5, p. 1316-1347, set. 2018.

[11] "As FAR 9.4 makes clear, the government is required to use administrative suspension and debarment 'only in the public interest for the government's protection', to ensure that the government contracts with 'responsible' partners. [...] the system is not designed to punish contractors, debarment only applies to future contracts, task orders, and options to

mente uma forma de punição – e a literalidade da FAR parece respaldar seu posicionamento:

> Subparte 9.402
>
> (b) A natureza grave da *debarment* e da *suspension* exige que essas sanções sejam impostas apenas no interesse público para a proteção do Governo e não para fins de punição. As agências imporão a *debarment* ou a *suspension* para proteger os interesses do Governo e apenas pelas causas e de acordo com os procedimentos estabelecidos nesta subparte.[12]

A proibição para contratar também existe em países-membros da União Europeia, e, como nos EUA, é possível identificar práticas que sugerem preocupação maior com a proteção da administração contratante do que com a punição. A Diretiva 2014/24/UE, que contém recomendações relativas a contratos públicos, prevê o *self-cleaning* como medida para evitar a aplicação da sanção. A lógica é: se o particular comprovar que adotou medidas para impedir que a irregularidade por ele praticada ocorra novamente no futuro, a administração pode optar por não o sancionar.[13]

Possivelmente, devido à proibição para contratar, nessas jurisdições estrangeiras, ser enxergada primordialmente como forma de a administração obter bons parceiros comerciais, ficando sua finalidade punitiva em segundo plano, é que sua aplicação seja reservada à administração pública.

extend current contracts – it does not impact existing contract work with the government" (Tillipman, Jessica. A House of Cards Falls: Why "Too Big to Debar" Is All Slogan and Little Substance. *Fordham Law Review*, Nova York, Fordham University, n. 80, p. 50, 2012).

[12] ESTADOS UNIDOS DA AMÉRICA. *Federal Acquisition Regulations*. 2022. Disponível em: https://www.acquisition.gov/browse/index/far. Acesso em: 20 jan. 2023. Tradução livre.

[13] Diretiva 2014/24/EU: "Art. 57, 6: Any economic operator that is in one of the situations referred to in paragraphs 1 and 4 may provide evidence to the effect that measures taken by the economic operator are sufficient to demonstrate its reliability despite the existence of a relevant ground for exclusion. If such evidence is considered as sufficient, the economic operator concerned shall not be excluded from the procurement procedure. For this purpose, the economic operator shall prove that it has paid or undertaken to pay compensation in respect of any damage caused by the criminal offence or misconduct, clarified the facts and circumstances in a comprehensive manner by actively collaborating with the investigating authorities and taken concrete technical, organizational and personnel measures that are appropriate to prevent further criminal offences or misconduct" (EUROPEAN UNION. *Directive 2014/24/EU of the European Parliament and of the Council*. 2014. Disponível em: https://eur-lex.europa.eu/eli/dir/2014/24/oj. Acesso em: 3 nov. 2022).

Sope Williams-Elegbe argumenta, com base na legislação da União Europeia, dos EUA e da África do Sul, que a sanção pode ser, inclusive, um instrumento anticorrupção da administração pública, utilizado em seus processos de contratação.[14]

Assim, diferentemente do que ocorre no Brasil, nesses casos não há sanções originalmente impostas pelo Judiciário ou por órgãos de auditoria externos que consistam em estabelecer com quem a administração pode contratar, tendo Steven Schooner caracterizado a proibição para contratar como um "remédio essencialmente administrativo".[15]

Viram-se nos EUA algumas discussões feitas no Legislativo e no Judiciário sobre a sanção. O Congresso americano chegou a cobrar que o Executivo fizesse mais uso da punição, o que resultou na produção, pelo governo federal, em agosto de 2011, de relatório determinando que seus órgãos a utilizassem diante de fatos que comumente não resultavam em sua aplicação, como forma de garantir melhores contratos públicos.[16]

Samantha Block aponta que, nos anos que seguiram a publicação do relatório, houve significativo aumento no uso da sanção, o que levou à judicialização do tema por parte dos sancionados para que o Judiciário analisasse a pertinência da punição nos casos concretos.[17] Ambas as discussões

[14] Williams-Elegbe, Sope. *Fighting Corruption in Public Procurement*: A Comparative Analysis of Disqualification and Debarment Measures. Oxford: Heart Publishing, 2014, p. 47-93.

[15] "Suspension and debarment are administrative remedies available to the Federal Government to disqualify contractors or individuals from obtaining (although not necessarily performing) federal government contracts" (Schooner, Steven. The Paper Tiger Stirs: Rethinking Suspension and Debarment. *Public Procurement Law Review (Suspension and Debarment: Emerging Issues in Law and Policy)*, Washington, George Washington University Law School, v. 13, p. 2, 2004).

[16] "Suspensions and debarments can serve as powerful tools to help ensure that the government protects its interests by awarding contracts and grants only to responsible sources. The attention dedicated to these tools varies across the agencies we reviewed. Some agencies could benefit from adopting the practices we identified as common among agencies that have more active suspension and debarment programs. Because agency missions and organizational structures are unique, each agency must determine for itself the extent to which it can benefit from adopting these practices" (ESTADOS UNIDOS DA AMÉRICA. Government Accountability Office. *Suspension and Debarment*: Some Agency Programs Need Greater Attention, and Governmentwide Oversight Could be Improved. Ago. 2011, p. 22-23. Disponível em: https://digital.library.unt.edu/ark:/67531/metadc302451/m2/1/high_res_d/322795.pdf. Acesso em: 7 nov. 2022).

[17] "According to the Interagency Suspension and Debarment Committee ('ISDC'), suspension and debarment proceedings increased from 1,585 in 2010 to 2,938 in 2014. In

foram feitas como forma de aprimorar a aplicação da proibição para contratar pela administração, mas não para que outros Poderes pudessem ter competência para utilizá-la.

No caso do Brasil, desde 1992, com a edição da LIA e da LOTCU, tanto o Judiciário quanto o TCU possuem competência para proibir particulares de contratar com a administração pública. Conforme os dados apresentados no Gráfico 1, mais da metade das sanções aplicadas e vigentes no fim de 2020 eram provenientes desses órgãos – 63% com origem judicial. Além deles, a própria administração pública pode fazê-lo. A proibição para contratar é, portanto, um caso brasileiro de multiplicidade sancionadora.

3.3. A inidoneidade declarada pelo Tribunal de Contas da União

Embora os acórdãos tenham contextos fáticos diferentes entre si, sob o prisma da sanção, eles basicamente traziam duas situações: ou o particular havia sido sancionado em outra jurisdição pela mesma irregularidade e pedia que fosse feita alguma compensação na pena da jurisdição de contas para que não houvesse desproporcionalidade nos efeitos suportados, ou o particular sustentava que não poderia ser sancionado pelo TCU em razão da possibilidade de outra autoridade pública deter competência sancionadora sobre a mesma irregularidade.

Havia, portanto, uma situação em que a harmonização estava sendo requisitada pelo sancionado, e outra em que ela seria eventualmente necessária diante da futura aplicação de múltiplas punições. Em ambas, a discussão era feita sob a premissa da vedação ao *bis in idem* imposta pelo ordenamento jurídico brasileiro.

Com exceção de um único caso, julgado em 2014, o órgão reforçou sua autonomia em face de outras autoridades públicas com argumentos que, a seu ver, eximiam-no de promover qualquer articulação entre suas respectivas atividades sancionadoras, incidentes sobre uma mesma irregularidade. Vejamos a seguir quais argumentos são esses.

2015, suspension and debarments plateaued, staying at 2,791 per year. Nonetheless, the overall increase in exclusion actions resulted in many courts questioning whether suspension and debarment decisions complied with the requirements outlined in the FAR" (Block, Samantha. Defying Debarment: Judicial Review of Agency Suspension and Debarment Actions. *George Washington University Law Review*, Washington, George Washington University Law School, v. 86, n. 5, p. 1319, set. 2018).

3.3.1. Um caso isolado de harmonização de efeitos (acórdão 1.408/2014)

Em 28 de maio de 2014, o TCU julgou representação que poderia levar à declaração de inidoneidade de empresa acusada de praticar irregularidades em pregão promovido pelo Departamento Nacional de Produção Mineral (DNPM) (acórdão 1.408/2014). Em função da mesma conduta, a empresa havia sido anteriormente proibida de contratar com a administração pela CGU, em 22 de outubro de 2008 e por prazo indeterminado, com lastro na LGL (arts. 87, IV, § 3º, e 88, II e III). A empresa alegava que a eventual punição pelo TCU configuraria *bis in idem*.

A unidade técnica, na análise que fez sobre o caso, ressaltou que a sanção imposta pela CGU, à época ainda em vigor, já produzia efeitos práticos em relação a toda a administração pública federal, não tendo sido encontrados, desde a culminação da punição, registros de novas contratações com a empresa. Os efeitos, portanto, eram semelhantes àqueles que seriam gerados por eventual inidoneidade declarada pelo TCU.

Com base nessas considerações, a unidade técnica adotou posicionamento que, na prática, separou os conceitos de *finalidades* e *efeitos* das sanções aplicadas pela CGU e pelo TCU. Embora tenha ressalvado que as competências sancionadoras dos órgãos eram independentes, argumentou que, pragmaticamente, a aplicação sucessiva de sanções com os mesmos efeitos poderia gerar a desproporcionalidade da punição. Lembrou ainda que, como a sanção da CGU era de duração indeterminada, a inidoneidade do TCU teria pouco efeito prático. Veja-se:

> 43. No presente caso, entende-se que a fraude perpetrada pela Conservo ao Pregão Eletrônico 12/2005 e, subsequentemente, ao Pregão Presencial 18/2005, do DNPM, na qual se basearia eventual declaração de inidoneidade imposta por esta Corte de Contas, encontra-se abarcada pela prática dos atos ilícitos que motivaram a sanção aplicada pela CGU.
>
> 44. Em que pese tal fato não constituir, em si, impeditivo para a atuação do Tribunal, por se tratar de apenações decorrentes de dispositivos legais distintos e em razão de competências também distintas, há que se ponderar, como já feito nestes autos, que ambas as hipóteses produzem os mesmos efeitos práticos, qual seja, o impedimento da empresa de licitar e contratar com a Administração Pública.
>
> 45. A declaração proferida pela CGU encontra-se em vigor desde 22/10/2008, o que contabiliza mais de cinco anos até a presente data. Tendo isso em vista, aplicar simplesmente, ao caso, o argumento da independência

da atuação do TCU frente à instância administrativa para declarar a inidoneidade da empresa fraudadora poderia redundar em pena incompatível com os objetivos pretendidos pelo legislador, já que à sanção aplicada pela CGU somar-se-ia a imposta pelo Tribunal.

46. Os princípios da razoabilidade e da proporcionalidade impõem ao poder público o dever de ponderar, no caso concreto, a dosimetria adequada aos fatos que resultam em medidas sancionadoras. No que concerne aos presentes autos, considera-se que seria razoável, como apontado pelo *Parquet*, que a atuação do TCU considerasse, em eventual declaração de inidoneidade, a sanção prévia imputada pela CGU.

47. Na prática, tal sanção já contabiliza mais de cinco anos de vigência, o que representa um período de tempo que extrapola, inclusive, o próprio limite estabelecido no art. 46 da Lei 8.443/1992.

48. Desse modo, firma-se o entendimento de que eventual sanção nesse sentido, pelo Tribunal, configurar-se-ia apenação imoderada à empresa licitante, em dissonância, portanto, com os princípios da razoabilidade e proporcionalidade que regem a Administração Pública.[18]

A menção à manifestação do *Parquet* dizia respeito ao posicionamento do MPTCU quanto à convergência dos efeitos práticos produzidos pelas duas penalidades, ressaltando que eventual sanção pelo TCU teria reduzida eficácia, uma vez que estaria limitada pelo tempo decorrido da sanção anteriormente imputada. A unidade técnica, então, sustentou a perda do objeto, haja vista a declaração de inidoneidade perpetrada pela CGU, relativa ao mesmo objeto, que tornaria eventual punição a ser aplicada pelo TCU uma afronta ao princípio do *non bis in idem*.

A proposta de encaminhamento foi acatada pelo ministro relator, André Luís de Carvalho, e aceita por unanimidade no Plenário, tendo sido incorporadas as manifestações técnicas às razões da decisão:

[18] BRASIL. Tribunal de Contas da União (Plenário). *Acórdão 1.408/2014*. Representação. Operação "mão de obra". Oitiva da empresa envolvida na fraude à licitação. Rejeição dos argumentos. Inidoneidade já declarada pela CGU. Arquivamento. Relator: Min. substituto André Luís de Carvalho. Julgamento: 28 de maio de 2014, p. 5. Disponível em: https://pesquisa.apps.tcu.gov.br/#/documento/acordao-completo/*/NUMACORDAO%253A1408%2520ANOACORDAO%253A2014/DTRELEVANCIA%2520desc%252C%2520NUMACORDAOINT%2520desc/0/%2520. Acesso em: 8 nov. 2022.

> Acolho o encaminhamento proposto, incorporando os pareceres técnicos a estas razões de decidir, sem prejuízo de tecer as breves considerações adicionais que se seguem.
>
> 6. De fato, não se mostra necessário discutir, nestes autos, a suscitada eventual prescrição da pretensão punitiva administrativa, já que, no mérito, a presente representação resta prejudicada, ante a declaração de inidoneidade da empresa aplicada pela CGU, em face do mesmo objeto, isto é, em face da fraude ao certame, de sorte que a aplicação dessa mesma pena pelo TCU poderia configurar em afronta ao princípio do *non bis in idem*.
>
> 7. Ocorre que, no presente caso concreto, como bem indicou a unidade técnica, a pena aplicada pela CGU, declarando, em 22/10/2008, a inidoneidade da empresa Conservo para participar de licitações e celebrar contratos com a administração federal, por prazo indeterminado (fundamentada nos arts. 87, inciso IV, § 3º, e 88, incisos II e III, da Lei n. 8.666, de1993), já alberga o fim colimado desde o início do andamento deste processo, de modo que se mostra mais adequado o arquivamento destes autos, nos moldes propostos.[19]

É notável, no fundamento da decisão, a separação das óticas das finalidades e dos efeitos das sanções como racional para a conclusão da não aplicação da sanção. Ainda que se tenha ressaltado a autonomia das competências sancionadoras, a preocupação era com as repercussões práticas da sanção e eventuais desproporções que poderiam ser causadas à sancionada. Portanto, a não declaração da inidoneidade da empresa corretamente decorreu da harmonização entre sanções promovida no caso pelo TCU.

Além do relator, ministro André Luís de Carvalho, estavam presentes no julgamento os ministros Aroldo Cedraz, José Jorge, José Múcio Monteiro e Ana Arraes. Além deles, o ministro-substituto Weder de Oliveira. Foram ainda convocados os ministros-substitutos Augusto Sherman Cavalcanti e Marcos Bemquerer Costa. O procurador-geral em exercício era Lucas Rocha Furtado.

[19] BRASIL. Tribunal de Contas da União (Plenário). *Acórdão 1.408/2014*. Representação. Operação “mão de obra”. Oitiva da empresa envolvida na fraude à licitação. Rejeição dos argumentos. Inidoneidade já declarada pela CGU. Arquivamento. Relator: Min. substituto André Luís de Carvalho. Julgamento: j. 28 de maio de 2014, p. 7. Disponível em: https://pesquisa.apps.tcu.gov.br/#/documento/acordao-completo/*/NUMACORDAO%253A1408%2520ANOACORDAO%253A2014/DTRELEVANCIA%2520desc%252C%2520NUMACORDAOINT%2520desc/0/%2520. Acesso em: 8 nov. 2022.

3.3.2. Padronização da contagem de prazo para múltiplas inidoneidades declaradas na jurisdição de contas e seus impactos na harmonização de efeitos (acórdãos 348/2016 e 2.702/2018)

Em 24 de fevereiro de 2016, sob relatoria do ministro Walton Alencar Rodrigues, o TCU proferiu o acórdão 348. Tratava-se de processo administrativo cujo objetivo era a realização de estudos para averiguar a regularidade dos procedimentos adotados pela CGU, para o cadastro de múltiplas inidoneidades declaradas pelo TCU a um mesmo agente, e para verificar se os efeitos da sanção alcançavam licitações realizadas por estados e municípios à conta de recursos federais.

A preocupação do TCU que motivou o início do processo administrativo era de que o cadastro simultâneo de inidoneidades declaradas na mesma época, mas em razão de irregularidades distintas, na prática atenuaria as punições. É que, se diferentes proibições para contratar vigessem ao mesmo tempo, integralmente ou em parte, seria como se uma sanção mais branda tivesse sido aplicada, uma vez que elas têm os mesmos efeitos concretos. Havia, portanto, uma preocupação do órgão com eventual desproporcionalidade da punição, que poderia, na prática, restar subdimensionada.[20] Por unanimidade, decidiu-se o seguinte:

[20] "Como bem destacado pelo Exmo. Ministro Benjamin Zymler, havendo mais de uma declaração de inidoneidade pelo TCU, o procedimento adotado pela CGU resulta na aleatoriedade da duração do conjunto das penas, que fica dependente das datas em que transitarem em julgado as decisões proferidas pelo TCU. Tomando por empréstimo o exemplo hipotético oferecido por Sua Excelência, existindo três decisões do TCU que declarem a inidoneidade de licitante por fatos distintos, independentes e autônomos, cada uma pelo prazo de um ano, poder-se-ia configurar as seguintes situações: – se as decisões transitarem em julgado na mesma data, a sociedade empresária ficará impossibilitada de participar de licitações por 1 ano, o que resulta em perda total da efetividade da segunda e da terceira punições; – se as decisões transitarem em julgado com intervalo de um mês, a sociedade estará impedida de participar de licitação por 1 ano e 2 meses, o que implica perda de parte da efetividade da segunda e da terceira punições; e – se as decisões transitarem em julgado com intervalo superior a 1 ano, a suspensão ocorrerá pelo prazo total de 3 anos, caracterizando a efetividade das três punições. Como visto, o procedimento adotado pela CGU resulta, no segundo caso, em mitigação injustificada e não pretendida das punições posteriormente impostas pelo TCU. No primeiro caso, a ausência de punição do licitante fraudador por condutas subsequentes igualmente reconhecidas pelo TCU como antijurídicas e sujeitas à mesma pena anteriormente aplicada. [...] A sobreposição dos períodos de inidoneidade vai de encontro a duas das principais características das penas, a proporcionalidade, por desequilibrar a proporção entre o prazo de afastamento e a gravidade das infrações cometidas, e a inderrogabilidade, por aquiescer ao não cumprimento de parte da sanção" (BRASIL.

> 1. A declaração de inidoneidade, emanada de decisão do TCU, com fulcro no art. 46 da Lei 8.443/1992, abrange as licitações e contratações diretas promovidas por estados e municípios, cujos objetos sejam custeados por recursos oriundos de transferências voluntárias da União.
> 2. As sanções de declaração de inidoneidade impostas pelo TCU a um mesmo agente deverão ser cumpridas sucessivamente.
> 3. Aplica-se analogicamente os procedimentos previstos nos §§ 1º e 2º do art. 75 do Código Penal Brasileiro, para limitar o cumprimento do conjunto das sanções ao limite de cinco anos.
> 4. Sobrevindo condenação, após o encerramento da execução, a nova sanção deve ser cumprida integralmente.
> 5. Cabe à Controladoria-Geral da União – CGU aplicar os critérios estabelecidos nos §§ do art. 75 do CPB para estabelecer o tempo de cumprimento do conjunto de sanções.[21]

Quanto ao primeiro ponto, embora não seja relacionado à contagem do prazo da sanção, encontrou-se uma oportunidade para resolver questão que já havia se colocado anteriormente nas decisões do tribunal: qual a abrangência dos efeitos da inidoneidade declarada pelo TCU? Ela valeria apenas às contratações realizadas por órgãos e entidades federais ou também recairia sobre outros entes federativos?[22] A solução teve fundamento

Tribunal de Contas da União [Plenário]. *Acórdão 348/2016*. Processo Administrativo acerca do alcance da declaração de inidoneidade efetuada pelo Tribunal e da sistemática adequada para a execução de sucessivas penas aplicadas à mesma empresa. Relator: Min. Walton Alencar Rodrigues. Julgamento: 24 de fevereiro de 2016, p. 54-55. Disponível em: https://pesquisa.apps.tcu.gov.br/#/documento/acordao-completo/*/NUMACORDAO%253A348/DTRELEVANCIA%2520desc%252C%2520NUMACORDAOINT%2520desc/18/%2520. Acesso em: 8 nov. 2022).

[21] BRASIL. Tribunal de Contas da União (Plenário). *Acórdão 348/2016*. Processo Administrativo acerca do alcance da declaração de inidoneidade efetuada pelo Tribunal e da sistemática adequada para a execução de sucessivas penas aplicadas à mesma empresa. Relator: Min. Walton Alencar Rodrigues. Julgamento: 24 de fevereiro de 2016, p. 1. Disponível em: https://pesquisa.apps.tcu.gov.br/#/documento/acordao-completo/*/NUMACORDAO%253A348/DTRELEVANCIA%2520desc%252C%2520NUMACORDAOINT%2520desc/18/%2520. Acesso em: 8 nov. 2022.

[22] A discussão é semelhante àquela feita no âmbito da proibição para contratar da LGL, sobre a qual Marçal Justen Filho se posiciona da seguinte forma: "É pacífico que a declaração de inidoneidade acarreta um impedimento generalizado à participação em licitação. O sujeito sancionado com a inidoneidade é reputado como destituído dos requisitos de confiabilidade

em premissa *follow the money*: independentemente de quem promove a contratação, se o dinheiro gasto tiver origem federal, incidirá a proibição.

Embora possa soar estranho que órgão de controle federal detenha esse tipo de competência sobre outros entes federativos, a lógica empregada na decisão está de acordo com a prerrogativa constitucional do controle externo da União de fiscalização da aplicação de recursos repassados voluntariamente a estados e municípios (art. 71, VI). Afinal, se a sanção visa impedir que parceiros inadequados recebam recursos federais, tal objetivo persiste independentemente de quem seja o contratante.

Em relação aos demais pontos, eles, em síntese, instituíram que os valores de múltiplas inidoneidades deveriam ser somados para fins de cumprimento de pena. Contudo, o total estaria limitado pelos cinco anos previstos no art. 46 da LOTCU para duração da sanção. No caso de haver sanção em andamento e sobrevier condenação por fato posterior ao início do seu cumprimento, a soma deveria considerar apenas o prazo restante, ignorando aquele já cumprido. Sendo o fato anterior ao início do cumprimento da punição, a sanção deveria ser lançada no montante total previamente unificado. Além disso, tendo a pena sido integralmente cumprida, e sobrevindo nova condenação, a nova pena deveria ser cumprida em sua integralidade. Em todo caso, a contagem se inicia com o trânsito em julgado da condenação.[23]

para estabelecer relacionamento contratual com a Administração Pública em geral. Portanto, o sancionamento a ele imposto por um determinado órgão produz eficácia ampla. O sujeito declarado inidôneo não poderá participar de licitações nem ser contratado no âmbito de qualquer sujeito integrante da Administração Pública, mesmo em órbita federativa distinta daquela que impõe a sanção. A disciplina lacônica da Lei de Licitações dificulta, no entanto, a definição da eficácia da suspensão temporária, prevista no inc. III do art. 87. Existem distinções formais entre as figuras, mas não há uma solução cristalina. É inquestionável que a suspensão produz efeitos relativamente à entidade que impôs o sancionamento. Mas há controvérsias sobre a eficácia da punição perante terceiros" (JUSTEN FILHO, Marçal. *Comentários à Lei de Licitações e Contratos Administrativos*. 18. ed. São Paulo: Revista dos Tribunais, 2019, p. 1477).

[23] BRASIL. Tribunal de Contas da União (Plenário). *Acórdão 348/2016*. Processo Administrativo acerca do alcance da declaração de inidoneidade efetuada pelo Tribunal e da sistemática adequada para a execução de sucessivas penas aplicadas à mesma empresa. Relator: Min. Walton Alencar Rodrigues. Julgamento: 24 de fevereiro de 2016, p. 60. Disponível em: https://pesquisa.apps.tcu.gov.br/#/documento/acordao-completo/*/NUMACORDAO%253A348/DTRELEVANCIA%2520desc%252C%2520NUMACORDAOINT%2520desc/18/%2520. Acesso em: 8 nov. 2022.

A concepção desse racional deu-se a partir de analogia com o método de unificação de penas previsto no art. 75 do CP.[24] No voto, acatado pela unanimidade do Plenário, o relator ponderou que, embora o direito penal e o direito administrativo sancionador possuam fundamentos jurídicos diferentes, há princípios que incidem sobre eles igualmente. Seria o caso do da vedação constitucional à aplicação de penas de caráter perpétuo (art. 5º, XLVII), "o qual se irradia por todo o sistema jurídico, orientando a interpretação, a integração e a aplicação de todas as normas de caráter sancionatório".[25]

Fica claro no voto que, para o TCU, o fundamento autorizador da analogia seria a vedação a pena de caráter perpétuo, aliado ao fato de o resultado ser favorável ao agente sancionado:

> Não existe óbice à utilização, mediante analogia, do procedimento descrito nos parágrafos do art. 75 do Código Penal, para limitar as declarações de inidoneidade concomitantes. Primeiro porque existe identidade entre a razão jurídica para a limitação temporal da proibição de licitar com a Administração Pública Federal, declarada pelo TCU com base no artigo 46 da Lei 8.443/1992, e o substrato jurídico para limitação de tempo de clausura, prevista no CPB, qual seja, a vedação ao cumprimento de penas de caráter perpétuo. Também por tratar-se de analogia manifestamente favorável ao agente (*in bonam partem*), na medida em que estende proteção antes restrita apenas às pessoas físicas condenadas às penas privativas de liberdade.[26]

[24] CP: "Art. 75. O tempo de cumprimento das penas privativas de liberdade não pode ser superior a 40 (quarenta) anos. § 1º Quando o agente for condenado a penas privativas de liberdade cuja soma seja superior a 40 (quarenta) anos, devem elas ser unificadas para atender ao limite máximo deste artigo. § 2º Sobrevindo condenação por fato posterior ao início do cumprimento da pena, far-se-á nova unificação, desprezando-se, para esse fim, o período de pena já cumprido" (BRASIL. *Decreto-Lei n. 2.848, de 7 de dezembro de 1940*. Código Penal. Brasília: Presidência da República, 1940. Disponível em: https://www.planalto.gov.br/ccivil_03/decreto-lei/del2848compilado.htm. Acesso em: 5 nov. 2022).

[25] BRASIL. Tribunal de Contas da União (Plenário). *Acórdão 348/2016*. Processo Administrativo acerca do alcance da declaração de inidoneidade efetuada pelo Tribunal e da sistemática adequada para a execução de sucessivas penas aplicadas à mesma empresa. Relator: Min. Walton Alencar Rodrigues. Julgamento: 24 de fevereiro de 2016, p. 57. Disponível em: https://pesquisa.apps.tcu.gov.br/#/documento/acordao-completo/*/NUMACORDAO%253A348/DTRELEVANCIA%2520desc%252C%2520NUMACORDAOINT%2520desc/18/%2520. Acesso em: 8 nov. 2022.

[26] BRASIL. Tribunal de Contas da União (Plenário). *Acórdão 348/2016*. Processo Administrativo acerca do alcance da declaração de inidoneidade efetuada pelo Tribunal e da sistemática

Interessante foi que o caso mostrou alguma divergência entre a posição adotada no final pela Corte de Contas, também compartilhada por sua unidade de assessoramento jurídico, e a que a Secretaria de Recursos (Serur) considerava mais adequada. Embora todos entendessem possível a analogia com institutos penais, a Serur argumentou que a limitação temporal de cinco anos poderia ser insuficiente para garantir a lisura nas contratações públicas. Por isso, sugeriu que se adotasse, também por analogia, a limitação de trinta anos para penas restritivas de liberdade à época vigentes.[27,28]

O TCU, todavia, entendeu que o uso dos trinta anos para limitar a declaração de inidoneidade não seria adequado. Primeiro porque seria estender demasiadamente os limites da analogia, em prejuízo dos princípios da razoabilidade e da proporcionalidade. Segundo que, embora o limite de cinco anos, trazido no art. 46 da LOTCU, refira-se a cada ocorrência isolada de irregularidade, seria incabível, à luz do princípio da legalidade, a definição arbitrária de qualquer outro limite. Terceiro, o afastamento compulsório do licitante por prazo tão longo é inútil, desnecessário e incapaz de cumprir a função social da empresa.[29]

adequada para a execução de sucessivas penas aplicadas à mesma empresa. Relator: Min. Walton Alencar Rodrigues. Julgamento: 24 de fevereiro de 2016, p. 58. Disponível em: https://pesquisa.apps.tcu.gov.br/#/documento/acordao-completo/*/NUMACORDAO%253A348/DTRELEVANCIA%2520desc%252C%2520NUMACORDAOINT%2520desc/18/%2520. Acesso em: 8 nov. 2022.

[27] BRASIL. Tribunal de Contas da União (Plenário). *Acórdão 348/2016*. Processo Administrativo acerca do alcance da declaração de inidoneidade efetuada pelo Tribunal e da sistemática adequada para a execução de sucessivas penas aplicadas à mesma empresa. Relator: Min. Walton Alencar Rodrigues. Julgamento: 24 de fevereiro de 2016, p. 50. Disponível em: https://pesquisa.apps.tcu.gov.br/#/documento/acordao-completo/*/NUMACORDAO%253A348/DTRELEVANCIA%2520desc%252C%2520NUMACORDAOINT%2520desc/18/%2520. Acesso em: 8 nov. 2022.

[28] Em 2019, o *caput* do art. 75 do CP foi alterado, por meio da Lei n. 13.964, para que a limitação das penas privativas de liberdade passasse a ser de quarenta anos.

[29] BRASIL. Tribunal de Contas da União (Plenário). *Acórdão 348/2016*. Processo Administrativo acerca do alcance da declaração de inidoneidade efetuada pelo Tribunal e da sistemática adequada para a execução de sucessivas penas aplicadas à mesma empresa. Relator: Min. Walton Alencar Rodrigues. Julgamento: 24 de fevereiro de 2016, p. 57. Disponível em: https://pesquisa.apps.tcu.gov.br/#/documento/acordao-completo/*/NUMACORDAO%253A348/DTRELEVANCIA%2520desc%252C%2520NUMACORDAOINT%2520desc/18/%2520. Acesso em: 8 nov. 2022.

De acordo com o órgão, a ameaça de afastamento de contratos públicos por trinta anos não intimidaria mais que a de afastamento por dez anos, por exemplo. Isso porque o faturamento de licitantes concentra-se nas vendas para o estado, de modo que o impedimento de contratar com o setor público por tempo excessivo conduziria ao encerramento das atividades empresariais, o que não seria a finalidade da lei.[30]

Além do relator, ministro Walter Alencar Rodrigues, estavam presentes no julgamento os ministros Raimundo Carreiro, Benjamin Zymler, José Múcio Monteiro, Ana Arraes, Bruno Dantas e Vital do Rêgo; os ministros-substitutos Marcos Bemquerer Costa e Weder de Oliveira, tendo sido ainda convocado o ministro-substituto Augusto Sherman Cavalcanti. O procurador-geral em exercício era Lucas Rocha Furtado, embora o MPTCU não tenha atuado no caso.

Quase três anos depois, em 21 de novembro de 2018, por meio do acórdão 2.702, o tribunal julgou pedido de reexame interposto pelo MPTCU contra essa sua decisão. A ausência de limite temporal para o conjunto das sanções era o pedido principal, sustentada com base nos seguintes argumentos:

a) "A declaração de inidoneidade é pena importante para a conformação de um sistema de sanções que cumpra com sua missão de não só reprimir e sancionar condutas reprováveis, como também dissuadir os agentes econômicos de cometerem novas condutas ilícitas";

b) não deve o TCU estabelecer limite temporal para a cumulação de sanções sem que haja expressa previsão legal a respeito. Tal medida "traz o risco de indevida restrição à atuação do TCU no exercício de sua missão constitucional de controle externo e ao seu poder sancionador legalmente fixado, com indesejável descrença na instituição e no ordenamento jurídico por parte dos infratores contumazes";

c) a exigência de cumprimento de todas as declarações de inidoneidade não configura sanção perpétua. Com efeito, "o conceito de perpetuidade

[30] BRASIL. Tribunal de Contas da União (Plenário). *Acórdão 348/2016*. Processo Administrativo acerca do alcance da declaração de inidoneidade efetuada pelo Tribunal e da sistemática adequada para a execução de sucessivas penas aplicadas à mesma empresa. Relator: Min. Walton Alencar Rodrigues. Julgamento: 24 de fevereiro de 2016, p. 57. Disponível em: https://pesquisa.apps.tcu.gov.br/#/documento/acordao-completo/*/NUMACORDAO%253A348/DTRELEVANCIA%2520desc%252C%2520NUMACORDAOINT%2520desc/18/%2520. Acesso em: 8 nov. 2022.

da pena não se aplica, no caso em tela, à pessoa jurídica, pois a vigência da sociedade empresária é, em princípio, indeterminada", não se justificando a adoção de limite temporal aplicável ao cidadão, sujeito a uma expectativa média de vida;

d) a efetividade da punição advém "do cumprimento das sanções de forma integral, sem a detração de qualquer dia do prazo de cada uma das condenações". "A exemplo da pena de multa, que deve ser aplicada em virtude de cada ilícito cometido, sem limite máximo, não deve o Tribunal restringir, sem respaldo legal, o seu poder-dever de punir aqueles que desafiam a ordem jurídica vigente, sob pena de prevalecer a impunidade".[31]

Porém, caso o tribunal entendesse necessário limitar as sanções, requereria que o prazo máximo para a cumulação fosse de trinta anos, por analogia à limitação à época prevista no *caput* do art. 75 do CP, semelhante ao entendimento esboçado pela Serur no processo de 2016. Além disso, quanto à sistemática de execução das sanções, sustentava que deveria haver o cumprimento sucessivo, sem necessidade de somá-las ou unificá-las.

O TCU, por motivos similares aos que anteriormente o haviam levado a recusar a proposta da Serur, não acolheu os pedidos do MPTCU e manteve os termos instituídos no acórdão 348/2016, apenas lhe dando nova redação para deixar mais claro o modo de unificação das sanções.[32]

No julgamento, estavam presentes os ministros Raimundo Carreiro, Walton Alencar Rodrigues, Benjamin Zymler, Augusto Nardes, José Múcio

[31] BRASIL. Tribunal de Contas da União (Plenário). *Acórdão 2.702/2018*. Pedido de reexame interposto pelo MPTCU contra deliberação proferida em processo administrativo que teve por finalidade definir a sistemática de cumprimento das declarações de inidoneidade prevista no art. 46 da Lei 8.443/1992, caso um mesmo licitante sofra mais de uma sanção em períodos que se sobreponham. Relator: Min. Bruno Dantas. Julgamento: 21 de setembro de 2018, p. 2. Disponível em: https://pesquisa.apps.tcu.gov.br/#/documento/acordao-completo/*/NUMACORDAO%253A2702/DTRELEVANCIA%2520desc%252C%2520NUMACORDAOINT%2520desc/11/%2520. Acesso em: 8 nov. 2022.

[32] BRASIL. Tribunal de Contas da União (Plenário). *Acórdão 2.702/2018*. Pedido de reexame interposto pelo MPTCU contra deliberação proferida em processo administrativo que teve por finalidade definir a sistemática de cumprimento das declarações de inidoneidade prevista no art. 46 da Lei 8.443/1992, caso um mesmo licitante sofra mais de uma sanção em períodos que se sobreponham. Relator: Min. Bruno Dantas. Julgamento: 21 de setembro de 2018, p. 46. Disponível em: https://pesquisa.apps.tcu.gov.br/#/documento/acordao-completo/*/NUMACORDAO%253A2702/DTRELEVANCIA%2520desc%252C%2520NUMACORDAOINT%2520desc/11/%2520. Acesso em: 8 nov. 2022.

Monteiro, Ana Arraes, Bruno Dantas (relator) e Vital do Rêgo. Além deles, os ministros-substitutos Marcos Bemquerer Costa, André Luís de Carvalho e Weder de Oliveira. A procuradora-geral em exercício era Cristina Machado da Costa e Silva – o pedido de reexame havia sido feito pelo subprocurador-geral Paulo Soares Bugarin e pelo procurador Júlio Marcelo de Oliveira.

Embora os casos não tratem diretamente da harmonização de sanções, eles constroem premissas relevantes para unificação de diferentes inidoneidades declaradas na jurisdição de contas, cujo racional demonstra como articular a devida punição ao agente que praticou irregularidades com suas garantias constitucionais e legais de proporcionalidade da pena. Essas premissas podem ser aproveitadas à harmonização de sanções.

Ponto particularmente relevante que se viu no debate foi o recurso da analogia ao CP para solucionar questões não disciplinadas na legislação da Corte de Contas. Quando da análise da limitação temporal da sanção e do modo de contabilização de sanções sucessivas, o tribunal reconheceu ser preciso identificar quais temas são trabalhados nas normas que lhes são endereçadas e quais deles não são abordados por elas e, por isso, estão sujeitos à analogia.

No caso, a limitação da sanção a cinco anos, como é tema explícito na lei, não demandava aproximações com a norma penal, não havendo razões para que se acolhesse o pedido do MPTCU para utilização do prazo de trinta anos como parâmetro da punição máxima. Contudo, outros pontos relevantes, como a cumulação de sanções, por não encontrarem previsão na legislação específica, podem ser resolvidos por analogia. A solução deu àqueles sujeitos ao exercício do poder sancionador do TCU alguma segurança jurídica, podendo, em princípio, ter alguma previsibilidade sobre o que esperar de eventual punição.

Em vista do caso, as seguintes premissas podem ser extraídas do debate realizado: é necessário haver proporcionalidade nos efeitos punitivos percebidos pelo sancionado – entendimento que, por óbvio, serve tanto à hipótese de efeitos subdimensionados como à de efeitos hiperdimensionados; verificada lacuna normativa, é possível analogia com institutos do direito penal se não houver prejuízo ao sancionado; não é o propósito da declaração de inidoneidade encerrar definitivamente as atividades da empresa, mas apenas punir pela irregularidade cometida, devendo ser observada a função social da empresa.

Essas três premissas, embora não sejam particularmente direcionadas à harmonização de efeitos das sanções, são genéricas ao exercício do poder sancionador do TCU. E, por motivo de coerência no modo de exercício do poder, deveriam a partir de então ser utilizadas como parâmetro para casos futuros.

3.3.3. Discussões que envolviam declaração de inidoneidade e *bis in idem* que diziam respeito a efeitos da sanção e necessidade de harmonização

Apesar de o TCU ter reconhecido a necessidade de harmonizar sanções cujo efeito era o de proibição para contratar com a administração (acórdão 1.408/2014), e de ter demonstrado preocupação com a possibilidade de múltiplas inidoneidades declaradas na jurisdição de contas levarem a efeitos sancionadores desproporcionais e com possíveis consequências indesejadas (acórdãos 348 e 2.702), ele não realizou a harmonização no período analisado.

Vale dizer que em todos os casos analisados nesta seção a composição do tribunal permaneceu a mesma e teve poucas alterações em relação aos acórdãos anteriormente trabalhados. No período, estiveram como ministros Raimundo Carreiro, Benjamin Zymler, Augusto Nardes, José Múcio Monteiro e Ana Arraes. Como ministros-substitutos, Augusto Sherman Cavalcanti, Marcos Bemquerer Costa, André Luís de Carvalho e Weder de Oliveira. No cargo de procuradora-geral do MPTCU, Cristina Machado da Costa e Silva.

Logo após a reforma da LINDB, o TCU, em 2 de maio de 2018, julgou embargos de declaração em que a empresa embargante alegava que o tribunal, ao declará-la inidônea pelo prazo de três anos, havia deixado de considerar na dosimetria o fato de a CGU ter previamente aplicado sanção com os mesmos efeitos, referente aos mesmos fatos irregulares, e de parte dessa sanção já ter sido cumprida. O caso dizia respeito a fraudes nas licitações conduzidas pela Petrobras, relacionadas a obras de implantação da Refinaria Abreu e Lima.[33]

[33] BRASIL. Tribunal de Contas da União (Plenário). *Acórdão 961/2018*. Implantação da Refinaria Abreu e Lima. Formação de cartel. Fraudes nas licitações. Declaração de inidoneidade. Embargos de Declaração. Conhecimento. Ausência de contradição, obscuridade ou omissão. Não acolhimento. Relator: Min. Benjamin Zymler. Julgamento: 2 de maio de 2018. Disponível em: https://pesquisa.apps.tcu.gov.br/#/documento/acordao-completo/*/

A empresa sustentava que a culminação da sanção pelo TCU deveria, por analogia ao art. 42 do CP, e em função da vedação ao *bis in idem*, realizar a *detração* considerando a inidoneidade aplicada pela CGU com base na LGL:

> No caso presente, a efetiva dosimetria da sanção a ser imposta por esse Tribunal perpassa pela indispensável detração do período já cumprido pela empresa em resposta à sanção de idêntica natureza imposta pela CGU, como instrumento apto a permitir a observância dos princípios em tela, conforme disposição do Direito Penal que pode (e deve) ser devidamente adaptada ao Direito Administrativo Sancionador. Até porque, olvidar-se dessa garantia legal também implica em violação a uma série de outros princípios constitucionais igualmente aplicáveis à esfera administrativa, a exemplo da pessoalidade, da culpabilidade e da vedação ao *bis in idem*. Afinal, se estamos diante dos mesmos fatos, apurados por diferentes órgãos de controle, cuja resposta tem idênticos efeitos e se o que se busca é a aplicação de penalidade que possui caráter não apenas sancionatório, mas educativo, não se mostra legítimo deixar de compatibilizar essas diferentes manifestações de um poder estatal (*o jus puniendi*) [...].[34]

O ministro relator, Benjamin Zymler, em seu voto aderido pela unanimidade do Plenário, rebateu a pretensão dizendo já ter o STF decidido que, em virtude da autonomia entre instâncias, não constitui *bis in idem* a aplicação de sanção pelo TCU e pela administração em razão dos mesmos fatos. Como fundamento do argumento, cita o MS 22.728.

Contudo, a discussão constitucional referida abordava a possibilidade de ocorrer a punição pelo mesmo fato em esferas distintas, não da realização de detração em função dos efeitos sancionadores percebidos pelo particular. Tratava-se, inclusive, de sanções com efeitos diferentes: multa,

NUMACORDAO%253A961/DTRELEVANCIA%2520desc%252C%2520NUMACORDAOINT%2520desc/12/%2520. Acesso em: 8 nov. 2022.

[34] BRASIL. Tribunal de Contas da União (Plenário). *Acórdão 961/2018*. Implantação da Refinaria Abreu e Lima. Formação de cartel. Fraudes nas licitações. Declaração de inidoneidade. Embargos de Declaração. Conhecimento. Ausência de contradição, obscuridade ou omissão. Não acolhimento. Relator: Min. Benjamin Zymler. Julgamento: 2 de maio de 2018, p. 4. Disponível em: https://pesquisa.apps.tcu.gov.br/#/documento/acordao-completo/*/NUMACORDAO%253A961/DTRELEVANCIA%2520desc%252C%2520NUMACORDAOINT%2520desc/12/%2520. Acesso em: 8 nov. 2022.

aplicada pelo TCU, e cassação de aposentadoria, aplicada pela administração.[35] Não era objeto da análise do Supremo, portanto, a necessidade de uma instância abater de sua sanção parte da pena já cumprida pelo sancionado, decorrente da punição vinda de outra instância.

Alguns meses depois, em 12 de setembro de 2018, outro caso levou o TCU a se manifestar sobre o tema. Dizia respeito a possíveis irregularidades relacionadas à contratação da Empresa Brasileira de Correios e Telégrafos (ECT).[36] Uma das empresas particulares que estavam sendo acusadas de praticar irregularidades já havia sido apenada pela ECT com a proibição para contratar e o prazo para encerramento dos efeitos da sanção estava próximo.

Ela alegava que, fosse a inidoneidade declarada pelo TCU, a sanção teria caráter de extermínio, visto que a cumulação entre a sanção imposta pela ECT (48 meses) e a pretendida pela unidade técnica do TCU (60 meses) levaria, na prática, a 108 meses de vigência do impedimento para contratar. Nesse sentido, a sanção do TCU constituiria *bis in idem*. Em resposta, a unidade técnica do tribunal asseverou que "não cabe ao TCU avaliar os possíveis efeitos resultantes da aplicação da sanção prevista no art. 46 da Lei 8.443/92 à empresa".[37]

[35] Veja-se o que diz trecho da ementa do julgado: "Inexistência do 'bis in idem' pela circunstância de, pelos mesmos fatos, terem sido aplicadas a pena de multa pelo Tribunal de Contas da União e a pena de cassação da aposentadoria pela Administração. Independência das instâncias" (BRASIL. Supremo Tribunal Federal [Plenário]. *Mandado de Segurança 22.728/PR*. Mandado de segurança. Servidor público. Penalidade de cassação da aposentadoria por improbidade administrativa e por aplicação irregular de dinheiros públicos. – Inexistência de nulidade do processo dirigido pela nova comissão processante, porquanto, além de não haver ofensa ao artigo 169 da Lei 8.112/90, não houve prejuízo para a impetrante. – Improcedência da alegação de ocorrência de prescrição. [...]. Relator: Min. Moreira Alves. Julgamento: 22 de janeiro de 1998. Disponível em: https://jurisprudencia.stf.jus.br/pages/search/sjur110527/false. Acesso em: 8 nov. 2022).

[36] BRASIL. Tribunal de Contas da União (Plenário). *Acórdão 2.168/2018*. Denúncia. Empresa Brasileira de Correios e Telégrafos. Licitações para a prestação de serviços de transporte de carga postal. Utilização de empresa para burlar a sanção aplicada pela estatal em outras entidades vinculadas. [...]. Relator: Min. Benjamin Zymler. Julgamento: 12 de setembro de 2018. Disponível em: https://pesquisa.apps.tcu.gov.br/#/documento/acordao-completo/*/NUMACORDAO%253A2168/DTRELEVANCIA%2520desc%252C%2520NUMACORDAOINT%2520desc/12/%2520. Acesso em: 8 nov. 2022.

[37] BRASIL. Tribunal de Contas da União (Plenário). *Acórdão 2.168/2018*. Denúncia. Empresa Brasileira de Correios e Telégrafos. Licitações para a prestação de serviços de transporte de carga postal. Utilização de empresa para burlar a sanção aplicada pela estatal em outras

Segundo o relator do caso, ministro Benjamin Zymler, a sanção aplicada pela ECT dizia respeito a irregularidades ocorridas em 2011, enquanto eram objeto da fiscalização do TCU irregularidades praticadas a partir do ano de 2013.[38] Daí que eventual harmonização de sanções, nesse caso, adotaria lógica semelhante àquela do acórdão 348/2016 e colocaria um limite para a vigência da inidoneidade, considerando, no entanto, sanções aplicadas em outras esferas punitivas.

Apesar de não ter ficado explícito na decisão final se houve ou não adesão ao argumento da unidade técnica de que o TCU não deve se preocupar com os efeitos práticos da sanção, terminou-se por aplicar à empresa a inidoneidade pelo prazo de quatro anos – o que, somado à sanção da ECT, totalizou oito anos de impedimento para contratar com a administração pública.

No voto, o relator limitou-se a dizer que, por se tratar de irregularidades diferentes, não haveria *bis in idem* na punição. Não houve menção aos eventuais efeitos desproporcionais da pena ou à limitação de cinco anos para vigência da inidoneidade aplicada na jurisdição de contas, nem mesmo para rebater os argumentos da empresa sancionada.[39]

Meses mais tarde, em 23 de janeiro de 2019, o TCU julgou outro caso acerca de irregularidades em contratações da ECT. A empresa privada envolvida, ante a possibilidade de ser sancionada com a proibição para con-

entidades vinculadas. [...]. Relator: Min. Benjamin Zymler. Julgamento: 12 de setembro de 2018, p. 30. Disponível em: https://pesquisa.apps.tcu.gov.br/#/documento/acordao-completo/*/NUMACORDAO%253A2168/DTRELEVANCIA%2520desc%252C%2520NUMACORDAOINT%2520desc/12/%2520. Acesso em: 8 nov. 2022.

[38] BRASIL. Tribunal de Contas da União (Plenário). *Acórdão 2.168/2018*. Denúncia. Empresa Brasileira de Correios e Telégrafos. Licitações para a prestação de serviços de transporte de carga postal. Utilização de empresa para burlar a sanção aplicada pela estatal em outras entidades vinculadas. [...]. Relator: Min. Benjamin Zymler. Julgamento: 12 de setembro de 2018, p. 43. Disponível em: https://pesquisa.apps.tcu.gov.br/#/documento/acordao-completo/*/NUMACORDAO%253A2168/DTRELEVANCIA%2520desc%252C%2520NUMACORDAOINT%2520desc/12/%2520. Acesso em: 8 nov. 2022.

[39] BRASIL. Tribunal de Contas da União (Plenário). *Acórdão 2.168/2018*. Denúncia. Empresa Brasileira de Correios e Telégrafos. Licitações para a prestação de serviços de transporte de carga postal. Utilização de empresa para burlar a sanção aplicada pela estatal em outras entidades vinculadas. [...]. Relator: Min. Benjamin Zymler. Julgamento: 12 de setembro de 2018, p. 43. Disponível em: https://pesquisa.apps.tcu.gov.br/#/documento/acordao-completo/*/NUMACORDAO%253A2168/DTRELEVANCIA%2520desc%252C%2520NUMACORDAOINT%2520desc/12/%2520. Acesso em: 8 nov. 2022.

tratar pela ECT, e por se tratar da mesma conduta analisada em ambas as esferas, argumentou que a declaração de inidoneidade pelo tribunal levaria ao *bis in idem*.[40]

Dessa vez, a análise da unidade técnica adotou outra linha argumentativa. Dispôs que, como a ECT "não aplicou a pena de impedimento de licitar e contratar com a Administração Pública, não há qualquer impedimento para a aplicação de sanção pelo TCU".[41] A lógica do argumento sugere que a sanção de contas poderia ser de alguma forma impactada caso fosse aplicada a sanção pela ECT. O TCU, entendendo que a conduta irregular havia se repetido em vários certames, declarou a inidoneidade da empresa por cinco anos.[42]

Foi em 30 de outubro de 2019, contudo, que o tribunal julgou o caso mais icônico para a rejeição do instituto da detração à sanção da inidoneidade da Corte.[43] Tratava-se de um pedido de reexame em que empresa

[40] BRASIL. Tribunal de Contas da União (Plenário). *Acórdão 61/2019.* Denúncia sobre irregularidades em pregões realizados pela Diretoria Regional de São Paulo Metropolitana, da Empresa Brasileira de Correios e Telégrafos, para contratação de serviços de transporte urbano de cargas. Relator: Min. Bruno Dantas. Julgamento: 23 de janeiro de 2019, p. 6. Disponível em: https://pesquisa.apps.tcu.gov.br/#/documento/acordao-completo/*/NUMACORDAO%253A61%2520ANOACORDAO%253A2019/DTRELEVANCIA%2520desc%252C%2520NUMACORDAOINT%2520desc/2/%2520. Acesso em: 8 nov. 2022.

[41] BRASIL. Tribunal de Contas da União (Plenário). *Acórdão 61/2019.* Denúncia sobre irregularidades em pregões realizados pela Diretoria Regional de São Paulo Metropolitana, da Empresa Brasileira de Correios e Telégrafos, para contratação de serviços de transporte urbano de cargas. Relator: Min. Bruno Dantas. Julgamento: 23 de janeiro de 2019, p. 6. Disponível em: https://pesquisa.apps.tcu.gov.br/#/documento/acordao-completo/*/NUMACORDAO%253A61%2520ANOACORDAO%253A2019/DTRELEVANCIA%2520desc%252C%2520NUMACORDAOINT%2520desc/2/%2520. Acesso em: 8 nov. 2022.

[42] BRASIL. Tribunal de Contas da União (Plenário). *Acórdão 61/2019.* Denúncia sobre irregularidades em pregões realizados pela Diretoria Regional de São Paulo Metropolitana, da Empresa Brasileira de Correios e Telégrafos, para contratação de serviços de transporte urbano de cargas. Relator: Min. Bruno Dantas. Julgamento: 23 de janeiro de 2019, p. 36 e 39. Disponível em: https://pesquisa.apps.tcu.gov.br/#/documento/acordao-completo/*/NUMACORDAO%253A61%2520ANOACORDAO%253A2019/DTRELEVANCIA%2520desc%252C%2520NUMACORDAOINT%2520desc/2/%2520. Acesso em: 8 nov. 2022.

[43] BRASIL. Tribunal de Contas da União (Plenário). *Acórdão 2.638/2019.* Pedidos de reexame interpostos contra acórdão que declarou a inidoneidade da empresa recorrente em razão de fraudes apuradas nas licitações relativas às obras de implantação da Refinaria Abreu e Lima em Ipojuca/PE, também denominada de Refinaria do Nordeste – RNEST. Relator: Min. Bruno Dantas. Julgamento: 30 de outubro de 2019. Disponível em: https://pesquisa.apps.tcu.gov.br/#/documento/acordao-completo/*/NUMACORDAO%253A2638%2520ANOACORDAO%25

punida pelo TCU por três anos pedia que fosse revisitada a dosimetria da sanção para descontar período já cumprido de pena com efeitos similares, aplicada pela CGU com base nas mesmas irregularidades.[44] O distintivo do caso deriva da diversidade de fundamentos apresentados pelo tribunal para rejeitar o pedido.

Veja-se o voto do relator, ministro Bruno Dantas, que teve adesão pela unanimidade do Plenário, no trecho que trata da detração:

> No que concerne à vedação do *bis in idem* e ao pedido de detração do tempo da penalidade já cumprida, aplicada pela Controladoria-Geral da União, não é possível acolher as teses de defesa.
>
> Com efeito, a declaração de inidoneidade para licitar aplicada por esta Corte não constitui *bis in idem* em relação à penalidade imposta pela CGU, pois as sanções em tela, embora de natureza administrativa, possuem fundamentos fáticos e competências distintas.
>
> A penalidade aplicada pela CGU, prevista no art. 87, inciso IV, da Lei 8.666/1993, tem caráter preventivo e busca impedir que o particular participe de licitação ou que firme contrato com a Administração Pública, ante a inexecução parcial ou total do contrato. Já a declaração de inidoneidade de competência do TCU, inserta no art. 46 da Lei 8.443/1992, decorre de fraude à licitação. [...]
>
> Por consequência, não há que se cogitar a aplicação do instituto de execução penal relativo à detração, que significaria o abatimento do tempo de efetivo cumprimento por parte da recorrente da sanção aplicada pela CGU, em relação ao período de inidoneidade imputado pelo Tribunal. Explico.
>
> O uso da analogia no Direito, como forma de integração de normas jurídicas, depende da existência de dois pressupostos, não verificados no caso.

3A2019%2520RELATOR%253A%2522BRUNO%2520DANTAS%2522/DTRELEVANCIA%2520desc%252C%2520NUMACORDAOINT%2520desc/0/%2520. Acesso em: 8 nov. 2022.

[44] BRASIL. Tribunal de Contas da União (Plenário). *Acórdão 2.638/2019*. Pedidos de reexame interpostos contra acórdão que declarou a inidoneidade da empresa recorrente em razão de fraudes apuradas nas licitações relativas às obras de implantação da Refinaria Abreu e Lima em Ipojuca/PE, também denominada de Refinaria do Nordeste – RNEST. Relator: Min. Bruno Dantas. Julgamento: 30 de outubro de 2019, p. 4. Disponível em: https://pesquisa.apps.tcu.gov.br/#/documento/acordao-completo/*/NUMACORDAO%253A2638%2520ANOACORDAO%253A2019%2520RELATOR%253A%2522BRUNO%2520DANTAS%2522/DTRELEVANCIA%2520desc%252C%2520NUMACORDAOINT%2520desc/0/%2520. Acesso em: 8 nov. 2022.

O primeiro deles diz respeito à impossibilidade de realizar a subsunção do fato à norma, diante da inexistência de previsão legal que regule o caso concreto. Na situação sob exame, não há omissão legislativa, visto que a sanção está disciplinada no art. 46 da Lei 8.443/1992.

O segundo diz respeito à similaridade fática do caso examinado com a situação abstrata disciplinada na lei que se pretende aplicar por analogia. No caso, conforme exposto, as penalidades cominadas pela CGU e pelo TCU são distintas e inconfundíveis. Uma refere-se ao inadimplemento contratual, e a outra à fraude em certame licitatório.

Assim, diante da inocorrência desses pressupostos, a pretensão de compensação dos prazos não pode ser acolhida.[45]

Foram dois os fundamentos apresentados pelo relator para não utilizar a detração. Primeiro, que as sanções aplicadas pela CGU e pelo TCU possuiriam fundamentos fáticos e jurídicos diferentes. Segundo, que o uso da analogia na aplicação do direito depende da inexistência de norma específica incidente sobre o caso e de haver alguma identidade entre a situação concreta e a norma que se pretende aplicar por analogia, o que não teria acontecido no caso. Ambos os fundamentos possuem problemas.

Quanto às diferenças fáticas e jurídicas entre as condutas que levaram às sanções, é relatado que o objeto das fiscalizações da CGU e do TCU foi a participação da empresa em irregularidades praticadas em licitações conduzidas pela Petrobras para a contratação das obras da Refinaria Abreu e Lima.[46] Tratava-se, portanto, das mesmas irregularidades.

[45] BRASIL. Tribunal de Contas da União (Plenário). *Acórdão 2.638/2019*. Pedidos de reexame interpostos contra acórdão que declarou a inidoneidade da empresa recorrente em razão de fraudes apuradas nas licitações relativas às obras de implantação da Refinaria Abreu e Lima em Ipojuca/PE, também denominada de Refinaria do Nordeste – RNEST. Relator: Min. Bruno Dantas. Julgamento: 30 de outubro de 2019. Disponível em: https://pesquisa.apps.tcu.gov.br/#/documento/acordao-completo/*/NUMACORDAO%253A2638%2520ANOACORDAO%253A2019%2520RELATOR%253A%2522BRUNO%2520DANTAS%2522/DTRELEVANCIA%2520desc%252C%2520NUMACORDAOINT%2520desc/0/%2520. Acesso em: 8 nov. 2022.

[46] BRASIL. Tribunal de Contas da União (Plenário). *Acórdão 2.638/2019*. Pedidos de reexame interpostos contra acórdão que declarou a inidoneidade da empresa recorrente em razão de fraudes apuradas nas licitações relativas às obras de implantação da Refinaria Abreu e Lima em Ipojuca/PE, também denominada de Refinaria do Nordeste – RNEST. Relator: Min. Bruno Dantas. Julgamento: 30 de outubro de 2019, p. 6. Disponível em: https://pesquisa.apps.tcu.gov.br/#/documento/acordao-completo/*/NUMACORDAO%253A2638%2520ANOACORDAO%253A2019%2520RELATOR%253A%2522BRUNO%2520DANTAS%2522/DTRE

E, embora, os artigos legais apontados pelo ministro de fato reportem-se a condutas diferentes, há outro dispositivo na LGL que, como a LOTCU, permite a declaração de inidoneidade de licitante que tenha tentado frustrar a competitividade do certame (art. 88, II).[47] Há, dessa forma, identidade entre condutas que justificam as sanções aplicadas com base na LOTCU e na LGL.

Quanto aos pressupostos autorizativos da analogia, o mesmo dispositivo em questão (art. 46 da LOTCU) foi objeto de analogia com o CP por ocasião do acórdão 348/2016, em que foram empregadas premissas de dosimetria da sanção penal (art. 75) para a sanção de contas de inidoneidade. Portanto, houve naquela ocasião o reconhecimento de que o dispositivo da LOTCU era incompleto para responder a todas as problemáticas que surgem de sua aplicação, fazendo-se necessário, na ausência de normas específicas, o recurso da analogia.

Além disso, a fundamentação do ministro confunde qual norma seria objeto de aplicação por analogia. Nela, faz-se referência às normas da LGL (aplicadas pela CGU) e da LOTCU (aplicadas pelo TCU) como se alguma delas fosse ser aplicada por meio de analogia. Na verdade, a analogia seria feita a partir do art. 42 do CP, não referido pelo ministro, em razão de nenhuma das leis abordar o tema da detração.

O caso mostrou-se icônico para o debate porque suas características gerais eram muito parecidas com as do acórdão 1.408/2014 – sanções com os mesmos efeitos, aplicadas em decorrência dos mesmos fatos, pelo TCU e pela CGU – e nele foram fixados argumentos para sustentar o exato oposto do que havia sido decidido em 2014.

O problema é que, além de juridicamente inconsistentes, ignorou-se por completo a jurisprudência anterior da Corte, tanto quanto à harmonização como em relação ao cabimento de analogias para solucionar lacunas da legislação de contas em relação ao poder sancionador do TCU. Mais:

LEVANCIA%2520desc%252C%2520NUMACORDAOINT%2520desc/0/%2520. Acesso em: 8 nov. 2022.

47 LGL: "Art. 88. As sanções previstas nos incisos III e IV do artigo anterior poderão também ser aplicadas às empresas ou aos profissionais que, em razão dos contratos regidos por esta Lei: [...] II – tenham praticado atos ilícitos visando a frustrar os objetivos da licitação" (BRASIL. *Lei n. 8.666, de 21 de junho de 1993*. Regulamenta o art. 37, inciso XXI, da Constituição Federal, institui normas para licitações e contratos da Administração Pública e dá outras providências. Brasília: Presidência da República, 1993. Disponível em: http://www.planalto.gov.br/ccivil_03/leis/l8666cons.htm. Acesso em: 3 nov. 2022).

não houve nenhuma menção ao já vigente § 3º do art. 22 da LINDB, nem mesmo para eventualmente argumentar a sua não incidência – ainda que não fosse possível afastá-lo, em face do dever que o dispositivo institui também para a jurisdição de contas.

E a adesão unânime pelo Plenário do órgão também chama atenção. Não há registro nem sequer de questionamentos por parte dos demais ministros quanto a algum desses pontos. A inconsistência nos fundamentos e a não consideração da jurisprudência e da LINDB não parecem ter sido enxergadas como um problema pela Corte.

A discussão sobre a pertinência da analogia com a detração penal foi retomada alguns meses depois, em caso julgado em 29 de janeiro de 2020, também relatado pelo ministro Bruno Dantas, cujo voto, mais uma vez, teve adesão do Plenário.[48] Dessa vez, um novo argumento foi apresentado pelo ministro para rechaçar a detração.

Tratava-se de embargos de declaração de empresa que havia sido proibida de celebrar contratos públicos pelo TCU durante três anos. Entre outras coisas, a empresa argumentava que a CGU já lhe havia aplicado sanção de efeitos semelhantes, em razão das mesmas irregularidades, de modo que o TCU deveria aplicar a detração por analogia na dosimetria da sanção, como já havia feito com outros institutos de direito penal. Caso não o fizesse, estaria incorrendo em *bis in idem* e lesando os princípios da razoabilidade e da proporcionalidade da pena.[49] O argumento foi rebatido com a seguinte fundamentação:

[48] BRASIL. Tribunal de Contas da União (Plenário). *Acórdão 148/2020*. Embargos de declaração contra acórdão que negou provimento a pedidos de reexame interpostos em face de deliberação que declarou a inidoneidade da embargante para participar de licitações na Administração Pública Federal em razão de irregularidades [...]. Relator: Min. Bruno Dantas. Julgamento: 29 de janeiro de 2020. Disponível em: https://pesquisa.apps.tcu.gov.br/#/documento/acordao-completo/*/NUMACORDAO%253A148%2520ANOACORDAO%253A2020%2520RELATOR%253A%2522BRUNO%2520DANTAS%2522/DTRELEVANCIA%2520desc%252C%2520NUMACORDAOINT%2520desc/0/%2520. Acesso em: 8 nov. 2022.

[49] BRASIL. Tribunal de Contas da União (Plenário). *Acórdão 148/2020*. Embargos de declaração contra acórdão que negou provimento a pedidos de reexame interpostos em face de deliberação que declarou a inidoneidade da embargante para participar de licitações na Administração Pública Federal em razão de irregularidades [...]. Relator: Min. Bruno Dantas. Julgamento: 29 de janeiro de 2020, p. 2-3. Disponível em: https://pesquisa.apps.tcu.gov.br/#/documento/acordao-completo/*/NUMACORDAO%253A148%2520ANOACORDAO%253A2020%2520RELATOR%253A%2522BRUNO%2520DANTAS%2522/DTRELEVANCIA%2520desc%252C%2520NUMACORDAOINT%2520desc/0/%2520. Acesso em: 8 nov. 2022.

A analogia se presta a integrar o sistema jurídico, isto é, a preencher uma lacuna legal quando a regra está prevista em norma, mas carece de maior detalhamento para aplicação às circunstâncias do caso concreto *sub examine*. O sistema jurídico é completo, pleno, enquanto a norma pode eventualmente se revelar lacunosa, omissa.

Esses são, portanto, os pressupostos da analogia: (i) a lacuna normativa, ou seja, a existência de uma conduta ou circunstância (hipótese ou antecedente) considerada relevante, para a qual a lei foi omissa, não prescrevendo os efeitos jurídicos (tese ou consequente); e (ii) a relação de semelhança, que permita estender ao caso sob exame a solução jurídica dada a um caso correlato ou afim.

Esses pressupostos permitem mostrar a inadequação dos argumentos da embargante. Por ocasião do mencionado Acórdão 348/2016-TCU-Plenário, a analogia foi utilizada para colmatar a lacuna existente no art. 46 da Lei 8.443/1992 que, apesar de prescrever o máximo prazo da sanção para a declaração de inidoneidade do licitante fraudador – cinco anos – deixou de dispor sobre como proceder em caso de cumulação de sanções (primeiro pressuposto – lacuna normativa).

Aplicou-se, assim, por analogia, a regra de unificação das penas prevista no Código Penal, ramo precipuamente sancionador do Direito (segundo pressuposto – relação de semelhança).

Nesse caso, a analogia foi válida, porquanto utilizada para integrar o ordenamento jurídico, conforme previsto no transcrito art. 4º da Lei de Introdução às Normas do Direito Brasileiro.

No caso presente, não há como invocar a analogia para aplicação da detração, visto que não há lacuna jurídica a integrar, porque não há norma que confira tal direito ao jurisdicionado (ausência do primeiro pressuposto, a lacuna normativa). Ademais, não se pode criar direitos e obrigações por meio da analogia, recurso meramente interpretativo.

O que há, aqui, é absoluta ausência de previsão legal para adoção do instituto da detração para cumprimento da penalidade do art. 46 da Lei 8.443/1992, situação em muito diferente do Direito Penal, ramo em que a detração está prevista em lei (ausência do segundo pressuposto, a relação de semelhança).[50]

[50] BRASIL. Tribunal de Contas da União (Plenário). *Acórdão 148/2020*. Embargos de declaração contra acórdão que negou provimento a pedidos de reexame interpostos em face

A inovação na fundamentação adotada pelo tribunal foi afastar a analogia por ausência de norma que garantisse a particulares sancionados o direito à detração. Diferente do que fez o caso anterior, não era a incompletude do próprio art. 46 que não autorizava a incidência da detração, mas a própria inexistência de direito do particular. Novamente, não se fez menção ao art. 22, § 3º, da LINDB, e o precedente estabelecido em 2014, a favor da detração, foi uma vez mais ignorado.[51]

A decisão coloca mais um problema na atuação sancionadora do TCU. A legislação institui parâmetros a serem obrigatoriamente respeitados pelo tribunal quando do exercício do poder punitivo. Não é possível escolher alguns para serem utilizados e outros para serem ignorados. A não articulação de todos esses parâmetros torna inadequada a punição, e, no caso, a situação é ainda mais grave por implicar punição de particular pautada na premissa de que o ordenamento jurídico não lhe teria concedido um direito que, na verdade, concedeu. Se a não observância da legislação, por si só, já é problemática, ela é ainda pior se implicar malefício a terceiros.

No período analisado, o TCU somente articulou decisão sua com a LINDB e com o acórdão 1.408, em 12 de fevereiro de 2020, em um pedido de reexame feito por empresa que, por irregularidades verificadas em contratações com a ECT, havia sido declarada inidônea pelo tribunal por um período de cinco anos.[52] A empresa aduzia que a ECT já havia aplicado a suspensão para contratar com a administração pelo prazo de dezoito meses,

de deliberação que declarou a inidoneidade da embargante para participar de licitações na Administração Pública Federal em razão de irregularidades [...]. Relator: Min. Bruno Dantas. Julgamento: 29 de janeiro de 2020, p. 8-9. Disponível em: https://pesquisa.apps.tcu.gov.br/#/documento/acordao-completo/*/NUMACORDAO%253A148%2520ANOACORDAO%253A2020%2520RELATOR%253A%2522BRUNO%2520DANTAS%2522/DTRELEVANCIA%2520desc%252C%2520NUMACORDAOINT%2520desc/0/%2520. Acesso em: 8 nov. 2022.

[51] Cf. GABRIEL, Yasser. A necessária "detração" na aplicação de sanções do TCU. *Jota*, 9 dez. 2020. Disponível em: https://www.jota.info/opiniao-e-analise/colunas/controle-publico/a-necessaria-detracao-na-aplicacao-de-sancoes-do-tcu-09122020. Acesso em: 15 fev. 2020.

[52] BRASIL. Tribunal de Contas da União (Plenário). *Acórdão 300/2020*. Pedido de reexame interposto contra decisão que aplicou ao recorrente a pena de inidoneidade para licitar, ao apreciar denúncia acerca de irregularidades em pregões eletrônicos para contratação de serviços de transporte urbano de cargas. Relator: Min. Vital do Rêgo. Julgamento: 12 de fevereiro de 2020. Disponível em: https://pesquisa.apps.tcu.gov.br/#/documento/acordao-completo/*/NUMACORDAO%253A300%2520ANOACORDAO%253A2020%2520RELATOR%253A%2522VITAL%2520DO%2520R%25C3%258AGO%2522/DTRELEVANCIA%2520desc%252C%2520NUMACORDAOINT%2520desc/0/%2520. Acesso em: 8 nov. 2022.

com base no art. 83, III, da Lei das Estatais.[53] Por força do precedente do acórdão 1.408/2020 e pelo fato de a LINDB impor o dever de autoridades públicas ponderarem as consequências práticas de suas decisões, sustentava que a manutenção da sanção de contas no prazo de cinco anos corresponderia a *bis in idem*.[54]

Em sua análise, a unidade técnica, para defender a não incidência do precedente de 2014, destacou trecho do acórdão em que era dito que ambas as autoridades públicas envolvidas naquele caso possuíam competência sancionadora. Assim, para sustentar a não configuração do *bis in idem*, focou na autonomia das competências e não no debate proposto pela sancionada sobre a pertinência da detração. A unidade não se pronunciou a respeito de eventual desproporção que a culminação de múltiplas sanções com o mesmo efeito poderia implicar, que consistia no verdadeiro ponto de discussão. Veja-se:

> Pois bem. Nesse *decisum*, o TCU deixou assente que não caracteriza *bis in idem* a aplicação por parte deste Tribunal da declaração de inidoneidade com fundamento no art. 46 da Lei 8.443, de 1992, mesmo que a CGU já tivesse aplicada a penalidade. Então, o entendimento majoritário deste Tribunal, consubstanciado nos Acórdãos 1287/2007 e 1408/2014, ambos do Plenário, e do Supremo Tribunal Federal (*vide* Petição 3.606/DF) é de que não há *bis in idem* entre sanção do art. 48 da Lei 8.443, de 1992, aplicada pelo TCU, e a

[53] Lei das Estatais: "Art. 83. Pela inexecução total ou parcial do contrato a empresa pública ou a sociedade de economia mista poderá, garantida a prévia defesa, aplicar ao contratado as seguintes sanções: [...] III – suspensão temporária de participação em licitação e impedimento de contratar com a entidade sancionadora, por prazo não superior a 2 (dois) anos" (BRASIL. *Lei n. 13.303, de 30 de junho de 2016*. Dispõe sobre o estatuto jurídico da empresa pública, da sociedade de economia mista e de suas subsidiárias, no âmbito da União, dos Estados, do Distrito Federal e dos Municípios. Brasília: Presidência da República, 2016. Disponível em: https://www.planalto.gov.br/ccivil_03/_ato2015-2018/2016/lei/l13303.htm. Acesso em: 3 nov. 2022).

[54] BRASIL. Tribunal de Contas da União (Plenário). *Acórdão 300/2020*. Pedido de reexame interposto contra decisão que aplicou ao recorrente a pena de inidoneidade para licitar, ao apreciar denúncia acerca de irregularidades em pregões eletrônicos para contratação de serviços de transporte urbano de cargas. Relator: Min. Vital do Rêgo. Julgamento: 12 de fevereiro de 2020, p. 5-6. Disponível em: https://pesquisa.apps.tcu.gov.br/#/documento/acordao-completo/*/NUMACORDAO%253A300%2520ANOACORDAO%253A2020%2520RELATOR%253A%2522VITAL%2520DO%2520R%25C3%258AGO%2522/DTRELEVANCIA%2520desc%252C%2520NUMACORDAOINT%2520desc/0/%2520. Acesso em: 8 nov. 2022.

aplicada, por órgão integrante da administração pública, com fundamento nos dispositivos da Lei 8.666, de 1993.

O fato de o TCU, naquele caso concreto, ter considerado não razoável cominar a sanção "uma vez que a empresa, na prática, já se encontra impedida de licitar e contratar com a Administração Pública há mais de cinco", não impede a manutenção da sanção da declaração de inidoneidade pelo prazo máximo de 5 (cinco) anos.[55]

Em sua decisão, o tribunal deixou de promover a harmonização dos efeitos e manteve inalterado o prazo de cinco anos da sanção. Contudo, seguiu por linha argumentativa diferente. Sua análise se concentrou no fato de que a restrição causada pela suspensão para licitar, aplicada pela ECT, tinha efeitos limitados às contratações promovidas pela própria empresa estatal, de modo que a sanção de contas seria mais abrangente e abarcaria a anterior.[56]

Embora não tenha propriamente entrado na discussão da detração, proposta pela sancionada, a decisão colocou perspectiva relevante para o tema: a abrangência das diferentes sanções de proibição para contratar pode não

[55] BRASIL. Tribunal de Contas da União (Plenário). *Acórdão 300/2020*. Pedido de reexame interposto contra decisão que aplicou ao recorrente a pena de inidoneidade para licitar, ao apreciar denúncia acerca de irregularidades em pregões eletrônicos para contratação de serviços de transporte urbano de cargas. Relator: Min. Vital do Rêgo. Julgamento: 12 de fevereiro de 2020, p. 7. Disponível em: https://pesquisa.apps.tcu.gov.br/#/documento/acordao-completo/*/NUMACORDAO%253A300%2520ANOACORDAO%253A2020%2520RELATOR%253A%2522VITAL%2520DO%2520R%25C3%258AGO%2522/DTRELEVANCIA%2520desc%252C%2520NUMACORDAOINT%2520desc/0/%2520. Acesso em: 8 nov. 2022.

[56] "Pode-se então dizer que, na prática, a pena decidida pelo TCU, embora tenha o mesmo substrato fático, absorve ou substitui a dos Correios, anulando seus efeitos, porque os inclui no seu campo de restrição. Não há duplicidade no sentido da acumulação de penas, mas aumento de gravidade de uma em relação a outra, naturalmente cabível no exercício da competência legal do Tribunal" (BRASIL. Tribunal de Contas da União [Plenário]. *Acórdão 300/2020*. Pedido de reexame interposto contra decisão que aplicou ao recorrente a pena de inidoneidade para licitar, ao apreciar denúncia acerca de irregularidades em pregões eletrônicos para contratação de serviços de transporte urbano de cargas. Relator: Min. Vital do Rêgo. Julgamento: 12 de fevereiro de 2020, p. 13. Disponível em: https://pesquisa.apps.tcu.gov.br/#/documento/acordao-completo/*/NUMACORDAO%253A300%2520ANOACORDAO%253A2020%2520RELATOR%253A%2522VITAL%2520DO%2520R%25C3%258AGO%2522/DTRELEVANCIA%2520desc%252C%2520NUMACORDAOINT%2520desc/0/%2520. Acesso em: 8 nov. 2022.).

ser a mesma. E parece que, na visão do TCU, os efeitos da mais restritiva devem ser desconsiderados se for aplicada outra mais abrangente.[57]

Atente-se que, uma vez mais, é feita referência à jurisprudência do STF. Novamente, o que estava sendo analisado pelo Supremo era a competência sancionadora à luz da autonomia de instâncias, e não os efeitos concretos da sanção: questionava-se se uma empresa poderia ser proibida de contratar com a administração, em função da mesma irregularidade, simultaneamente pelo TCU e pelo Ministério dos Transportes. O STF decidiu que sim, visto que tais órgãos possuem funções distintas e autônomas. O tema dos efeitos concretos da sobreposição de sanções não foi discutido.[58]

Por fim, em 25 de novembro de 2020, o TCU prolatou o último acórdão do período analisado contendo argumentos direcionados a negar pedido de detração da sanção. Tratava-se de uma representação em que empresa era acusada de praticar fraudes em licitações conduzidas pela Petrobras na Refinaria Presidente Getúlio Vargas.[59]

[57] Nesse mesmo sentido, posicionou-se nos seguintes casos: Acórdão 1.900/2019 – Plenário, rel. Min. Benjamin Zymler, j. 14.08.2019; Acórdão 1.430/2020 – Plenário, rel. Min. Vital do Rêgo, j. 03.06.2020.

[58] Trecho da ementa deixa muito clara a análise feita pelo STF: "1. A atuação do Tribunal de Contas da União no exercício da fiscalização contábil, financeira, orçamentária, operacional e patrimonial das entidades administrativas não se confunde com aquela atividade fiscalizatória realizada pelo próprio órgão administrativo, uma vez que esta atribuição decorre da de controle interno ínsito a cada Poder e aquela, do controle externo a cargo do Congresso Nacional (CF, art. 70). 2. O poder outorgado pelo legislador ao TCU, de declarar, verificada a ocorrência de fraude comprovada à licitação, a inidoneidade do licitante fraudador para participar, por até cinco anos, de licitação na Administração Pública Federal (art. 46 da L. 8.443/92), não se confunde com o dispositivo da Lei das Licitações (art. 87), que – dirigido apenas aos altos cargos do Poder Executivo dos entes federativos (§ 3º) – é restrito ao controle interno da Administração Pública e de aplicação mais abrangente" (BRASIL. Supremo Tribunal Federal [Tribunal Pleno]. *Agravo Regimental na Petição 3.606*. Conflito de atribuição inexistente: Ministro de Estado dos Transportes e Tribunal de Contas da União: áreas de atuação diversas e inconfundíveis. 1. A atuação do Tribunal de Contas da União no exercício da fiscalização contábil, financeira, orçamentária, operacional e patrimonial das entidades administrativas não se confunde com aquela atividade fiscalizatória realizada pelo próprio órgão administrativo [...]. Relator: Min. Sepúlveda Pertence. Julgamento: 21 de setembro de 2006. Disponível em: https://jurisprudencia.stf.jus.br/pages/search/sjur91433/false. Acesso em: 8 nov. 2022).

[59] BRASIL. Tribunal de Contas da União (Plenário). *Acórdão 3.175/2020*. Representação autuada para a apreciação das justificativas apresentadas por empresa em face das evidências de fraudes às licitações conduzidas pela Petrobras na Refinaria Presidente Getúlio Vargas (Repar). Relator: Min. substituto André Luís de Carvalho. Julgamento: 25 de novembro de

Em função da suspeita da prática de cartel, mesma irregularidade investigada pelo TCU, a empresa havia sido cautelarmente impedida pela Petrobras de participar de suas licitações, com base no então vigente Regulamento do Procedimento Licitatório Simplificado da Petrobras (Capítulo IV do Decreto n. 2.745/1998).

Em vista disso, a empresa afirmava que havia sofrido "sanção cautelar", o que teria efeito prático equivalente de eventual inidoneidade declarada pela Corte de Contas em virtude do mesmo fato. O impedimento cautelar havia vigorado de 2 de janeiro de 2015 a 3 de novembro de 2019, totalizando quase cinco anos, o que, na visão da empresa, levaria a sanção a ter efeitos práticos semelhantes aos da sanção de contas.[60]

Por tais fatos, e por "cada vez mais ter se admitido a utilização, por analogia, dos princípios e institutos do Direito Penal no Direito Administrativo Sancionador", a empresa pedia ao TCU a aplicação da detração penal caso entendesse cabível a declaração de inidoneidade.[61]

O TCU, adotando a fundamentação elaborada pela unidade técnica, e de modo similar ao caso anterior, entendeu não ser cabível a detração em razão de a sanção aplicada pela Petrobras ser de alcance mais restrito

2020. Disponível em: https://pesquisa.apps.tcu.gov.br/#/documento/acordao-completo/*/NUMACORDAO%253A3175%2520ANOACORDAO%253A2020%2520RELATOR%253A%2522ANDR%25C3%2589%2520DE%2520CARVALHO%2522/DTRELEVANCIA%2520desc%252C%2520NUMACORDAOINT%2520desc/0/%2520. Acesso em: 8 nov. 2022.

[60] BRASIL. Tribunal de Contas da União (Plenário). *Acórdão 3.175/2020*. Representação autuada para a apreciação das justificativas apresentadas por empresa em face das evidências de fraudes às licitações conduzidas pela Petrobras na Refinaria Presidente Getúlio Vargas (Repar). Relator: Min. substituto André Luís de Carvalho. Julgamento: 25 de novembro de 2020, p. 19-20. Disponível em: https://pesquisa.apps.tcu.gov.br/#/documento/acordao-completo/*/NUMACORDAO%253A3175%2520ANOACORDAO%253A2020%2520RELATOR%253A%2522ANDR%25C3%2589%2520DE%2520CARVALHO%2522/DTRELEVANCIA%2520desc%252C%2520NUMACORDAOINT%2520desc/0/%2520. Acesso em: 8 nov. 2022.

[61] BRASIL. Tribunal de Contas da União (Plenário). *Acórdão 3.175/2020*. Representação autuada para a apreciação das justificativas apresentadas por empresa em face das evidências de fraudes às licitações conduzidas pela Petrobras na Refinaria Presidente Getúlio Vargas (Repar). Relator: Min. substituto André Luís de Carvalho. Julgamento: 25 de novembro de 2020, p. 19-20. Disponível em: https://pesquisa.apps.tcu.gov.br/#/documento/acordao-completo/*/NUMACORDAO%253A3175%2520ANOACORDAO%253A2020%2520RELATOR%253A%2522ANDR%25C3%2589%2520DE%2520CARVALHO%2522/DTRELEVANCIA%2520desc%252C%2520NUMACORDAOINT%2520desc/0/%2520. Acesso em: 8 nov. 2022.

em comparação àquela aplicada pelo tribunal, limitando-se às contratações da própria estatal. Também afirmou que a suspensão não possuía natureza de sanção, mas de medida de controle preventiva. Por fim, disse genericamente serem diferentes os fundamentos de fato e de direito para a sanção aplicada com base na LOTCU e a providência cautelar prevista no Regulamento.[62]

Com base nesses argumentos, e após empregar dosimetria utilizada para calcular a inidoneidade de integrantes de cartel nas contratações da Petrobras, o tribunal entendeu cabível que a empresa restasse impedida para contratar com a administração por três anos.[63]

Os acórdãos analisados permitem mapear os fundamentos utilizados pelo TCU para justificar a não harmonização dos efeitos de sua declaração de inidoneidade com outras sanções, provenientes de outras jurisdições, cujo efeito prático também é a proibição para contratar com a administração. São eles:

(i) As instâncias possuem competências sancionadoras autônomas entre si, de modo que não é necessária a harmonização de seus efeitos práticos. O argumento está relacionado à ideia de que as sanções possuem fundamentos jurídicos diferentes.
(ii) As irregularidades que dão origem às sanções são diferentes. Nos casos em que o argumento surgiu, que diziam respeito à aplicação

[62] BRASIL. Tribunal de Contas da União (Plenário). *Acórdão 3.175/2020.* Representação autuada para a apreciação das justificativas apresentadas por empresa em face das evidências de fraudes às licitações conduzidas pela Petrobras na Refinaria Presidente Getúlio Vargas (Repar). Relator: Min. substituto André Luís de Carvalho. Julgamento: 25 de novembro de 2020, p. 32-33. Disponível em: https://pesquisa.apps.tcu.gov.br/#/documento/acordao-completo/*/NUMACORDAO%253A3175%2520ANOACORDAO%253A2020%2520RELATOR%253A%2522ANDR%25C3%2589%2520DE%2520CARVALHO%2522/DTRELEVANCIA%2520desc%252C%2520NUMACORDAOINT%2520desc/0/%2520. Acesso em: 8 nov. 2022.

[63] BRASIL. Tribunal de Contas da União (Plenário). *Acórdão 3.175/2020.* Representação autuada para a apreciação das justificativas apresentadas por empresa em face das evidências de fraudes às licitações conduzidas pela Petrobras na Refinaria Presidente Getúlio Vargas (Repar). Relator: Min. substituto André Luís de Carvalho. Julgamento: 25 de novembro de 2020, p. 34. Disponível em: https://pesquisa.apps.tcu.gov.br/#/documento/acordao-completo/*/NUMACORDAO%253A3175%2520ANOACORDAO%253A2020%2520RELATOR%253A%2522ANDR%25C3%2589%2520DE%2520CARVALHO%2522/DTRELEVANCIA%2520desc%252C%2520NUMACORDAOINT%2520desc/0/%2520. Acesso em: 8 nov. 2022.

da LGL (art. 87, VI) e da LOTCU (art. 46), o tribunal apontou que, enquanto a administração pública intentava punir irregularidades na execução contratual, a sanção de contas era direcionada a fraudes na licitação.

(iii) Que a analogia com a detração penal somente poderia ocorrer: *se* não houvesse norma específica – e entende que o art. 46 da LOTCU é norma específica que não demandaria analogia para o tema da detração; *se* houvesse pertinência entre a norma a ser aplicada por analogia e a situação fática; *se* a lei houvesse previsto um direito do sancionado à detração nas sanções de contas – e entende não existir esse direito.

(iv) Algumas vezes, a abrangência das sanções imputadas é diferente. Enquanto os efeitos da proibição aplicada por empresa estatal ficam limitados às suas próprias contratações, a inidoneidade declarada pelo TCU alcançaria todas as contratações financiadas com recursos públicos federais.

Além desses, a unidade técnica, em um caso específico, lançou o fundamento de que não caberia ao TCU ponderar as consequências práticas que suas sanções teriam, ainda que os efeitos gerados pudessem ser desproporcionais considerando a multiplicidade de sanções. Não é possível, contudo, dizer se o tribunal compartilha do entendimento, uma vez que ele não foi utilizado na decisão por inadequação à linha argumentativa adotada.

Considerando os argumentos efetivamente adotados pelo tribunal como fundamentação, chamam atenção algumas inconsistências relacionadas aos três primeiros.

Afastar a necessidade de detração pautada na ideia de que há autonomia entre instâncias confunde duas discussões diferentes: se pode haver instâncias diferentes, com competências sancionadoras próprias e independentes entre si, atuando sobre uma mesma irregularidade; e se, decorrendo da atuação dessas instâncias sanções com efeitos práticos semelhantes, deve haver a harmonização de tais efeitos. As decisões do STF referidas pelo TCU que supostamente o respaldavam a afastar a necessidade de harmonização tratavam da primeira discussão. Como visto no primeiro capítulo deste trabalho, o Supremo não se manifestou sobre a segunda discussão.

O que o STF fez foi ponderar que, considerando que os diferentes segmentos do estado possuem funções distintas, suas competências sancionadoras devem ser enxergadas no contexto particular de cada uma dessas funções, de modo que o exercício dessas competências em razão de um mesmo fato não constitui punição reiterada (*bis in idem*), pois voltadas a finalidades distintas. No entanto, o Supremo não disse que não seria necessária a harmonização de efeitos das sanções. Ele nem sequer chegou a analisar casos em que estava sendo questionada a proporcionalidade da punição em decorrência de múltiplas sanções já aplicadas e geradoras dos mesmos efeitos.

Ressalva-se que a confusão entre discussões também parece ser feita pelos particulares, sancionados em potencial. Ao colocarem o tema de detração para o TCU decidir, comumente trazem argumentos relativos à competência das várias instâncias sancionadoras e como seu exercício simultâneo levaria ao *bis in idem*. Nesse sentido, também não separam as ideias de *competência* para sancionar e *efeitos* das sanções.

Quanto à alegação de que as sanções da LOTCU e da LGL são direcionadas a irregularidades distintas, ela está incompleta por deixar de considerar outros dispositivos da LGL. Ambas as leis permitem que irregularidades em licitações sejam punidas com a proibição para contratar – inclusive, nos casos analisados, as punições em ambas as jurisdições decorreram justamente dessa situação.

Vale ressaltar que em outros casos o próprio TCU expressamente reconheceu que as sanções provenientes dessas leis podem ser aplicadas com base no mesmo tipo de irregularidade, "fraude à licitação":

> Ainda que *as sanções impostas pelo TCU e pela CGU decorram das mesmas condições gerais de contorno, isto é, mesmo empreendimento (Rnest), mesmo contratante (Petrobras) e mesma irregularidade geral "fraude à licitação"*, o fundamento fático (condutas ilícitas) para aplicação das sanções são diversos.
>
> A penalidade aplicada pela CGU, como se depreende da publicação no *Diário Oficial da União*, fundamentou-se nos art. 88, incs. II e III, c/c art. 87, inc. IV e § 3º, da Lei 8.666/1993, em razão da "prática de atos ilícitos visando a frustrar os objetivos da licitação; por pagar propina a agentes públicos, exercer influência indevida sobre esses agentes e deles receber tratamento diferenciado; e por ter-se utilizado de empresa de fachada para dissimular pagamentos" (peça 134).
>
> Já no âmbito deste processo de controle externo, a Mendes Júnior foi chamada em oitiva em virtude das seguintes ocorrências (TC 016.119/2016-9, peça 64):

> "1.1. irregularidade: Conluio entre as empresas e fraude às licitações mediante as seguintes condutas: 1.1.1. combinação de preços; 1.1.2. quebra de sigilo das propostas; 1.1.3. divisão de mercado; 1.1.4. oferta de propostas de cobertura para justificar o menor preço ofertado; 1.1.5. combinação prévia de resultados e consequente direcionamento das licitações; e 1.1.6. ausência de formulação de proposta para beneficiar a empresa escolhida pelo cartel."[64]

Estranho é que, no caso citado, o tribunal parece ter entendido que, se na fundamentação da sanção não estiverem explicitadas todas as condutas que se está querendo punir, é legítimo que outra sanção seja aplicada especificamente para punir as condutas que teriam ficado de fora, ainda que com base em um tipo normativo com conceituação de irregularidade e efeitos práticos semelhantes. A ideia, caso levada a cabo, seria problemática, pois significaria que a falha da autoridade sancionadora, que deixou de especificar determinada conduta na decisão sancionadora, autorizaria a aplicação de outra sanção com base em uma mesma irregularidade. Ou seja: seria o particular punido duplamente em razão de erro do estado.

Em relação aos requisitos para fazer uso da analogia, estão corretas as premissas de que ela deve acontecer mediante ausência de norma específica e de similaridade entre a situação disciplinada na norma que se quer utilizar por analogia e a situação fática. Contudo, a aplicação concreta dessas premissas pelo TCU nos casos analisados mostrou-se problemática. Isso porque, na prática, o tribunal considerou que o art. 46 seria "completo" e não demandaria analogia no que toca à detração.

Ocorre que o mesmo dispositivo foi considerado incompleto anteriormente para fins de entender como somar várias inidoneidades declaradas na jurisdição de contas para um mesmo sancionado. Curioso que em ambas as situações o problema de fundo é exatamente o mesmo: operar a limitação temporal da sanção na prática.

[64] BRASIL. Tribunal de Contas da União (Plenário). *Acórdão 2.687/2020.* Representação autuada para a apreciação das justificativas apresentadas por empresa em face das evidências de fraudes às licitações conduzidas pela Petrobras na Refinaria Presidente Getúlio Vargas (Repar). Relator: Min. substituto André Luís de Carvalho. Julgamento: 7 de outubro de 2020, p. 18, grifo nosso. Disponível em: https://pesquisa.apps.tcu.gov.br/#/documento/acordao-completo/*/NUMACORDAO%253A2687%2520ANOACORDAO%253A2020%2520RELATOR%253A%2522ANDR%25C3%2589%2520DE%2520CARVALHO%2522/DTRELEVANCIA%2520desc%252C%2520NUMACORDAOINT%2520desc/0/%2520. Acesso em: 8 nov. 2022.

Ainda como argumento para rechaçar o recurso da analogia, a ideia de que não existe um direito do sancionado à detração é incorreta. Ela não só deixa de considerar o § 3º do art. 22 da LINDB, mas também ignora direitos constitucionais de individualização e proporcionalidade das penas.

Relevante, contudo, é o argumento utilizado pelo TCU que considera a abrangência dos efeitos das sanções. De fato, parece impróprio compensar sanções cujos efeitos, embora similares, reverberem de maneiras diferentes. Não faria sentido abater da proibição para contratar com alcance mais amplo o tempo cumprido de proibição restrita a um nicho de contratações públicas. O argumento joga luz em algo que merece a devida atenção na hora da harmonização de sanções: embora algumas punições possam produzir o mesmo tipo de restrição, é preciso atentar para o alcance de seus efeitos.

A proibição para contratar, por exemplo, pode repercutir em âmbitos mais restritos (unicamente nas contratações de uma empresa pública) ou em âmbitos mais gerais (contratações de diversos entes federativos). A harmonização faz sentido quando a sanção anteriormente aplicada é mais geral, contendo nela os efeitos que serão produzidos pela sanção posterior. Na situação inversa, contudo, não se sustenta o direito à harmonização do particular, pois os efeitos produzidos pela punição não são os mesmos.

3.3.4. Discussões que envolviam declaração de inidoneidade e *bis in idem* que diziam respeito à *competência* do TCU em face das demais instâncias de controle

É possível que a confusão dos conceitos de *competência para sancionar* e *efeitos da sanção* no TCU decorra do fato de ambos serem analisados pelo tribunal sob a ótica do *bis in idem*. A jurisprudência mostra outra discussão, recorrente nas análises da Corte de Contas, em que é levantada a vedação ao *bis in idem* como argumento do potencial sancionado para afastar a atuação do tribunal no caso concreto.

A discussão é semelhante àquela levada ao STF sobre autonomia de instâncias: o particular argumenta que o TCU estaria limitado para realizar sua fiscalização em decorrência da atuação de outra autoridade pública. Nesse sentido, as múltiplas atuações poderiam levar ao *bis in idem*. Os acórdãos revelaram questionamentos sobre a competência do TCU em face de ações concomitantes do Poder Judiciário, da CGU, do Cade e do Tribunal de Contas do Estado de Pernambuco (TCE/PE).[65] Exemplificando as razões de decidir do TCU para afastar cada um desses questionamentos:

> *TCU x CGU x CADE*
>
> Não há sobreposição de competências na atuação do Cade, CGU e TCU, tampouco risco de *bis in idem*, haja vista que a natureza da atuação constitucional de controle externo do TCU é distinta tanto da atuação do Cade, que se refere à concentração econômica, quanto da atuação da CGU, que se refere ao poder de autotutela da Administração de fiscalização de seus atos (Lei 8.666/1993, art. 87, inciso IV, ou art. 88, incisos II e III).[66]
>
> *TCU x CADE*
>
> O argumento de que o TCU estaria invadindo competência exclusiva do Cade já foi debatido em outros apartados. A exemplo do que restou decidido no Acórdão 2.355/2018-TCU-Plenário, a apuração de fraude em licitações públicas é competência tanto do Cade, para preservar a ordem econômica (Lei 12.529/2011), quanto do TCU, para apreciar a regularidade da aplicação de recursos federais (art. 70 da Constituição Federal).[67]

[65] Acórdão 1.640/2018 – Plenário, rel. Min. Vital do Rêgo, j. 18.07.2018; Acórdão 1.744/2018 – Plenário, rel. Min. Benjamin Zymler, j. 1º.08.2018; Acórdão 2.355/2018 – Plenário, rel. Min. Benjamin Zymler, j. 10.10.2018; Acórdão 2.702/2018 – Plenário, rel. Min. Bruno Dantas, j. 21.11.2018; Acórdão 1.640/2018 – Plenário, rel. Min. Vital do Rêgo, j. 18.07.2018; Acórdão 2.355/2018 – Plenário, rel. Min. Benjamin Zymler, j. 10.10.2018; Acórdão 424/2019 – Plenário, rel. Min. substituto André Luís de Carvalho, j. 27.02.2019; Acórdão 2.453/2019 – Plenário, rel. Min. Bruno Dantas, j. 09.10.2019; Acórdão 148/2020 – Plenário, rel. Min. Bruno Dantas, j. 29.01.2020; Acórdão 160/2020 – Plenário, rel. Min. substituto Marcos Bemquerer Costa, j. 29.01.2020; Acórdão 440/2020 – Plenário, rel. Min. Raimundo Carreiro, j. 04.03.2020; Acórdão 1.354/2020 – Plenário, rel. Min. substituto André Luís de Carvalho, j. 27.05.2020; Acórdão 1.556/2020 – Plenário, rel. Min. Bruno Dantas, j. 17.06.2020; Acórdão 1.816/2020 – Plenário, rel. Min. Bruno Dantas, j. 15.07.2020; Acórdão 2.541/2020 – Plenário, rel. Min. Aroldo Cedraz, 23.09.2020; Acórdão 2.687/2020 – Plenário, rel. Min. substituto André Luís de Carvalho, j. 07.10.2020; Acórdão 3.163/2020 – Plenário, rel. Min. Vital do Rêgo, j. 25.11.2020.

[66] BRASIL. Tribunal de Contas da União (Plenário). *Acórdão 1.354/2020.* Representação constituída com o objetivo de apreciar a resposta à oitiva apresentada por empresa em face da ocorrência de fraude às licitações conduzidas pela Petrobras na realização das obras da Refinaria Presidente Getúlio Vargas (Repar), localizada em Araucária PR. Relator: Min. substituto André Luís de Carvalho. Julgamento: 27 de maio de 2020, p. 19. Disponível em: https://pesquisa.apps.tcu.gov.br/#/documento/acordao-completo/*/NUMACORDAO%253A1354%2520ANOACORDAO%253A2020%2520RELATOR%253A%2522ANDR%25C3%2589%2520DE%2520CARVALHO%2522/DTRELEVANCIA%2520desc%252C%2520NUMACORDAOINT%2520desc/0/%2520. Acesso em: 8 nov. 2022.

[67] BRASIL. Tribunal de Contas da União (Plenário). *Acórdão 3.163/2020.* Representação acerca de possíveis fraudes praticadas por empresa nas licitações do Complexo Petroquímico do Rio

TCU x Poder Judiciário

O Termo de Depoimento de Testemunha na Justiça Federal, Seção Judiciária do Maranhão – 5ª Vara, colacionado à peça 63, p. 25-26, *de per si*, não possui o condão de afastar as irregularidades que são imputadas ao recorrente. Qualquer termo de depoimento ou declaração assinada identifica tão somente o signatário da informação, mas não necessariamente faz prova das informações ali declaradas. Ademais, vige no ordenamento jurídico brasileiro a independência entre as instâncias civil, penal e administrativa. A partir dessa independência, é possível que uma pessoa seja responsabilizada simultaneamente nas três instâncias por um mesmo fato, sem que dessa responsabilização emerja a vedação ao *bis in idem*.

Ainda que haja essa independência, pode a esfera penal repercutir nos âmbitos cível ou administrativo em razão de duas hipóteses: inexistência dos fatos ou negativa de autoria. Assim, em processo penal, quando restar afastada a responsabilidade de agente público em processos perante o TCU por negativa de autoria ou inexistência dos fatos, restará também afastada sua responsabilidade perante o TCU, tudo em harmonia com o princípio de inafastabilidade do Poder Judiciário em razão de lesão ou ameaça a direito, conforme preceituado no art. 5º, XXXV, da Constituição Federal.

Uma vez não juntada sentença absolutória decorrente de inexistência dos fatos ou negativa de autoria, esse documento, por si só, não elide as irregularidades atribuídas à empresa.[68]

de Janeiro (Comperj). Relator: Min. Vital do Rêgo. Julgamento: 25 de novembro de 2020, p. 56. Disponível em: https://pesquisa.apps.tcu.gov.br/#/documento/acordao-completo/*/NUMACORDAO%253A3163%2520ANOACORDAO%253A2020%2520RELATOR%253A%2522VITAL%2520DO%2520R%25C3%258AGO%2522/DTRELEVANCIA%2520desc%252C%2520NUMACORDAOINT%2520desc/0/%2520. Acesso em: 8 nov. 2022.

[68] BRASIL. Tribunal de Contas da União (Plenário). *Acórdão 1.640/2018*. Recurso de reconsideração interposto contra acórdão que julgou irregulares as contas especiais da recorrente, condenou-a em débito e aplicou-lhe multa, em razão de irregularidades na aplicação de recursos do Fundef para execução da reforma das unidades escolares Padre Posseidôneo Monteiro, São Pedro e Cristo Redentor. Relator: Min. Vital do Rêgo. Julgamento: 18 de julho de 2018, p. 5. Disponível em: https://pesquisa.apps.tcu.gov.br/#/documento/acordao-completo/*/NUMACORDAO%253A1640%2520ANOACORDAO%253A2018%2520RELATOR%253A%2522VITAL%2520DO%2520R%25C3%258AGO%2522/DTRELEVANCIA%2520desc%252C%2520NUMACORDAOINT%2520desc/0/%2520. Acesso em: 8 nov. 2022.

> *TCU x TCE/PE*
>
> [...] a suposta prática de irregularidade consubstanciada na apresentação de documentos fiscais inidôneos no processo licitatório é objeto da Auditoria Especial em curso no TCE/PE, em sede de matéria analisada por Representação no âmbito do TCU, o que justificaria a necessidade de que o trâmite desse último processo seja sobrestado até a análise e julgamento final da matéria no âmbito daquela Corte Estadual de Contas. [...] entendo que não merece prosperar, uma vez que o procedimento licitatório em voga, vinculado à transferência de recursos federais, encontra-se sob a égide do Convênio MDS/SESAN/SARA 012/2011, matéria submetida à jurisdição do TCU. Ademais, registro que a coexistência de processos de controle externo versando sobre a mesma matéria não caracteriza *bis in idem* nem litispendência, dado o princípio da independência das instâncias. Nada impede a existência de condenações simultâneas nas diferentes esferas jurídicas e de controle.[69]

Nesses casos, a argumentação adotada pelo TCU adotou a ótica da autonomia das instâncias para exercerem suas respectivas atribuições de controle, e o tribunal decidiu de acordo com a conceituação chancelada pelo STF. Contudo, os trechos destacados demonstram que tanto esse debate quanto o debate sobre a harmonização de efeitos (detração) são feitos sob o guarda-chuva *bis in idem*, o que pode levar a uma confusão da compreensão sobre o que está sendo debatido em cada caso e, eventualmente, ao compartilhamento de argumentos adequados para um caso, mas inadequados para outro.

3.4. Conclusões parciais

O objetivo do capítulo foi verificar se o TCU, no uso da sanção de proibição para contratar com a administração (na jurisdição de contas chamada *declaração de inidoneidade*), promovia a harmonização de seus efeitos consi-

[69] BRASIL. Tribunal de Contas da União (Plenário). *Acórdão 160/2020*. Representação sobre suposta apresentação de notas fiscais inidôneas para comprovação de qualificação técnica em pregão eletrônico que teve por objeto a aquisição de materiais e equipamentos agrícolas. Relator: Min. substituto Marcos Bemquerer Costa. Julgamento: 29 de janeiro de 2020, p. 6-7. Disponível em: https://pesquisa.apps.tcu.gov.br/#/documento/acordao-completo/*/NUMACORDAO%253A160%2520ANOACORDAO%253A2020%2520RELATOR%253A%2522MARCOS%2520BEMQUERER%2522/DTRELEVANCIA%2520desc%252C%2520NUMACORDAOINT%2520desc/0/%2520. Acesso em: 8 nov. 2022.

derando que outras autoridades administrativas poderiam lançar mão de sanção com efeitos similares para punir a mesma irregularidade, bem como em que termos a discussão era feita. O material analisado, em sua maior parte acórdãos da Corte de Contas, permite as seguintes constatações:

(i) Na experiência internacional, é comum que a proibição para contratar seja uma sanção atribuída à própria administração pública. Ela é enxergada não somente como punição por prática irregular, mas como forma de a administração alcançar parceiros comerciais mais adequados. No entanto, no Brasil, optou-se por conferir esse instrumento sancionador também ao Poder Judiciário e ao Tribunal de Contas. Eles efetivamente fazem uso da sanção.

(ii) O TCU demonstra alguma preocupação com que múltiplas declarações de inidoneidade não gerem efeitos punitivos desproporcionais ao particular. Tal apreensão foi particularmente motivada pela impressão de que, a depender do modo como a contabilização dessas sanções fosse feita, ela poderia resultar em punição subdimensionada e, consequentemente, mais branda do que o desejável. No entanto, a preocupação fica restrita à hipótese de um mesmo particular ser punido múltiplas vezes na jurisdição de contas, com base em irregularidades diferentes.

(iii) Houve um único caso, em 2014, em que o TCU reconheceu a necessidade de harmonização dos efeitos de sua declaração de inidoneidade com os de proibições para contratar aplicadas ao particular em outras jurisdições, em razão de uma mesma irregularidade.

(iv) A maioria dos casos julgados pela Corte de Contas afasta a necessidade de harmonização de efeitos da sanção. O tema é normalmente suscitado pelo sancionado em potencial, pedindo que seja aplicado, por analogia, o instituto da *detração*, previsto no CP brasileiro (art. 42).

(v) A maioria dos argumentos utilizados pelo TCU para afastar a harmonização é problemática, pois eles: (i) reforçam a autonomia do tribunal em face das demais instâncias controladoras, como se o que se estivesse discutindo fosse a possibilidade de o TCU sancionar, e não a eventual desproporcionalidade dos efeitos da sanção decorrente da falta de harmonização; (ii) pautam-se na premissa equivocada de que o fato irregular que motiva a sua sanção (fraude à licitação) não é objeto de punição de sanções aplicadas por outras autoridades, previstas em outras leis; (iii) declinam a analogia com o art. 42 do CP com base em premissas inconsistentes, inclusive diante de outras situações em que o próprio tribunal realizou analogia com institutos penais em suas decisões.

(vi) Há uma situação específica em que o TCU afasta a harmonização, que faz sentido: quando as sanções aplicadas por ele e por outras autoridades públicas possuem abrangências diferentes. Nesses casos, não há total semelhança entre os efeitos gerados pelas sanções, de modo que parece inadequado haver a harmonização.

(vii) O uso do argumento da autonomia de instâncias para afastar a harmonização possivelmente deriva de uma confusão argumentativa causada pelo fato de o TCU, sob a ideia de *bis in idem*, analisar duas situações distintas: por vezes, é contestada a competência do tribunal para agir em determinado caso em razão de outra autoridade pública com poderes sancionadores já estar atuando; em outras, é argumentado que a soma das sanções com efeitos semelhantes, aplicadas em diferentes jurisdições, poderá culminar na desproporcionalidade da punição. Em ambas as situações, alega-se ofensa ao *bis in idem*. Para não haver confusão argumentativa – e ser utilizado o argumento da autonomia de instâncias, relacionado à competência para sancionar, para responder à desproporção da sanção –, é preciso que, em cada caso concreto, fique muito claro qual situação está sendo analisada.

(viii) Embora o debate recorra a conceitos de proporcionalidade e individualização da sanção, as premissas constitucionais não são consideradas para fins de harmonizar os efeitos das sanções e evitar a punição desmedida. Além disso, o § 3º do art. 22 da LINDB não é utilizado como fundamentação, nem pelo particular, nem pelo TCU, para invocar ou afastar a harmonização de efeitos das sanções, de modo que o tribunal ainda não demonstrou como o dispositivo impacta suas decisões. Se tal fundamentação houvesse ocorrido, teria sido mais complexo para o tribunal fazer uso de alguns argumentos utilizados para rechaçar a harmonização. Afinal, não se trataria de analogia, nem mesmo de desconstrução da ideia de autonomia de instâncias, mas de um direito expressamente conferido ao particular, incidente também sobre a jurisdição de contas.

CONCLUSÕES

1. Qual era o objetivo do trabalho?

O trabalho investigou se, considerando a multiplicidade de sanções de direito administrativo (*sanção administrativa, sanção de contas* e *sanção judicial cível*) que podem incidir sobre um particular em razão de uma mesma irregularidade praticada em prejuízo da administração pública, há a necessidade de *harmonização de efeitos* quando existe pluralidade de punições.

A ideia da harmonização de efeitos é que, como várias dessas sanções produzem as mesmas consequências práticas, que afetam a relação do particular com a administração – o caso da proibição para contratar com a administração pública, por exemplo, que pode ser aplicada pela administração, pelo tribunal de contas e pelo Poder Judiciário –, é necessário, no momento do cálculo da pena (*dosimetria*), considerar sanções com efeitos semelhantes previamente aplicadas por outras autoridades públicas em decorrência da mesma irregularidade. Se assim não for feito, há risco de *desproporcionalidade* na punição percebida. É o exemplo de particular que deveria ficar impedido de contratar com a administração por um ano e, em decorrência de condenações sucessivas, na prática restará afastado de contratações públicas por três anos.

A hipótese era a de que há elementos no ordenamento jurídico brasileiro, constitucionais e legais, que suportam a necessidade da harmonização de efeitos das sanções de direito administrativo. A hipótese foi confirmada no final.

Não era objetivo do trabalho avaliar se a opção brasileira por adotar esse modelo de multiplicidade de sanções, do ponto de vista jurídico, seria "boa" ou "ruim". A avaliação é pertinente, importante, e a multiplicidade sancionadora já encontra alguma crítica feita pela doutrina especializada.[1] Porém, pragmaticamente assumindo que é esse o modelo vigente, o trabalho buscou uma racionalidade para a aplicação dessas várias sanções, como forma de evitar a punição desmedida.

2. Qual foi o caminho percorrido e qual é a tese lançada?

Na *Introdução*, ficaram estabelecidas quatro perguntas para guiarem a pesquisa que seria realizada: (1) *qual a finalidade das sanções administrativa, de contas e judicial cível?*; (2) *quais os efeitos dessas sanções?*; (3) *que dizem as normas que disciplinam a aplicação dessas sanções?*; (4) *como ocorre, na prática, a aplicação dessas sanções?* A premissa assumida era a de que, a partir de suas respostas, era possível compreender o cenário jurídico da multiplicidade de sanções e se haveria base jurídico-normativa para a harmonização de seus efeitos.

O Capítulo 1 foi dedicado a responder às duas primeiras perguntas. A partir da reconstrução do histórico de surgimento e desenvolvimento das sanções administrativa, de contas e judicial cível, bem como de seus fundamentos normativos, viu-se que elas possuem finalidades distintas, ligadas às funções desempenhadas pelo segmento estatal do qual emanam, mas, em muitos casos, produzem os mesmos efeitos práticos, restringindo bem ou direito do particular.

As sanções administrativas tiveram seu surgimento ligado ao bom funcionamento da administração e originalmente estavam vinculadas ao poder disciplinar sobre funcionários públicos e a particulares inadimplentes com suas obrigações fiscais, necessárias para subsidiar a atuação estatal. Com a Segunda Guerra Mundial, países europeus começaram a utilizá-las para fins de regulação do mercado e de comportamentos sociais – especial-

[1] Marçal Justen Filho, sustentando o que chama de *inviabilidade lógico-jurídica da multiplicação sancionatória*, diz: "Em rigor, é juridicamente inviável a atribuição a entidades administrativas de competências idênticas, versando sobre a mesma figura infracional. Basta considerar a hipótese em que o tema tenha sido levantado pela entidade administrativa envolvida diretamente, a qual tenha concluído pela ausência de configuração da infração. Seria descabido que os mesmos fatos viessem a justificar a instauração de outro processo, no âmbito do TCU, atingindo conclusão diversa. Um mesmo e único fato ilícito não pode ser subordinado a competências punitivas idênticas, reservadas a autoridades diversas. Essa solução viola garantias do devido processo legal, eis que produzem a irrelevância da decisão proferida num processo regularmente desenvolvido" (JUSTEN FILHO, Marçal. *Comentários à Lei de Licitações e Contratos Administrativos*. 18. ed. São Paulo: Revista dos Tribunais, 2019, p. 1489).

mente em função do racionamento de alimento que na ocasião era necessário –, e, a partir de então, o uso das sanções administrativas se expandiu.

Apesar de não em uma conjuntura de guerra, o Brasil teve histórico similar no uso das sanções administrativas. Em um primeiro momento, eram muito associadas a questões de funcionalismo público e irregularidades fiscais (o que não significa dizer que não fossem usadas em outros contextos), tendo posteriormente passado a ser utilizadas para fins de implementação de objetivos estatais. Em que pese tal finalidade, no entanto, por serem sanções, na prática implicavam punição de particulares.

As sanções de contas foram analisadas a partir das competências sancionadoras do TCU. A Constituição Federal de 1988 foi a primeira Constituição brasileira a prever tal atribuição para o tribunal. Anteriormente, ela decorrera de normas infraconstitucionais. O diploma constitucionalizou que, no âmbito da fiscalização das contas públicas que lhe incumbe, o TCU poderia sancionar com multa e com outras sanções previstas em lei, responsáveis pela gestão de recursos públicos.

A lei orgânica do órgão previu duas sanções principais a serem utilizadas pelo tribunal: a multa e a declaração de inidoneidade, cujo efeito é a proibição do sancionado para contratar com a administração pública. Em casos graves, associada à multa, também é possível que seja aplicada a inabilitação para ocupar cargo público ou função de confiança.

O poder sancionador do TCU é polêmico. Embora a Constituição tenha reservado seu uso para responsáveis por recursos públicos, por ocasião da edição da lei orgânica, ele foi estendido para alcançar particulares contratados pela administração. Além disso, o tribunal, em suas decisões, tem buscado meios de estendê-lo ainda mais, criando poderes que não lhe foram dados constitucional ou legalmente. Contudo, em todo caso, a finalidade das sanções de contas é punir aqueles que, de alguma forma, promovam ou colaborem para a malversação de recursos públicos federais.

As sanções judiciais cíveis com impactos nas relações entre agente privado e administração pública, por sua vez, surgiram em contextos políticos de grande desconfiança com gestores públicos e aqueles que com eles se relacionam. Diploma legal mais icônico dessas sanções é a LIA, uma resposta dada a escândalos de corrupção que resultaram na crença de que a moralização da gestão pública viria com a intervenção do Judiciário. A finalidade das sanções judiciais cíveis é punir aqueles que ajam em prejuízo, financeiro ou moral, da administração.

Essa multiplicidade de regimes sancionadores permitiu que a prática de uma única irregularidade fosse punida em três esferas diferentes: administrativa, na jurisdição de contas e judicial. Ocorre que várias dessas sanções produzem efeitos idênticos. Por exemplo: administração pública, TCU e Poder Judiciário podem, com base na mesma conduta, sancionar particular com multa, proibição para contratar com a administração e inabilitação para ocupar cargo ou função pública. Qual seria o fundamento legitimador de tal possibilidade, uma vez que vige no ordenamento jurídico brasileiro a vedação à punição reiterada por um mesmo fato (*non bis in idem*)?

Viu-se que existem fundamentos normativos que instituem a *independência de sanções*. São previsões legais singelas, que apenas dispõem que as sanções são aplicadas "independentemente" ou "sem prejuízo" umas das outras. Dispositivos nesse sentido são encontrados, por exemplo, na LIA. O significado dessa autonomia, contudo, não é óbvio. Considerando que o processo sancionador envolve autoridade pública sancionadora e particular sancionado, dizer que as sanções de direito administrativo são independentes entre si pode significar coisas diferentes.

Do lado da autoridade pública, que detém a competência para sancionar, tal independência atenderia à preocupação de preservar a liberdade para formação de convicção e condução do processo sancionador, sem vínculo de submissão a análises realizadas por outras autoridades. Nesse sentido, a independência de sanções seria um instrumento previsto na legislação para que cada segmento do Estado pudesse desempenhar suas funções adequada e autonomamente.

Porém, do lado do particular, em que a preocupação é com a punição recebida, a independência de sanções, se entendida como justificativa para que não sejam considerados os efeitos punitivos semelhantes, levando à alienação de cada processo sancionador, poderia resultar na desproporcionalidade da punição, derivada de sanções aplicadas sucessivamente, sem a harmonização de seus efeitos.

Como as normas não deixam claro qual dessas duas perspectivas é endereçada pela garantia da independência de sanções, buscou-se a discussão feita no STF para obter respostas. Decisões prolatadas entre os anos de 1991 e 2007 revelaram que, para o STF, a independência entre sanções existe em razão de as autoridades que as aplicam desempenharem funções diferentes entre si. Embora constitua missão de todas preservar interesses gerais, administração pública, tribunal de contas e Poder Judiciário têm propósitos distintos e suas atribuições sancionadoras devem ser enxergadas como parte dessas atribuições. As sanções são, portanto, distintas em sua finalidade. Daí dizer que a independência de sanções é garantia da *autonomia de instâncias sancionadoras*. O posicionamento está alinhado com a visão adotada em outros países que também aderiram à multiplicidade de sanções.

Contudo, o Supremo não disse que a independência incide sobre os efeitos de sanções. Não falou que a autonomia de instâncias permitiria que a autoridade pública, no momento da dosimetria da punição, ignorasse sanções de efeitos similares, anteriormente aplicadas em outras esferas e decorrentes dos mesmos fatos. Nesse sentido, o STF entendeu que a independência de sanções incide na perspectiva da autoridade pública, em razão da finalidade da sanção por ela aplicada, que está relacionada à particular função que a autoridade desempenha. Em decorrência dessas diferentes finalidades, não haveria *bis in idem* na aplicação das múltiplas sanções.

Compreendido quais as finalidades das sanções de direito administrativo, que elas muitas vezes geram os mesmos efeitos práticos, bem como que a premissa da independência de sanções não diz respeito aos efeitos da punição, mas está ligada às diferentes funções dos segmentos estatais, encerrou-se o Capítulo 1.

O Capítulo 2 foi dedicado à pergunta "que dizem as normas que disciplinam a aplicação dessas sanções?". Seu propósito era investigar se o regime de aplicação de sanções de direito administrativo daria ao particular direito à harmonização de efeitos, a partir de fundamentos constitucionais e legais.

Foi necessário recorte metodológico para selecionar as leis que seriam analisadas. Optou-se por um cenário hipotético em que estaria em questão irregularidade praticada no âmbito de uma contratação pública submetida ao regime da LGL. Assim, foram estudadas: (i) LCP; (ii) LOTCU; (iii) LIA; e (iv) LAC. A atividade sancionadora que toma por base essas leis é complementada por normas gerais previstas na Constituição Federal, na LPA e na LINDB.

O fato de ter sido feito tal recorte não impede que o raciocínio do capítulo seja replicado em outros contextos, como de sanções decorrentes de faltas funcionais de agentes públicos, relacionadas a irregularidades fiscais ou mesmo decorrentes de outros regimes de contratações públicas, como o da Lei das Estatais. Afinal, todas são irregularidades sujeitas à pluralidade de regimes sancionadores.

Identificou-se que o ordenamento jurídico brasileiro foi formatado para garantir punição justa e adequada àquele que pratica irregularidade, o que inclui a proporcionalidade nas sanções a ele imputadas.

Os fundamentos constitucionais da harmonização de sanções são: o direito à individualização da pena (art. 5º, XLVI), do qual deriva a necessidade de dosimetria da sanção e a consideração de todos os fatos relevantes para calcular o *quantum* da pena, incluindo-se aí os efeitos semelhantes de outras sanções; e a proibição para a pena vigorar indeterminadamente, como se caráter perpétuo tivesse (art. 5º, XLVII), que demanda a previsibilidade da duração da sanção, e que seria desrespeitada caso o particular ficasse sujeito a novas punições de efeitos semelhantes que culminassem, na prática, em punição acima daquela prevista na decisão condenatória.

O fundamento legal, por sua vez, é o § 3º do art. 22 da LINDB, que expressamente determina que a aplicação de sanções deve, no momento da dosimetria da pena, considerar os efeitos de outras sanções de natureza semelhante, previamente aplicadas. Foi visto ainda que o termo "natureza" não está necessariamente relacionado ao âmbito em que a sanção é aplicada, mas às consequências que ela gera. Têm a mesma natureza as sanções que produzem restrições semelhantes ao particular sancionado.

Reforça ainda esses fundamentos o fato de que o regime de aplicação de sanções foi formatado pelo direito brasileiro de modo a proteger o particular de arbitrariedades do Estado. Tal regime é composto de elementos que auxiliam a entender como deve ser feita a harmonização de efeitos e como eles podem ser utilizados para aprimorar o processo sancionador.

Segundo esse regime, é necessário que haja: (i) previsão normativa que estabeleça a relação entre uma conduta e uma sanção; (ii) um devido processo, em que o particular possa apresentar sua defesa adequadamente, com base nos elementos produzidos na instrução processual; (iii) e, se for o caso, uma decisão condenatória devidamente motivada.

Normas que tratem de dosimetria da sanção podem ser editadas para dar à autoridade pública sancionadora parâmetros para a harmonização, disciplinando, por exemplo, que será necessário verificar em cadastros públicos de sanções se alguma sanção foi previamente aplicada ao particular; ou ainda, instituindo, no curso da dosimetria, que será indagado ao particular sobre a existência de punições relacionadas à irregularidade analisada.

Da mesma forma, no momento de apresentação da defesa que lhe é garantida, o particular deverá manifestar a existência de sanções que lhe foram anteriormente imputadas e aproveitar esse espaço para pedir à autoridade pública, fundamentado em suas garantias constitucionais e no § 3º do art. 22 da LINDB, que promova a harmonização de efeitos de sanções que lhe sejam eventualmente aplicadas.

A motivação da decisão sancionadora também será importante para que se tenha controle sobre os elementos considerados pela autoridade pública para o cálculo da pena. É de extrema importância que seja apresentada motivação adequada, que explicite as bases jurídicas e fáticas da decisão condenatória. Essa motivação servirá, entre outras coisas, para verificar se os efeitos foram devidamente harmonizados.

A análise feita no Capítulo 2, somada às constatações do Capítulo 1, permitiu concluir que o ordenamento jurídico brasileiro prevê a harmonização dos efeitos de sanções de direito administrativo como direito do particular sancionado e que tal direito é compatível com a premissa de autonomia de instâncias sancionadoras. Surgiu então dúvida sobre se tal harmonização era feita na prática.

O Capítulo 3 foi caracterizado pelo empirismo para responder à pergunta "como ocorre, na prática, a aplicação dessas sanções?". Voltou-se à atividade sancionadora do TCU, especificamente à inidoneidade declarada pelo tribunal no âmbito de contratações públicas financiadas com recursos federais. Foram trabalhados acórdãos em que era debatida a incidência de múltiplas sanções em razão da mesma irregularidade, para ver se o tribunal, no momento de aplicação da sanção, considerava as sanções previamente imputadas.

Houve um único caso, em 2014, no qual o TCU reconheceu a necessidade de harmonização de efeitos de sua declaração de inidoneidade com sanções aplicadas em outras esferas punitivas. Na maioria dos julgados, é afastada a necessidade de harmonização de efeitos da sanção. Viu-se que, em regra, o tema é suscitado pelo particular, com pedido de harmonização feito não com base na LINDB, mas por analogia ao instituto da detração, previsto no CP brasileiro (art. 42). A detração consiste no abatimento, no total da pena definitiva, do tempo de pena cumprida provisoriamente.

Os argumentos do TCU para não realizar a harmonização (detração) são problemáticos. O tribunal: (i) afirma ser autônomo em relação às demais instâncias sancionadoras; (ii) diz que os fatos que justificam a sanção aplicada por ele são diferentes dos que justificam as sanções aplicadas em outras instâncias – o que se viu não ser correto, pois os casos envolviam as mesmas irregularidades punidas em diversas instâncias; (iii) declina a analogia com o CP com base em premissas inconsistentes, inclusive diante de outros casos que envolvem a dosimetria da declaração de inidoneidade, em que ele próprio recorreu a analogias com o diploma legal.

Deixando de lado o argumento (ii), que erroneamente interpreta fatos dos casos concretos e sua tipificação na legislação, a tese desenvolvida nos dois primeiros capítulos do presente trabalho teria auxiliado a rebater os fundamentos apresentados pelo TCU para não promover a harmonização dos efeitos de sanções.

Isso porque, quanto ao argumento (i), ele utiliza equivocadamente conceito ligado à insubordinação de uma instância à outra, e não aos efeitos das sanções por elas aplicadas. Quanto ao argumento (ii), ele não considera o fundamento trazido no § 3º do art. 22 da LINDB. Se o fizesse, o argumento não subsistiria, pois está pautado na equivocada premissa de que não existe fundamento no ordenamento jurídico brasileiro que o obrigue a realizar a harmonização.

O caminho percorrido fornece elementos seguros para que se possa lançar a seguinte tese: no ordenamento jurídico brasileiro, existe o dever para autoridades públicas sancionadoras promoverem a harmonização dos efeitos das sanções de direito administrativo, quando aplicadas em decorrência de uma mesma irregularidade e cujos efeitos práticos percebidos pelo sancionado sejam semelhantes.

3. Considerações finais

Em princípio, a tese deste trabalho pode parecer simples. Inclusive, o fato de existir dispositivo legal que institui a obrigatoriedade do que aqui se chama *harmonização de efeitos das sanções de direito administrativo* pode levantar questionamentos: afinal, por que fazer uma pesquisa para investigar e afirmar algo que está expresso em lei? Há aqui uma tese inovadora se a ideia encontra previsão legal explícita? São indagações válidas e é importante respondê-las.

Um primeiro motivo que justificou a elaboração da pesquisa é que, embora exista previsão normativa expressa, isso não significa dizer que a harmonização de efeitos será realizada, como se viu na experiência do TCU. Seja por desconhecimento do dispositivo legal, seja por acreditar que não se aplica à jurisdição de contas, seja por ter interpretação diferente de seu conteúdo, o tribunal não o está considerando na dosimetria de sua sanção de declaração de inidoneidade. Por si só, o fato implica a inobservância da lei. No entanto, a ilegalidade é ainda mais grave por potencialmente importar na desproporcionalidade da punição de alguém.

Além disso, pode ser que surjam interpretações equivocadas da norma da LINDB, que pretendam afastar sua incidência ou sustentar que seu conteúdo é outro. É importante que sejam produzidos trabalhos que divulguem o dispositivo e o mecanismo de compensação nele previsto, com a correta interpretação de seu conteúdo, voltado à preservação da razoabilidade da punição em um cenário de multiplicidade sancionadora.

Mais: é possível que eventualmente seja questionada a constitucionalidade do dispositivo, considerando os posicionamentos do STF que reconheceram a possibilidade de coexistirem regimes sancionadores diferentes. Daí, é importante compreender que as decisões do Supremo e o dispositivo da LINDB olham para problemas diferentes e não são incompatíveis entre si. É necessário saber que a aplicação de sanções em diferentes esferas, em razão da mesma irregularidade, não inviabiliza nem mesmo exclui a necessidade de ser realizada a harmonização de seus efeitos.

Por fim, é essencial compreender que, embora o dever de harmonização tenha sido explicitado pela LINDB, ele decorre de premissas constitucionais que pautam a aplicação de sanções no ordenamento jurídico brasileiro. Eles são voltados à proteção dos direitos dos particulares e lhe garantem, em caso da prática de irregularidade, uma punição estritamente na medida do necessário e vedam penalidades arbitrárias e exageradas.

Os pontos demonstram que o argumento apresentado não se baseia simplesmente em um dispositivo legal. É defendido que a ideia de harmonização de efeitos de sanções, independentemente da LINDB, decorre de direitos e garantias previstos no ordenamento jurídico brasileiro. Além disso, são construídos argumentos para rechaçar o eventual uso dos conceitos de independência das sanções e autonomia das instâncias como justificativa para afastar a harmonização quando da dosimetria de sanções.

Há, portanto, motivos que justificaram a elaboração deste trabalho, e, apesar de os fundamentos jurídicos apresentados não serem óbvios, tendo sido importante percorrer um longo caminho para destacar a necessidade da harmonização das sanções, a impressão de simplicidade por trás da tese aqui sustentada é correta. No final das contas, este foi um trabalho voltado a defender uma ideia muito elementar do Estado de Direito: a de que a punição deve ser proporcional à conduta praticada, sendo inaceitável que alguém suporte ônus mais pesado do que o juridicamente adequado.

REFERÊNCIAS

AGAMBEN, Giorgio. *State of Exception*. Chicago: The University of Chicago Press, 2005.

AGÊNCIAS de publicidade fecham leniência inédita de R$ 50 mi. *O Estado de São Paulo*, 16 abr. 2018.

ALESSI, Renato. *Sistema istituzionale del diritto amministrativo italiano*. Milão: Dott. A. Giuffrè, 1953.

ALMEIDA, Fernando Dias Menezes de. *Formação da teoria do direito administrativo no Brasil*. São Paulo: Quartier Latin, 2015.

ALTER, Karen; MEUNIER, Sophie. Banana Splits: Nested and Competing Regimes in the Transatlantic Banana Trade Dispute. *Journal of European Public Policy*, [s. l.], n. 13, p. 362-382, 2006.

ARANHA, Ana Luiza; FILGUEIRAS, Fernando. Instituições de *accountability* no Brasil: mudança institucional, incrementalismo e ecologia processual. *Cadernos ENAP*, Brasília, n. 44, p. 1-51, 2016.

ARANTES, Rogério Bastos. *Ministério Público e política no Brasil*. São Paulo: Sumaré, 2002.

ASSOCIATION OF THE COUNCILS OF STATE AND SUPREME ADMINISTRATIVE JURISDICTIONS OF THE EUROPEAN UNION. *La Sanction Administrative – Rapport General*. 1972.

BANDEIRA DE MELLO, Celso Antônio. *Curso de direito administrativo*. 32. ed. São Paulo: Malheiros, 2015.

BANDEIRA DE MELLO, Celso Antônio. *Elementos de direito administrativo*. 2. ed. São Paulo: Revista dos Tribunais, 1991.

BANDEIRA DE MELLO, Oswaldo Aranha. *Princípios gerais de direito administrativo*. 3. ed. São Paulo: Malheiros, 2007. v. I.

BANDEIRA DE MELLO, Oswaldo Aranha. *Princípios gerais de direito administrativo*. Rio de Janeiro: Forense, 1974. v. II.

BARBOSA, Rui. A exposição de motivos de Rui Barbosa sobre a criação do TCU. *Revista do Tribunal de Contas da União*, [s. l.], n. 82, p. 254-256, out. 1999.

BARROSO, Luís Roberto. *Temas de direito constitucional*. 2. ed. Rio de Janeiro: Renovar, 2006. t. I.

BECCARIA, Cesare. *Dos delitos e das penas*. Tradução Torrieri Guimarães. São Paulo: Hemus, [s. d.].

BINENBOJM, Gustavo. *Poder de polícia, ordenação, regulação*: transformações político-jurídicas, econômicas e institucionais do direito administrativo ordenador. Belo Horizonte: Fórum, 2016.

BINENBOJM, Gustavo; CYRINO, André. O art. 28 da LINDB. A cláusula geral do erro administrativo. *Revista de Direito*

Administrativo – RDA, Rio de Janeiro, Edição Especial: Direito Público na Lei de Introdução às Normas de Direito Brasileiro – LINDB (Lei n. 13.655/2018), p. 203-224, nov. 2018.

BOCKEL, Bas Van. The "European" Ne Bis in Idem Principle – Substance, Sources, and Scope. *In*: BOCKEL, Bas Van (edit.). *Ne Bis in Idem in EU Law*. Cambridge: Cambridge University Press, 2016.

BLOCK, Samantha. Defying Debarment: Judicial Review of Agency Suspension and Debarment Actions. *George Washington University Law Review*, Washington, George Washington University Law School, v. 86, n. 5, p. 1316-1347, set. 2018.

BOGÉA, Daniel; GOMES, Gilberto Mendes; DAMASCENO, Vitória. A aplicação da Lei de Processo Administrativo ao TCU. *Jota*, 3 jun. 2020. Disponível em: https://www.jota.info/opiniao-e-analise/artigos/a-aplicacao-da-lei-de-processo-administrativo-ao-tcu-03062020. Acesso em: 26 out. 2020.

BRASIL. Tribunal de Contas da União. *Regimento Interno do Tribunal de Contas da União*. Brasília: TCU, 2022. Disponível em: https://portal.tcu.gov.br/data/files/7B/17/AB/27/9E6D3810 B4FE-0FF7E18818A8/RITCU.pdf. Acesso em: 7 nov. 2022.

BRASIL. *Decreto n. 11.129, de 11 de julho de 2022*. Regulamenta a Lei n. 12.846, de 1º de agosto de 2013, que dispõe sobre a responsabilização administrativa e civil de pessoas jurídicas pela prática de atos contra a administração pública, nacional ou estrangeira. Brasília: Presidência da República, 2022. Disponível em: http://www.planalto.gov.br/ccivil_03/_ato2019-2022/2022/decreto/D11129.htm. Acesso em: 3 nov. 2022.

BRASIL. *Lei n. 14.133, de 1º de abril de 2021*. Lei de Licitações e Contratos Administrativos. Brasília: Presidência da República, 2021. Disponível em: https://www.planalto.gov.br/ccivil_03/_ato2019-2022/2021/lei/L14133.htm. Acesso em: 3 nov. 2022.

BRASIL. Câmara dos Deputados. *Projeto de Lei 2.505/2021*. Altera a Lei n. 8.429, de 2 de junho de 1992, que dispõe sobre improbidade administrativa. Disponível em: https://www.camara.leg.br/proposicoesWeb/fichadetramitacao?idProposicao=2184458. Acesso em: 7 nov. 2022.

BRASIL. Tribunal de Contas da União (Plenário). *Acórdão 3.175/2020*. Representação autuada para a apreciação das justificativas apresentadas por empresa em face das evidências de fraudes às licitações conduzidas pela Petrobras na Refinaria Presidente Getúlio Vargas (Repar). Relator: Min. substituto André Luís de Carvalho. Julgamento: 25 de novembro de 2020. Disponível em: https://pesquisa.apps.tcu.gov.br/#/documento/acordao-completo/*/NUMACORDAO%253A3175%2520ANOACORDAO%253A2020%2520RELATOR%253A%2522ANDR%25C3%2589%2520DE%2520CARVALHO%2522/DTRELEVANCIA%2520desc%252C%2520NUMACORDAOINT%2520desc/0/%2520. Acesso em: 8 nov. 2022.

BRASIL. Tribunal de Contas da União (Plenário). *Acórdão 3.163/2020*. Representação acerca de possíveis fraudes praticadas por empresa nas licitações do Complexo Petroquímico do Rio de Janeiro (Comperj). Relator: Min. Vital do Rêgo. Julgamento: 25 de novembro de 2020. Disponível em: https://pesquisa.apps.tcu.gov.br/#/documento/acordao-completo/*/NUMACORDAO%253A3163%2520ANOACORDAO%253A2020%2520RELATOR%253A%2522VITAL%2520DO%2520R%25C3%

258AGO%2522/DTRELEVANCIA%2520desc%252C%2520NUMACORDAOINT%2520desc/0/%2520. Acesso em: 8 nov. 2022.

BRASIL. Superior Tribunal de Justiça (5. Turma). *Agravo Regimental no Habeas Corpus 617.690/SP*. Penal. Agravo Regimental no *Habeas Corpus*. Extorsão majorada. Dosimetria. Exasperação da pena-base. *Quantum* de incremento punitivo elevado no julgamento de apelação criminal do Ministério Público. Motivação empregada semelhante à utilizada pelo juiz singular. [...]. Relator: Min. Reynaldo Soares da Fonseca. Julgamento: 20 de outubro de 2020. Disponível em: https://scon.stj.jus.br/SCON/GetInteiroTeorDoAcordao?num_registro=202002629422&dt_publicacao=26/10/2020. Acesso em: 8 nov. 2022.

BRASIL. Tribunal de Contas da União (Plenário). *Acórdão 2.687/2020*. Representação autuada para a apreciação das justificativas apresentadas por empresa em face das evidências de fraudes às licitações conduzidas pela Petrobras na Refinaria Presidente Getúlio Vargas (Repar). Relator: Min. substituto André Luís de Carvalho. Julgamento: 7 de outubro de 2020. Disponível em: https://pesquisa.apps.tcu.gov.br/#/documento/acordao-completo/*/NUMACORDAO%253A2687%2520ANOACORDAO%253A2020%2520RELATOR%253A%2522ANDR%25C3%2589%2520DE%2520CARVALHO%2522/DTRELEVANCIA%2520desc%252C%2520NUMACORDAOINT%2520desc/0/%2520. Acesso em: 8 nov. 2022.

BRASIL. Tribunal de Contas da União (Plenário). *Acórdão 1.354/2020*. Representação constituída com o objetivo de apreciar a resposta à oitiva apresentada por empresa em face da ocorrência de fraude às licitações conduzidas pela Petrobras na realização das obras da Refinaria Presidente Getúlio Vargas (Repar), localizada em Araucária PR. Relator: Min. substituto André Luís de Carvalho. Julgamento: 27 de maio de 2020. Disponível em: https://pesquisa.apps.tcu.gov.br/#/documento/acordao-completo/*/NUMACORDAO%253A1354%2520ANOACORDAO%253A2020%2520RELATOR%253A%2522ANDR%25C3%2589%2520DE%2520CARVALHO%2522/DTRELEVANCIA%2520desc%252C%2520NUMACORDAOINT%2520desc/0/%2520. Acesso em: 8 nov. 2022.

BRASIL. Tribunal de Contas da União (1. Câmara). *Acórdão 4.719/2020*. Tomada de contas especial. Convênio. Capacitação de trabalhadores. Recursos do FAT. Contas irregulares. Débito. Recurso de reconsideração. Conhecimento. Aplicação do art. 2º, parágrafo único, inciso XII, da Lei 9.784/1999 e art. 24 da LINDB. Provimento parcial. Redução do débito. Notificação. Relator: Min. Vital do Rêgo. Julgamento: 20 de abril de 2020. Disponível em: https://pesquisa.apps.tcu.gov.br/#/documento/acordao-completo/*/NUMACORDAO%253A4719%2520RELATOR%253A%2522VITAL%2520DO%2520R%25C3%258AGO%2522%2520COLEGIADO%253A%2522Primeira%2520C%25C3%25A2mara%2522/DTRELEVANCIA%2520desc%252C%2520NUMACORDAOINT%2520desc/0/%2520. Acesso em: 8 nov. 2022.

BRASIL. Tribunal de Contas da União (Plenário). *Acórdão 300/2020*. Pedido de reexame interposto contra decisão que aplicou ao recorrente a pena de inidoneidade para licitar, ao apreciar denúncia acerca de irregularidades em pregões eletrônicos para contratação de serviços de transporte urbano de cargas. Relator: Min. Vital do Rêgo. Julgamento: 12 de fevereiro de 2020. Disponível em: https://pesquisa.apps.tcu.gov.br/#/documento/acordao-completo/*/NUMACORDAO%253A300%2520ANOACORDAO%253A2020%2520RELATOR%253A%2522VITAL%2520DO%2520R%25C3%258AGO%2522/DTRELEVANCIA%2520desc%252C%2520NUMACORDAOINT%2520desc/0/%2520. Acesso em: 8 nov. 2022.

BRASIL. Tribunal de Contas da União (Plenário). *Acórdão 160/2020*. Representação sobre suposta apresentação de notas fiscais inidôneas para comprovação de qualificação técnica em pregão eletrônico que teve por objeto a aquisição de materiais e equipamentos agrícolas. Relator: Min. substituto Marcos Bemquerer Costa. Julgamento: 29 de janeiro de 2020. Disponível em: https://pesquisa.apps.tcu.gov.br/#/documento/acordao-completo/*/NUMACORDAO%253A160%2520ANOACORDAO%253A2020%2520RELATOR%253A%2522MARCOS%2520BEMQUERER%2522/DTRELEVANCIA%2520desc%252C%2520NUMACORDAOINT%2520desc/0/%2520. Acesso em: 8 nov. 2022.

BRASIL. Tribunal de Contas da União (Plenário). *Acórdão 148/2020*. Embargos de declaração contra acórdão que negou provimento a pedidos de reexame interpostos em face de deliberação que declarou a inidoneidade da embargante para participar de licitações na Administração Pública Federal em razão de irregularidades [...]. Relator: Min. Bruno Dantas. Julgamento: 29 de janeiro de 2020. Disponível em: https://pesquisa.apps.tcu.gov.br/#/documento/acordao-completo/*/NUMACORDAO%253A148%2520ANOACORDAO%253A2020%2520RELATOR%253A%2522BRUNO%2520DANTAS%2522/DTRELEVANCIA%2520desc%252C%2520NUMACORDAOINT%2520desc/0/%2520. Acesso em: 8 nov. 2022.

BRASIL. Tribunal de Contas da União (Plenário). *Acórdão 2.638/2019*. Pedidos de reexame interpostos contra acórdão que declarou a inidoneidade da empresa recorrente em razão de fraudes apuradas nas licitações relativas às obras de implantação da Refinaria Abreu e Lima em Ipojuca/PE, também denominada de Refinaria do Nordeste – RNEST. Relator: Min. Bruno Dantas. Julgamento: 30 de outubro de 2019. Disponível em: https://pesquisa.apps.tcu.gov.br/#/documento/acordao-completo/*/NUMACORDAO%253A2638%2520ANOACORDAO%253A2019%2520RELATOR%253A%2522BRUNO%2520DANTAS%2522/DTRELEVANCIA%2520desc%252C%2520NUMACORDAOINT%2520desc/0/%2520. Acesso em: 8 nov. 2022.

BRASIL. Controladoria-Geral da União e Advocacia-Geral da União. *Aviso Interministerial CGU/AGU 22, de julho de 2018*.

BRASIL. Supremo Tribunal Federal (2. Turma). *Habeas Corpus 171.118/SP*. Penal e Processual Penal. 2. Proibição de dupla persecução penal e *ne bis in idem*. 3. Parâmetro para controle de convencionalidade. Art. 14.7 do Pacto Internacional sobre Direitos Civis e Políticos. Art. 8.4 da Convenção Americana de Direitos Humanos. [...]. Relator: Min. Gilmar Mendes. Julgamento: 12 de novembro de 2019. Disponível em: https://jurisprudencia.stf.jus.br/pages/search/sjur429446/false. Acesso em: 8 nov. 2022.

BRASIL. Tribunal de Contas da União (Plenário). *Acórdão 321/2019*. Incidente de uniformização de jurisprudência com o objetivo de dirimir divergência de entendimentos a respeito da competência do TCU para julgar contas de terceiros particulares que causem dano ao erário. Fixação de entendimento sobre o assunto. [...]. Relator: Min. Ana Arraes. Julgamento em: 20 de fevereiro de 2019. Disponível em: https://pesquisa.apps.tcu.gov.br/#/documento/acordao-completo/*/NUMACORDAO%253A321%2520ANOACORDAO%253A2019%2520RELATOR%253A%2522ANA%2520ARRAES%2522/DTRELEVANCIA%2520desc%252C%2520NUMACORDAOINT%2520desc/0/%2520. Acesso em: 11 nov. 2022.

BRASIL. Tribunal de Contas da União (Plenário). *Acórdão 61/2019*. Denúncia sobre irregularidades em pregões realizados pela Diretoria Regional de São Paulo Metropolitana, da Empresa Brasileira de Correios e Telégrafos, para contratação de serviços de transporte urbano de cargas. Relator: Min. Bruno Dantas. Julgamento: 23 de janeiro de 2019. Disponível em: https://pesquisa.apps.tcu.gov.br/#/documento/acordao-completo/*/NUMACORDAO%253A61%2520ANOACORDAO%253A2019/DTRELEVANCIA%2520desc%252C%2520NUMACORDAOINT%2520desc/2/%2520. Acesso em: 8 nov. 2022.

BRASIL. Tribunal de Contas da União (Plenário). *Acórdão 2.677/2018*. Tomada de Contas Especial decorrente do Acórdão 2.960/2015-Plenário. Refinaria Abreu e Lima (RNEST). Implantação das unidades de destilação atmosférica – UDA (U-11 E U-12). [...]. Relator: Min. Benjamin Zymler. Julgamento: 21 de novembro de 2018. Disponível em: https://pesquisa.apps.tcu.gov.br/#/documento/acordao-completo/*/NUMACORDAO%253A2677%2520ANOACORDAO%253A2018%2520RELATOR%253A%2522BENJAMIN%2520ZYMLER%2522/DTRELEVANCIA%2520desc%252C%2520NUMACORDAOINT%2520desc/0/%2520. Acesso em: 11 nov. 2022.

BRASIL. Tribunal de Contas da União (Plenário). *Acórdão 2.240/2018*. Tomada de Contas Especial. Superfaturamento decorrente de preços excessivos. Contrato 58/209, referente ao Lote 2 Ferrovia Norte-Sul no Estado de Goiás. Citação dos responsáveis. Indisponibilidade dos bens. Irregularidades confirmadas. [...]. Relator: Min. Benjamin Zymler. Julgamento: 26 de setembro de 2018. Disponível em: https://pesquisa.apps.tcu.gov.br/#/documento/acordao-completo/*/NUMACORDAO%253A2240%2520ANOACORDAO%253A2018/DTRELEVANCIA%2520desc%252C%2520NUMACORDAOINT%2520desc/0/%2520. Acesso em: 8 nov. 2022.

BRASIL. Tribunal de Contas da União (Plenário). *Acórdão 2.702/2018*. Pedido de reexame interposto pelo MPTCU contra deliberação proferida em processo administrativo que teve por finalidade definir a sistemática de cumprimento das declarações de inidoneidade prevista no art. 46 da Lei 8.443/1992, caso um mesmo licitante sofra mais de uma sanção em períodos que se sobreponham. Relator: Min. Bruno Dantas. Julgamento: 21 de setembro de 2018. Disponível em: https://pesquisa.apps.tcu.gov.br/#/documento/acordao-completo/*/NUMACORDAO%253A2702/DTRELEVANCIA%2520desc%252C%2520NUMACORDAOINT%2520desc/11/%2520. Acesso em: 8 nov. 2022.

BRASIL. Tribunal de Contas da União (Plenário). *Acórdão 2.168/2018*. Denúncia. Empresa Brasileira de Correios e Telégrafos. Licitações para a prestação de serviços de transporte de carga postal. Utilização de empresa para burlar a sanção aplicada pela estatal em outras entidades vinculadas. [...]. Relator: Min. Benjamin Zymler. Julgamento: 12 de setembro de 2018. Disponível em: https://pesquisa.apps.tcu.gov.br/#/documento/acordao-completo/*/NUMACORDAO%253A2168/DTRELEVANCIA%2520desc%252C%2520NUMACORDAOINT%2520desc/12/%2520. Acesso em: 8 nov. 2022.

BRASIL. Tribunal de Contas da União (Plenário). *Acórdão 1.640/2018*. Recurso de reconsideração interposto contra acórdão que julgou irregulares as contas especiais da recorrente, condenou-a em débito e aplicou-lhe multa, em razão de irregularidades na aplicação de recursos do Fundef para execução da reforma das unidades escolares Padre Posseidôneo Monteiro, São Pedro e Cristo Redentor. Relator: Min. Vital do Rêgo. Julgamento: 18 de julho de 2018. Disponível em: https://pesquisa.apps.tcu.gov.br/#/documento/acordao-completo/*/NUMACORDAO%253A1640%2520ANOACORDAO%253A2018%2520RELATOR%253A%2522VITAL%2520DO%2520R%25C3%258AGO%2522/DTRELEVANCIA%2520desc%252C%2520NUMACORDAOINT%2520desc/0/%2520. Acesso em: 8 nov. 2022.

BRASIL. Tribunal de Contas da União (Plenário). *Acórdão 1.214/2018*. Representação para apurar a participação da Sociedade Empresária SOG – Óleo e Gás S.A. em supostas fraudes ocorridas nas licitações conduzidas pela Petrobras para implantação da Refinaria Abreu e Lima em Ipojuca/PE, também denominada de Refinaria do Nordeste – RNEST. [...]. Relator: Min. Benjamin Zymler. Julgamento: 30 de maio de 2018. Disponível em: https://pesquisa.apps.tcu.gov.br/#/documento/acordao-completo/*/NUMACORDAO%253A1214%2520ANOACORDAO%253A2018%2520RELATOR%253A%2522BENJAMIN%2520ZYMLER%2522/DTRELEVANCIA%2520desc%252C%2520NUMACORDAOINT%2520desc/0/%2520. Acesso em: 8 nov. 2022.

BRASIL. Senado Federal. *Projeto de Lei do Senado n. 370, de 2018*. Disponível em: https://legis.senado.leg.br/sdleg-getter/documento?dm=7868216&ts=1630451117521&disposition=inline. Acesso em: 27 set. 2020.

BRASIL. Tribunal de Contas da União (Plenário). *Acórdão 961/2018*. Implantação da Refinaria Abreu e Lima. Formação de cartel. Fraudes nas licitações. Declaração de inidoneidade. Embargos de Declaração. Conhecimento. Ausência de contradição, obscuridade ou omissão. Não acolhimento. Relator: Min. Benjamin Zymler. Julgamento: 2 de maio de 2018. Disponível em: https://pesquisa.apps.tcu.gov.br/#/documento/acordao-completo/*/NUMACORDAO%253A961/DTRELEVANCIA%2520desc%252C%2520NUMACORDAOINT%2520desc/12/%2520. Acesso em: 8 nov. 2022.

BRASIL. *Lei n. 13.655, de 25 de abril de 2018*. Inclui no Decreto-Lei n. 4.657, de 4 de setembro de 1942 (Lei de Introdução às Normas do Direito Brasileiro), disposições sobre segurança jurídica e eficiência na criação e na aplicação do direito público. Brasília: Presidência da República, 2018. Disponível em: http://www.planalto.gov.br/ccivil_03/_ato2015-2018/2018/lei/l13655.htm. Acesso em: 8 nov. 2022.

BRASIL. Tribunal de Contas da União (Plenário). *Acórdão 296/2018*. Tomada de Contas Especial. Contrato 14/2006, referente ao lote 1 da Ferrovia Norte-Sul em Goiás. Superfaturamento decorrente de preços excessivos. Quantificação do débito. Citação dos responsáveis. Indisponibilidade dos bens. Relator: Min. Benjamin Zymler. Julgamento: 21 de fevereiro de 2018. Disponível em: https://pesquisa.apps.tcu.gov.br/#/documento/acordao-completo/*/NUMACORDAO%253A296%2520ANOACORDAO%253A2018%2520RELATOR%253A%2522BENJAMIN%2520ZYMLER%2522/DTRELEVANCIA%2520desc%252C%2520NUMACORDAOINT%2520desc/0/%2520. Acesso em: 11 nov. 2022.

BRASIL. Ministério Público Federal. *Estudo Técnico n. 01/2017 – 5ª Câmara de Coordenação e Revisão*. Brasília. Disponível em: https://www.mpf.mp.br/atuacao-tematica/ccr5/publicacoes/estudo-tecnico/doc/Estudo%20Tecnico%2001-2017.pdf. Acesso em: 1º jun. 2020.

BRASIL. Senado Federal. *Parecer n. 22, de 29 de março de 2017*. Disponível em: https://legis.senado.leg.br/sdleg-getter/documento?dm=4407699&disposition=inline. Acesso em: 2 jun. 2020.

BRASIL. Tribunal Regional Federal da 4ª Região (3. Turma). *Agravo de Instrumento 5023972-66.2017.4.04.0000/PR*. Relator: Des. Vânia Hack de Almeida. Julgamento: 22 de agosto de 2017.

BRASIL. *Lei n. 13.303, de 30 de junho de 2016*. Dispõe sobre o estatuto jurídico da empresa pública, da sociedade de economia mista e de suas subsidiárias, no âmbito da União, dos Estados, do Distrito Federal e dos Municípios. Brasília: Presidência da República, 2016. Disponível em: https://www.planalto.gov.br/ccivil_03/_ato2015-2018/2016/lei/l13303.htm. Acesso em: 3 nov. 2022.

BRASIL. Tribunal de Contas da União (Plenário). *Acórdão 348/2016*. Processo Administrativo acerca do alcance da declaração de inidoneidade efetuada pelo Tribunal e da sistemática adequada para a execução de sucessivas penas aplicadas à mesma empresa. Relator: Min. Walton Alencar Rodrigues. Julgamento: 24 de fevereiro de 2016. Disponível em: https://pesquisa.apps.tcu.gov.br/#/documento/acordao-completo/*/NUMACORDAO%253A348/DTRELEVANCIA%2520desc%252C%2520NUMACORDAOINT%2520desc/18/%2520. Acesso em: 8 nov. 2022.

BRASIL. Supremo Tribunal Federal (Tribunal Pleno). *Mandado de Segurança 30.788/2015*. Mandado de segurança. Direito constitucional e administrativo. Tribunal de Contas. Devido processo legal. Sanção de inidoneidade. [...]. Relator: Min. Marco Aurélio. Redator para acórdão: Min. Luís Roberto Barroso. Julgamento: 21 de maio de 2015. Disponível em: https://jurisprudencia.stf.jus.br/pages/search/sjur313769/false. Acesso em: 11 nov. 2022.

BRASIL. *Lei n. 13.105, de 16 de março de 2015*. Código de Processo Civil. Brasília: Presidência da República, 2015. Disponível em: https://www.planalto.gov.br/ccivil_03/_ato2015-2018/2015/lei/l13105.htm. Acesso em: 3 nov. 2022.

BRASIL. Tribunal de Contas da União (Plenário). *Acórdão 2.748/2014*. Relator: Min. Benjamin Zymler. Julgamento: 15 de outubro de 2014. Disponível em: https://pesquisa.apps.tcu.gov.br/#/documento/acordao-completo/*/NUMACORDAO%253A2748%2520ANOACORDAO%253A2014%2520COLEGIADO%253A%2522Plen%25C3%25A1rio%2522/DTRELEVANCIA%2520desc%252C%2520NUMACORDAOINT%2520desc/0/%2520. Acesso em: 20 jan. 2023.

BRASIL. Tribunal de Contas da União (Plenário). *Acórdão 1.408/2014*. Representação. Operação "mão de obra". Oitiva da empresa envolvida na fraude à licitação. Rejeição dos argumentos. Inidoneidade já declarada pela CGU. Arquivamento. Relator: Min. substituto André Luís de Carvalho. Julgamento: 28 de maio de 2014. Disponível em: https://pesquisa.apps.tcu.gov.br/#/documento/acordao-completo/*/NUMACORDAO%253A1408%2520ANOACORDAO%253A2014/DTRELEVANCIA%2520desc%252C%2520NUMACORDAOINT%2520desc/0/%2520. Acesso em: 8 nov. 2022.

BRASIL. Comissão Especial Destinada a Proferir Parecer ao Projeto de Lei n. 6.826, de 2010. *Projeto de Lei n. 6.826, de 2010*. Parecer da Comissão Especial de 22.04.2013, p. 141. Disponível em: https://www.camara.leg.br/proposicoesWeb/prop_mostrarintegra?codteor=1084183&filename=Avulso+-. Acesso em: 7 nov. 2022.

BRASIL. *Lei n. 12.846, de 1º de agosto de 2013*. Dispõe sobre a responsabilização administrativa e civil de pessoas jurídicas pela prática de atos contra a administração pública, nacional ou estrangeira, e dá outras providências. Brasília: Presidência da República, 2013. Disponível em: http://www.planalto.gov.br/ccivil_03/_ato2011-2014/2013/lei/l12846.htm. Acesso em: 3 nov. 2022.

BRASIL. Tribunal de Contas da União (Plenário). *Acórdão 946/2013*. Tomada de Contas Especial decorrente da conversão do processo de auditoria relativo ao FISCOBRAS/2001. Sobrepreço nos custos unitários dos serviços de escavação, carga e transporte de materiais de 1ª e 3ª Categoria, nas obras do canal adutor da Serra da Batateira/BA. [...] Relator: Min. Benjamin Zymler. Julgamento: 17 de abril de 2013. Disponível em: https://pesquisa.apps.tcu.gov.br/#/documento/acordao-completo/*/NUMACORDAO%253A946%2520ANOACORDAO%253A2013/DTRELEVANCIA%2520desc%252C%2520NUMACORDAOINT%2520desc/0/%2520. Acesso em: 11 nov. 2022.

BRASIL. Supremo Tribunal Federal (1. Turma). *Recurso Ordinário em Habeas Corpus 101.576/SP*. Direito penal. Recurso Ordinário em *Habeas Corpus*. Apropriação indébita de contribuição previdenciária. Dosimetria. Ausência de demonstração de ilegalidade ou arbitrariedade. [...]. Relatora: Min. Rosa Weber. Julgamento: 26 de junho de 2012. Disponível em: https://jurisprudencia.stf.jus.br/pages/search/sjur212668/false. Acesso em: 8 nov. 2022.

BRASIL. Superior Tribunal de Justiça. *Súmula n. 633*. A Lei n. 9.784/1999, especialmente no que diz respeito ao prazo decadencial para a revisão de atos administrativos no âmbito da Administração Pública federal, pode ser aplicada, de forma subsidiária, aos estados e municípios, se inexistente norma local e específica que regule a matéria. 17 jun. 2009. Disponível em: https://www.stj.jus.br/publicacaoinstitucional/index.php/sumstj/article/download/5064/5190. Acesso em: 3 nov. 2022.

BRASIL. Supremo Tribunal Federal (Tribunal Pleno). *Mandado de Segurança 25.880-2/DF*. Mandado de Segurança. Tribunal de Contas da União. Competência. Art. 71, II, da Constituição do Brasil e art. 5º, II e VIII, da Lei n. 8.443/92. Tomada de Contas Especial. Violação aos arts. 148 a 182 da Lei n. 8.112/90. Inocorrência. Procedimento disciplinado na Lei n. 8.443/92. [...]. Relator:

Min. Eros Grau. Julgamento: 7 de fevereiro de 2007. Disponível em: https://jurisprudencia.stf.jus.br/pages/search/sjur7003/false. Acesso em: 8 nov. 2022.

BRASIL. Supremo Tribunal Federal (Tribunal Pleno). *Agravo Regimental na Petição 3.606*. Conflito de atribuição inexistente: Ministro de Estado dos Transportes e Tribunal de Contas da União: áreas de atuação diversas e inconfundíveis. 1. A atuação do Tribunal de Contas da União no exercício da fiscalização contábil, financeira, orçamentária, operacional e patrimonial das entidades administrativas não se confunde com aquela atividade fiscalizatória realizada pelo próprio órgão administrativo [...]. Relator: Min. Sepúlveda Pertence. Julgamento: 21 de setembro de 2006. Disponível em: https://jurisprudencia.stf.jus.br/pages/search/sjur91433/false. Acesso em: 8 nov. 2022.

BRASIL. *Lei n. 9.784, de 29 de janeiro de 1999*. Regula o processo administrativo no âmbito da Administração Pública Federal. Brasília: Presidência da República, 1999. Disponível em: http://www.planalto.gov.br/ccivil_03/leis/l9784.htm. Acesso em: 3 nov. 2022.

BRASIL. Supremo Tribunal Federal (Plenário). *Mandado de Segurança 22.728/PR*. Mandado de segurança. Servidor público. Penalidade de cassação da aposentadoria por improbidade administrativa e por aplicação irregular de dinheiros públicos. – Inexistência de nulidade do processo dirigido pela nova comissão processante, porquanto, além de não haver ofensa ao artigo 169 da Lei 8.112/90, não houve prejuízo para a impetrante. – Improcedência da alegação de ocorrência de prescrição. [...]. Relator: Min. Moreira Alves. Julgamento: 22 de janeiro de 1998. Disponível em: https://jurisprudencia.stf.jus.br/pages/search/sjur110527/false. Acesso em: 8 nov. 2022.

BRASIL. Supremo Tribunal Federal (Tribunal Pleno). *Mandado de Segurança 22.728-1/PR*. Mandado de segurança. Servidor público. Penalidade de cassação da aposentadoria por improbidade administrativa e por aplicação irregular de dinheiros públicos. – Inexistência de nulidade do processo dirigido pela nova comissão processante [...]. Relator: Min. Moreira Alves. Julgamento: 22 de abril de 1998. Disponível em: https://jurisprudencia.stf.jus.br/pages/search/sjur110527/false. Acesso em: 8 nov. 2022.

BRASIL. *Lei n. 9.430, de 27 de dezembro de 1996*. Dispõe sobre a legislação tributária federal, as contribuições para a seguridade social, o processo administrativo de consulta e dá outras providências. Brasília: Presidência da República, 1996. Disponível em: http://www.planalto.gov.br/ccivil_03/leis/l9430.htm. Acesso em: 7 nov. 2022.

BRASIL. Supremo Tribunal Federal (Tribunal Pleno). *Mandado de Segurança 22.155-1/GO*. Servidor público. Pena de demissão. Responsabilidade administrativa. Infração disciplinar cometida no desempenho de atividade funcional. Alegação de nulidades formais que invalidariam o procedimento disciplinar [...]. Relator: Min. Celso de Mello. Julgamento: 27 de setembro de 1995. Disponível em: https://jurisprudencia.stf.jus.br/pages/search/sjur90742/false. Acesso em: 7 nov. 2022.

BRASIL. *Lei n. 8.666, de 21 de junho de 1993*. Regulamenta o art. 37, inciso XXI, da Constituição Federal, institui normas para licitações e contratos da Administração Pública e dá outras providências. Brasília: Presidência da República, 1993.

Disponível em: http://www.planalto.gov.br/ccivil_03/leis/l8666cons.htm. Acesso em: 3 nov. 2022.

BRASIL. *Lei n. 8.625, de 12 de fevereiro de 1993.* Institui a Lei Orgânica Nacional do Ministério Público, dispõe sobre normas gerais para a organização do Ministério Público dos Estados e dá outras providências. Brasília: Presidência da República, 1993. Disponível em: http://www.planalto.gov.br/ccivil_03/leis/l8625.htm. Acesso em: 3 nov. 2022.

BRASIL. Congresso Nacional. Parecer CCJ 62, de 1992. *Diário do Congresso Nacional* (31.03.1992), p. 1566-1581. Disponível em: https://legis.senado.leg.br/diarios/ver/6290?sequencia=1. Acesso em: 16 set. 2020.

BRASIL. *Lei n. 8.443, de 16 de julho de 1992.* Dispõe sobre a Lei Orgânica do Tribunal de Contas da União e dá outras providências. Brasília: Presidência da República, 1992. Disponível em: https://www.planalto.gov.br/ccivil_03/Leis/L8443.htm#:~:text=Lei%20N%C2%BA%208.443%2C%20DE%2016%20DE%20JULHO%20DE%201992.&text=Disp%C3%B5e%20sobre%20a%20Lei%20Org%C3%A2nica,Uni%C3%A3o%20e%20d%C3%A1%20outras%20provid%C3%AAncias. Acesso em: 3 nov. 2022.

BRASIL. *Lei n. 8.429, de 2 de junho de 1992.* Dispõe sobre as sanções aplicáveis em virtude da prática de atos de improbidade administrativa, de que trata o § 4º do art. 37 da Constituição Federal; e dá outras providências. Brasília: Presidência da República, 1992. Disponível em: http://www.planalto.gov.br/ccivil_03/leis/l8429.htm. Acesso em: 3 nov. 2022.

BRASIL. *Dossiê do Projeto de Lei 1.446/1991.* Disponível em: https://www.camara.leg.br/proposicoesWeb/prop_mostrarintegra?codteor=1141402&filename=Dossie-PL%201446/1991. Acesso em: 20 jan. 2023.

BRASIL. *Lei n. 8.112, de 11 de dezembro de 1990.* Dispõe sobre o regime jurídico dos servidores públicos civis da União, das autarquias e das fundações públicas federais. Brasília: Presidência da República, 1990. Disponível em: http://www.planalto.gov.br/ccivil_03/leis/l8112cons.htm#:~:text=LEI%20N%C2%BA%208.112%2C%20DE%2011%20DE%20DEZEMBRO%20DE%201990&text=Disp%C3%B5e%20sobre%20o%20regime%20jur%C3%ADdico,e%20das%20funda%C3%A7%C3%B5es%20p%C3%BAblicas%20federais. Acesso em: 7 nov. 2022.

BRASIL. *Constituição da República Federativa do Brasil de 1988.* Brasília: Presidência da República, 1988. Disponível em: http://www.planalto.gov.br/ccivil_03/constituicao/constituicaocompilado.htm. Acesso em: 3 nov. 2022.

BRASIL. *Lei n. 7.347, de 24 de julho de 1985.* Disciplina a ação civil pública de responsabilidade por danos causados ao meio-ambiente, ao consumidor, a bens e direitos de valor artístico, estético, histórico, turístico e paisagístico (VETADO) e dá outras providências. Brasília: Presidência da República, 1985. Disponível em: http://www.planalto.gov.br/ccivil_03/leis/l7347orig.htm. Acesso em: 3 nov. 2022.

BRASIL. Supremo Tribunal Federal (2. Turma). *Agravo Regimental no Agravo de Instrumento 79.468/MG.* Legitimidade de sanções administrativas que impliquem em restrição a atividade do contribuinte em débito, como meio de alcançar o pagamento de tributo. Entre elas não se inclui a proibição de celebrar o devedor remisso negócio com banco oficial. Agravo regimental improvido. Relator: Min. Djaci Falcão. Julgamento: 2 de dezembro de 1980. Disponível em: https://jurisprudencia.stf.jus.br/pages/search/sjur77734/false. Acesso em: 8 nov. 2022.

BRASIL. Tribunal de Contas da União. *Súmula n. 128.* Mesmo na hipótese de já se ter verificado recolhimento parcial, o Acórdão de condenação expressará o total da dívida, abatendo-se, na execução, o valor já satisfeito, sem a incidência da correção monetária e dos juros de mora sobre a quantia já ressarcida e a partir da data de cada pagamento. 11 dez. 1979. Disponível em: https://portal.tcu.gov.br/lumis/portal/file/fileDownload.jsp?fileId=8A8182A25753C20F0157679AA5617071&inline=1. Acesso em: 3 nov. 2022.

BRASIL. Tribunal de Contas da União. *Regimento Interno do Tribunal de Contas da União.* Brasília: TCU, 1977. Disponível em: https://portal.tcu.gov.br/data/files/CB/E5/83/06/9CB3C710D79E7EB7F18818A8/RITCU_1977_revogado.pdf. Acesso em: 7 nov. 2022.

BRASIL. Supremo Tribunal Federal. *Mandado de Segurança 15.166/DF* (Plenário). Demissão a bem do serviço público. Absolvição no juízo criminal. As cominações civis, penais e disciplinares poderão cumular-se [...]. Relator: Min. Luiz Gallotti. Julgamento: 2 de março de 1966, ementa. Disponível em: https://jurisprudencia.stf.jus.br/pages/search/sjur152707/false. Acesso em: 20 jan. 2023.

BRASIL. Supremo Tribunal Federal (Tribunal Pleno). *Recurso Extraordinário 63.047/SP.* Sanção administrativa. A interdição de transacionar com o Fisco do DL. n. 5, de 1937. Inconstitucionalidade por constituir bloqueio de atividades lícitas. Segurança concedida. Nega-se provimento. Relator: Min. Gonçalves de Oliveira. Julgamento: 14 de fevereiro de 1968. Disponível em: https://jurisprudencia.stf.jus.br/pages/search/sjur129844/false. Acesso em: 8 nov. 2022.

BRASIL. *Constituição da República Federativa do Brasil de 1967.* Brasília: Presidência da República, 1967. Disponível em: https://www.planalto.gov.br/ccivil_03/constituicao/constituicao67.htm. Acesso em: 3 nov. 2022.

BRASIL. *Decreto-Lei n. 199, de 25 de fevereiro de 1967.* Dispõe sôbre a Lei Orgânica do Tribunal de Contas da União e dá outras providências. Brasília: Presidência da República, 1967. Disponível em: http://www.planalto.gov.br/ccivil_03/decreto-lei/1965-1988/del0199.htm. Acesso em: 3 nov. 2022.

BRASIL. *Lei n. 1.711, de 28 de outubro de 1952.* Dispõe sobre o Estatuto dos Funcionários Públicos Civis da União. Rio de Janeiro, 1952. Disponível em: https://www2.camara.leg.br/legin/fed/lei/1950-1959/lei-1711-28-outubro-1952-367357-publicacaooriginal-1-pl.html#:~:text=Art.,pago%20pelos%20cofres%20da%20Uni%C3%A3o. Acesso em: 7 nov. 2022.

BRASIL. *Lei n. 830, de 23 de setembro de 1949.* Reorganiza o Tribunal de Contas da União. Brasília: Presidência da República, 1949. Disponível em: http://www.planalto.gov.br/ccivil_03/leis/1930-1949/l0830.htm. Acesso em: 3 nov. 2022.

BRASIL. *Decreto-Lei n. 4.657, de 4 de setembro de 1942.* Lei de Introdução às normas do Direito Brasileiro. Brasília: Presidência da República, 1942. Disponível em:

http://www.planalto.gov.br/ccivil_03/decreto-lei/del4657.htm. Acesso em: 3 nov. 2022.

BRASIL. *Decreto-Lei n. 3.689, de 3 de outubro de 1941*. Código de Processo Penal. Brasília: Presidência da República, 1941. Disponível em: http://www.planalto.gov.br/ccivil_03/decreto-lei/del3689compilado.htm. Acesso em: 5 nov. 2022.

BRASIL. *Decreto-Lei n. 2.848, de 7 de dezembro de 1940*. Código Penal. Brasília: Presidência da República, 1940. Disponível em: https://www.planalto.gov.br/ccivil_03/decreto-lei/del2848compilado.htm. Acesso em: 5 nov. 2022.

BRASIL. *Decreto n. 4.536, de 28 de janeiro de 1922*. Organiza o Código de Contabilidade da União. Rio de Janeiro, 1922. Disponível em: https://www.planalto.gov.br/ccivil_03/decreto/Historicos/DPL/DPL4536-1922.htm. Acesso em: 6 nov. 2022.

BRASIL. *Lei n. 3.071, de 1º de janeiro de 1916* [Código Civil de 1916]. Código Civil dos Estados Unidos do Brasil. Rio de Janeiro, 1916. Disponível em: http://www.planalto.gov.br/ccivil_03/leis/l3071.htm. Acesso em: 6 nov. 2022.

BRASIL. Câmara dos Deputados. *Decreto n. 392, de 8 de outubro de 1896*. Reorganiza o Tribunal de Contas. Disponível em: https://www2.camara.leg.br/legin/fed/decret/1824-1899/decreto-392-8-outubro-1896-540205-publicacaooriginal-40163-pl.html. Acesso em: 6 nov. 2022.

BRASIL. Tribunal de Contas da União. *Regimento Interno do Tribunal de Contas*. Rio de Janeiro, 1896. Disponível em: https://portal.tcu.gov.br/data/files/BA/E5/A2/06/9CB3C710D79E7EB7F18818A8/RITCU_1896_revogado.pdf. Acesso em: 6 nov. 2022.

BRASIL. Câmara dos Deputados. *Decreto n. 1.166, de 17 de dezembro de 1892*. Dá regulamento para execução da lei n. 23 de 30 de outubro de 1891, na parte referente ao Ministerio da Fazenda. Disponível em: https://www2.camara.leg.br/legin/fed/decret/1824-1899/decreto-1166-17-dezembro-1892-523025-publicacaooriginal-1-pe.html. Acesso em: 7 nov. 2022.

BUENO, Cassio Scarpinella; PORTO FILHO, Pedro Paulo de Rezende (coords.). *Improbidade administrativa*: questões polêmicas e atuais. 2. ed. São Paulo: Malheiros, 2003.

BUZAID, Alfredo. O Tribunal de Contas no Brasil. *Revista da Faculdade de Direito da Universidade de São Paulo*, São Paulo, v. 62, n. 2, p. 37-62, 1967.

CÂMARA, Jacintho Arruda; SUNDFELD, Carlos Ari. Acordos substitutivos nas sanções regulatórias. *Revista de Direito Público da Economia – RDPE*, Belo Horizonte, ano 9, n. 34, p. 133-151, abr.-jun. 2011.

CAMPOS, Francisco. *Direito constitucional*. Rio de Janeiro: Freitas Bastos, 1956.

CAPEZ, Fernando. *Improbidade administrativa*: limites constitucionais. 2. ed. São Paulo: Saraiva, 2015.

CARDOSO, Fernando Henrique. *O improvável presidente do Brasil*. Rio de Janeiro: Civilização Brasileira, 2013.

CAROTHERS, Thomas. The Rule of Law Revival. *In*: CAROTHERS, Thomas (ed.). *Promoting the Rule of Law Abroad*: In Search of Knowledge. Massachusetts: Carnegie Endowment for International Peace, 2006.

CARVALHO FILHO, José dos Santos. *Improbidade administrativa*: prescrição e outros prazos extintivos. 3. ed. São Paulo: Atlas, 2019.

CAVALCANTI, Themistocles Brandão. *Tratado de direito administrativo*. 3. ed. Rio de Janeiro: Freitas Bastos, 1955. v. I.

CEBERA, Agata; HORODYSKI, Dominik. Issues Related to the Use of Administrative Sanctions Analyzed from Safety Perspective. *In*: KOPCZEWSKI, Marian; KURKIEWICZ, Anna; MIKOLAJCZAK, Stanisław (eds.). *Paradygmaty Badań Nad Bezpieczeństwem*. Posnânia: Wydawnictwo Wyższej Szkoły Bezpieczeństwa, 2015. p. 335-336.

CGU, AGU, MPF e DoJ firmam primeiro acordo de leniência global no âmbito da Lava Jato. Disponível em: https://www.gov.br/cgu/pt-br/assuntos/noticias/2019/06/cgu-agu-mpf-e-doj-firmam-primeiro-acordo-de-leniencia-global-no-ambito-da-lava-jato. Acesso em: 2 jul. 2020.

CRETELLA JÚNIOR, José. *Manual de direito administrativo*. Rio de Janeiro: Forense, 1975.

DAVIS, Kevin; MACHADO, Maíra; JORGE, Guillermo. *Coordinating the Enforcement of Anti-Corruption Law*: South American Experiences. 2014. Disponível em: https://idl-bnc-idrc.dspacedirect.org/bitstream/handle/10625/55750/IDL-55750.pdf. Acesso em: 18 ago. 2020.

DI JOHN, Jonathan. *Conceptualising the Causes and Consequences of Failed States*: A Critical Review of the Literature. Working Paper. Crisis States Research Centre 25, p. 1-51, 2008.

DI PIETRO, Maria Sylvia Zanella. *Direito administrativo*. 31. ed. Rio de Janeiro: Forense, 2018.

DI PIETRO, Maria Sylvia Zanella. *Direito administrativo*. São Paulo: Atlas, 1990.

DUTRA, Pedro; REIS, Thiago. *O soberano da regulação*: o TCU e a infraestrutura. São Paulo: Singular, 2020.

ENTERRÍA, Eduardo García de; FERNÁNDEZ, Tomás-Rámon. *Curso de direito administrativo*. São Paulo: Revista dos Tribunais, 2014. t. II.

ESTADOS UNIDOS DA AMÉRICA. *Federal Acquisition Regulations*. 2022. Disponível em: https://www.acquisition.gov/browse/index/far. Acesso em: 20 jan. 2023.

ESTADOS UNIDOS DA AMÉRICA. Government Accountability Office. *Suspension and Debarment*: Some Agency Programs Need Greater Attention, and Governmentwide Oversight Could be Improved. Ago. 2011. Disponível em: https://digital.library.unt.edu/ark:/67531/metadc302451/m2/1/high_res_d/322795.pdf. Acesso em: 7 nov. 2022.

ESTADOS UNIDOS DA AMÉRICA. *Attorney's General Manual on the Administrative Procedure Act. 1947*. Disponível em: http://library.law.fsu.edu/Digital-Collections/ABA-AdminProcedureArchive/1947intro.html. Acesso em: 20 jan. 2023.

EUROPEAN UNION. *Directive 2014/24/EU of the European Parliament and of the Council*. 2014. Disponível em: https://eur-lex.europa.eu/eli/dir/2014/24/oj. Acesso em: 3 nov. 2022.

FERREIRA, Daniel. Infrações e sanções administrativas: panorama geral. *In*: *Enciclopédia Jurídica da PUC SP – Direito Administrativo e Constitucional*. t. II. Disponível em: www.enciclopediajuridica.pucsp.br. Acesso em: 30 maio 2020.

FERREIRA, Daniel. *Teoria geral da infração administrativa*. Belo Horizonte: Fórum, 2009.

FERREIRA, Daniel. *Sanções administrativas*. São Paulo: Malheiros, 2001.

FIGUEIREDO, Lúcia Valle. *Curso de direito administrativo*. 2. ed. São Paulo: Malheiros, 1995.

GABRIEL, Yasser. Acordos de leniência na jurisdição do Tribunal de Contas da União. *In*: SUNDFELD, Carlos Ari; ROSILHO, André (orgs.). *Tribunal de Contas da União no direito e na realidade*. São Paulo: Almedina, 2020. p. 403-427.

GABRIEL, Yasser. Parâmetros da LINDB em multas do TCU. *Jota*, 10 jun. 2020. Disponível em: https://www.jota.info/opiniao-e-analise/colunas/controle-publico/parametros-da-lindb-em-multas-do-tcu-10062020. Acesso em: 12 out. 2020.

GABRIEL, Yasser; ROSILHO, André. É constitucional a inidoneidade declarada pelo TCU? *Jota*, 21 out. 2020. Disponível em: https://www.jota.info/opiniao-e-analise/colunas/controle-publico/constitucional-inidoneidade-declarada-tcu-21102020. Acesso em: 13 nov. 2020.

GABRIEL, Yasser. A necessária "detração" na aplicação de sanções do TCU. *Jota*, 9 dez. 2020. Disponível em: https://www.jota.info/opiniao-e-analise/colunas/controle-publico/a-necessaria-detracao-na-aplicacao-de-sancoes-do-tcu-09122020. Acesso em: 15 fev. 2020.

GABRIEL, Yasser. Novo regulamento do TCU sobre acordos de leniência: algo mudou? *Jota*, 1º maio 2019. Disponível em: https://www.jota.info/opiniao-e-analise/colunas/controle-publico/novo-regulamento-do-tcu-sobre-acordos-de-leniencia-algo-mudou-01052019. Acesso em: 1º jul. 2020.

GABRIEL, Yasser. Lei de Improbidade Administrativa, uma lei "qualquer"? *Jota*, 19 set. 2018. Disponível em: https://sbdp.org.br/wp/wp-content/uploads/2019/11/Lei-de-Improbidade-Administrativa-uma-lei-qualquer-JOTA-Info.pdf. Acesso em: 4 jul. 2020.

GARCIA, Basileu. *Instituições de direito penal*. 7. ed. São Paulo: Saraiva, 2008. v. I. t. I.

GHIRARDI, José Garcez; PALMA, Juliana Bonacorsi de; VIANA, Manuela Trindade. Posso fazer um trabalho inteiro sobre um caso específico? *In*: QUEIROZ, Rafael Mafei Rebelo; FEFERBAUM, Marina (coords.). *Metodologia jurídica*: um roteiro prático para trabalhos de conclusão de curso. São Paulo: Saraiva, 2017. p. 178-190.

ESPANHA. *Exposicion de Motivos del Ley de 17 de julio de 1958 sobre Procedimiento Administrativo*. Disponível em: www.boe.es. Acesso em: 12 jun. 2020.

INTOSAI. *INTOSAI-P50 – Principles of Jurisdictional Activities of SAIs*, 2019. Disponível em: https://www.intosai.org/fileadmin/downloads/documents/open_access/INT_P_11_to_P_99/INTOSAI_P_50/INTOSAI_P_50_en.pdf. Acesso em: 26 jan. 2023.

IVANOVA, Maria; ROY, Jennifer. The Architecture of Global Environmental Governance: Pros and Cons of Multiplicity. *In*: SWART, Lydia; PERRY, Estelle (eds.). *Global Environmental Governance*: Perspectives on the Current Debate. Nova York: Center for UN Reform Education, 2007. p. 48-66.

JACOBY, Jorge Ulisses Fernandes. *Tribunais de Contas do Brasil*: jurisdição e competência. Belo Horizonte: Fórum, 2003.

JORDÃO, Eduardo. Art. 22 da LINDB. Acabou o romance: reforço do pragmatismo no direito público brasileiro. *Revista de Direito Administrativo – RDA*, Rio de Janeiro, Edição Especial: Direito Público na Lei de Introdução às Normas de Direito Brasileiro – LINDB (Lei n. 13.655/2018), p. 63-92, nov. 2018.

JUSTEN FILHO, Marçal. *Comentários à Lei de Licitações e Contratos Administrativos*: Lei 8.666/1993. 18. ed. São Paulo: Revista dos Tribunais, 2019.

KELSEN, Hans. *Teoria pura do direito*. 6. ed. São Paulo: Martins Fontes, 1999.

LANDAU, Martin. Redundancy, Duplication and the Problem of Duplication and Overlap. *Public Administration Review*, [*s. l.*], n. 29, p. 346-358, jul.-ago. 1969.

LIMA, Ruy Cirne. *Princípios de direito administrativo*. 5. ed. São Paulo: Revista dos Tribunais, 1982.

MARQUES NETO, Floriano de Azevedo. Pena de morte e responsabilidade das empresas. *Valor Econômico*, 30 maio 2015. Disponível em: https://valor.globo.com/legislacao/noticia/2015/07/30/pena-de-morte-e-responsabilidade-das-empresas.ghtml. Acesso em: 27 jan. 2023.

MARQUES NETO, Floriano de Azevedo. Os grandes desafios do controle da Administração Pública. *In*: MODESTO, Paulo (coord.). *Nova organização administrativa brasileira*. 2. ed. Belo Horizonte: Fórum, 2009. p. 195-226.

MARQUES NETO, Floriano de Azevedo *et al.* Reputação institucional e o controle das agências reguladoras pelo TCU. *Revista de Direito Administrativo – RDA*, Rio de Janeiro, v. 278, n. 2, p. 37-70, maio-ago. 2019.

MARQUES NETO, Floriano de Azevedo; CYMBALISTA, Tatiana. Os acordos substitutivos do procedimento sancionatório e da sanção. *Revista Brasileira de Direito Público – RBDP*, Belo Horizonte, ano 8, n. 31, p. 51-67, out./dez. 2010.

MARQUES NETO, Floriano de Azevedo; FREITAS, Rafael Véras de. *Comentários à Lei 13.655/2018 (Lei da Segurança para Inovação Pública)*. Belo Horizonte: Fórum, 2019.

MARQUES NETO, Floriano de Azevedo; PALMA, Juliana Bonacorsi de. Os sete impasses do controle da administração pública no Brasil. *In*: PEREZ, Marcos Augusto; SOUZA, Rodrigo Pagani de (coords.). *Controle da administração pública*. Belo Horizonte: Fórum, 2017. p. 21-38.

MARQUES NETO, Floriano de Azevedo; PALMA, Juliana Bonacorsi de. Diálogos fora de esquadro: o controle das agências reguladoras pelo Tribunal de Contas da União. *Revista Brasileira de Estudos Políticos*, Belo Horizonte, v. 120, p. 203-236, jan.-jul. 2020.

MARQUES, Mauro Campbell (org.). *Improbidade administrativa*: temas atuais e controvertidos. Rio de Janeiro: Forense, 2017.

MASAGÃO, Mário. *Curso de direito administrativo*. 3. ed. São Paulo: Max Limonad, 1962.

MEDAUAR, Odete. *Direito administrativo moderno*. 23. ed. São Paulo: Revista dos Tribunais, 2018.

MEDAUAR, Odete. *Controle da administração pública*. 3. ed. São Paulo: Revista dos Tribunais, 2014.

MEDAUAR, Odete. *A processualidade no direito administrativo*. 2. ed. São Paulo: Malheiros, 2008.

MEDAUAR, Odete. *Direito administrativo moderno*. São Paulo: Revista dos Tribunais, 1996.

MEIRELLES, Hely Lopes. *Direito administrativo brasileiro*. 39. ed. São Paulo: Malheiros, 2013.

MELLO, Rafael Munhoz de. *Princípios constitucionais de direito administrativo sancionador*. São Paulo: Malheiros, 2007.

MESQUITA, Clarissa Ferreira de Melo. *Regime jurídico do setor postal*. São Paulo: Saraiva, 2014.

MIR PUIG, Santiago. *Derecho penal*: parte general. 10. ed. Barcelona: Reppertor, 2015.

MODERNE, Franck. *Sanctions administratives et justice constitutionnelle*. Paris: Economica, 1993.

MONSERRAT, Carlos Castellví. Decomisar sin castigar – Utilidad y legitimidad del decomiso de ganancias. *Revista para el Análisis Del Derecho – InDret*, Barcelona, p. 1-66, jan. 2019. Disponível em: https://indret.com/decomisar-sin-castigar/. Acesso em: 27 jan. 2023.

MONTEIRO, Vera. As leis de procedimento administrativo: uma leitura operacional do princípio constitucional da eficiência. *In*: SUNDFELD, Carlos Ari (org.). *As leis de processo administrativo*. São Paulo: Malheiros, 2006. p. 342-363.

MORENO, Maís. *A participação do administrado no processo de elaboração dos contratos de PPP*. Belo Horizonte: Fórum, 2019.

MOREIRA, Egon Bockmann. Tribunais de Contas podem controlar acordos de leniência? *Jornal Gazeta do Povo*, 13 jul. 2018. Disponível em: https://www.gazetadopovo.com.br/justica/colunistas/egon-bockmann-moreira/tribunais-de-contas-podem-controlar-acordos-de-leniencia-77we8fvgzumzr-9nykivxoond3/. Acesso em: 8 nov. 2022.

MOREIRA, Egon Bockmann. Qual é o futuro do direito da regulação no Brasil? *In*: SUNDFELD, Carlos Ari; ROSILHO, André (orgs.). *Direito da regulação e políticas públicas*. São Paulo: Malheiros, 2014. p. 107-139.

MOTA PRADO, Mariana; CARSON, Lindsey. Brazilian Anti-Corruption Legislation and Its Enforcement: Potential Lessons for Institutional Design. *Journal of Self-Governance and Management Economics*, Nova York, n. 4, p. 34-71, 2016.

MOTA PRADO, Mariana; CARSON, Lindsey. Using Institutional Multiplicity to Address Corruption as a Collective Action Problem: Lessons from the Brazilian Case. *The Quarterly Review of Economics and Finance*, Illinois, n. 62, p. 56-65, 2016.

MULTA por falta de máscara é educativa, não arrecadatória, diz secretário de SP. *CNN Brasil*, 29 jun. 2020. Disponível em: https://www.cnnbrasil.com.br/nacional/multa-por-falta-de-mascara-e-educativa-e-nao-arrecadatoria-diz-secretario-de-sp/. Acesso em: 27 set. 2020.

NIETO, Alejandro. *Derecho administrativo sancionador*. 2. ed. Madri: Tecno, 1994.

NORTH, Douglas. *Institutions, Institutional Change, and Economic Performance*. Nova York: Cambridge University Press, 1990.

NUNES, Edson *et al*. *Agências reguladoras e reforma do estado no Brasil*. Rio de Janeiro: Garamond Universitária, 2007.

OSÓRIO, Fábio Medina. *Teoria da improbidade administrativa*. 5. ed. São Paulo: Revista dos Tribunais, 2020.

OSÓRIO, Fábio Medina. *Direito administrativo sancionador*. 2. ed. São Paulo: Revista dos Tribunais, 2005.

PALMA, Juliana Bonacorsi de. *Sanção e acordo na administração pública*. São Paulo: Malheiros, 2015.

PALMA, Juliana Bonacorsi de; GUERRA, Sérgio. Art. 26 da LINDB – Novo regime jurídico de negociação com a Administração Pública. *Revista de Direito Administrativo – RDA*, Rio de Janeiro, Edição Especial: Direito Público na Lei de Introdução às Normas de Direito Brasileiro – LINDB (Lei n. 13.655/2018), p. 135-169, nov. 2018.

PARISIO, Isabela de Oliveira. *Independência entre esferas x comunicabilidade de instâncias*: como o STF considera esses conceitos quando se trata das esferas administrativa e penal. Monografia (Iniciação Científica) – Sociedade Brasileira de Direito Público (SBDP), São Paulo, 2016.

PECI, Alketa. Regulação e administração pública. *In*: GUERRA, Sérgio (org.). *Regulação no Brasil*: uma visão multidisciplinar. Rio de Janeiro: FGV, 2014. p. 44-45.

PELEGRINI, Marcia. *A competência sancionatória do Tribunal de Contas*: contornos constitucionais. Bel Horizonte: Fórum, 2014.

PEREZ, Marcos Augusto. *A administração pública democrática*. Belo Horizonte: Fórum, 2004.

PESTANA, Marcio; AMARAL, Luís Fernando de Camargo Prudente. *Improbidade administrativa*. Belo Horizonte: Casa do Direito, 2018.

PEREIRA, Cesar; SCHWIND, Rafael Wallbach. Autossaneamento (*self-cleaning*) e reabilitação no direito brasileiro anticorrupção. *Revista de Direito Administrativo Contemporâneo*, Belo Horizonte: Revista dos Tribunais, v. 20, p. 13-34, set.-out. 2015.

PIMENTA, José Roberto. *Improbidade administrativa e sua autonomia constitucional*. Belo Horizonte: Fórum, 2009.

POLLITT, Christopher *et al*. *Desempenho ou legalidade?* Auditoria operacional e de gestão pública em cinco países. Belo Horizonte: Fórum, 2008.

RIBEIRO, Leonardo Coelho. *O direito administrativo como "caixa de ferramentas"*. São Paulo: Malheiros, 2017.

RINCÓN, José Suay. *Sanciones administrativas*. Bolonha: Real Colegio de España, 1989.

RODRIGUEZ, Caio Farah. Entrevista: Caio Farah Rodriguez, o advogado que negocia com o Estado. Entrevista concedida a Felipe Recondo e Luciano Pádua. *Jota*, 31 jul. 2018. Disponível em: https://www.jota.info/especiais/leniencia-caio-farah-rodriguez-odebrecht-31072018. Acesso em: 1º jul. 2020.

ROMANO, Santi. *Corso di diritto amministrativo*. Milão: Padova, 1930.

ROSE-ACKERMAN, Susan; PALIFKA, Bonnie. *Corruption and Government*. 2. ed. Nova York: Cambridge University Press, 2016.

ROSILHO, André. *Tribunal de Contas da União*: competências, jurisdição e instrumentos de controle. São Paulo: Quartier Latin, 2019.

ROSILHO, André. *Licitação no Brasil*. São Paulo: Malheiros, 2013.

ROSILHO, André. O poder normativo do CNJ e o sistema de justiça brasileiro. *Revista Brasileira de Estudos Constitucionais – RBEC*, Belo Horizonte, ano 4, n. 14, p. 37-86, abr.-jun. 2010.

SAMPAIO, Patrícia; CANETTI, Rafaela. Conflitos nos programas de acordos de leniência brasileiros nos casos de fraudes em licitação. *Revista da AGU*, Brasília, v. 17, n. 4, p. 273-292, out.-dez. 2018.

SÁNCHEZ, Jesús-María Silva. Malum passionis. *Mitigar el dolor del derecho penal*. Barcelona: Atelier, 2018.

SCHOONER, Steven. The Paper Tiger Stirs: Rethinking Suspension and Debarment. *Public Procurement Law Review (Suspension and Debarment: Emerging Issues in Law and Policy)*, Washington, George Washington University Law School, v. 13, p. 1-8, 2004.

SILVA, José Afonso da. *Curso de direito constitucional positivo*. 37. ed. São Paulo: Malheiros, 2014.

SUMMERHILL, William. *Trilhos do desenvolvimento*: as ferrovias no crescimento da economia brasileira 1854-1913. São Paulo: Alfaiatar, 2018.

SUNDFELD, Carlos Ari. *Direito administrativo para céticos*. 2. ed. São Paulo: Malheiros, 2014.

SUNDFELD, Carlos Ari (org.). *Contratações públicas e seu controle*. São Paulo: Malheiros, 2013.

SUNDFELD, Carlos Ari. *Fundamentos de direito público*. 5. ed. São Paulo: Malheiros, 2013.

SUNDFELD, Carlos Ari. Processo e procedimento administrativo no Brasil. *In*: SUNDFELD, Carlos Ari (org.). *As leis de processo administrativo*. São Paulo: Malheiros, 2006. p. 17-36.

SUNDFELD, Carlos Ari. *Direito administrativo ordenador*. São Paulo: Malheiros, 2003.

SUNDFELD, Carlos Ari. A defesa nas sanções administrativas. *Revista Forense*, Rio de Janeiro, v. 298, p. 99-106, 1985.

SUNDFELD, Carlos Ari; CÂMARA, Jacintho Arruda. Limites da jurisdição dos tribunais de contas sobre particulares. *Revista Justiça do Direito*, [*s. l.*], v. 33, n. 2, p. 198-221, 2019.

SUNDFELD, Carlos Ari; MARQUES NETO, Floriano de Azevedo. Uma nova lei para aumentar a qualidade jurídica das decisões públicas e de seu controle. *In*: SUNDFELD, Carlos Ari (org.). *Contratações públicas e seu controle*. São Paulo: Malheiros, 2013. p. 277-285.

SUNDFELD, Carlos Ari; ROSILHO, André. *Tribunal de Contas da União no direito e na realidade*. São Paulo: Almedina, 2020.

SUNDFELD, Carlos Ari; SOUZA, Rodrigo Pagani de. *Accountability* e jurisprudência do STF: estudo empírico de variáveis institucionais e estrutura das decisões. *In*: VOJVODIC, Adriana *et al.* (orgs.). *Jurisdição constitucional no Brasil*. São Paulo: Malheiros, 2012. p. 75-116.

TILLIPMAN, Jessica. A House of Cards Falls: Why "Too Big to Debar" Is All Slogan and Little Substance. *Fordham Law Review*, Nova York, n. 80, p. 49-58, 2012.

TORRES, Heleno. *Direito constitucional financeiro*. São Paulo: Revista dos Tribunais, 2014.

VALDIVIA, Diego Zegarra. La motivación como elemento esencial del acto administrativo. *In*: MEDAUAR, Odete; SCHIRATO, Victor Rhein (coords.). *Os caminhos do ato administrativo*. São Paulo: Revista dos Tribunais, 2011. p. 145-178.

VEIGA DA ROCHA, Jean-Paul. Quem tem medo da delegação legislativa? *Revista de Direito Administrativo – RDA*, Rio de Janeiro, v. 271, p. 193-221, jan.-abr. 2016.

VILLA, Marco Antonio. *Collor presidente*. Rio de Janeiro: Record, 2016.

VORONOFF, Alice. *Direito administrativo sancionador no Brasil*: justificação, interpretação e aplicação. Belo Horizonte: Fórum, 2018.

WALINE, Marcel. *Manuél élémentaire de droit administratif*. 4. ed. Paris: Recueil Sirey, 1946.

WEDGEWOOD, Ruth. Give the United Nations a Little Competition. *The New York Times*, 5 dez. 2005.

WEISS, Edith Brown. International Environmental Law: Contemporary Issues and the Emergence of a New World Order. *The Georgetown Law Journal*, [*s. l.*], n. 81, p. 675-693, 1993.

WIGNY, Pierre. *Principes généraux du droit administratif*. 2. ed. Bruxelas: E. Bruylant, 1948.

WILLIAMS-ELEGBE, Sope. *Fighting Corruption in Public Procurement* – A Comparative Analysis of Disqualification and Debarment Measures. Oxford: Heart Publishing, 2014.

ZANOBINI, Guido. *Le sanzioni amministrative*. Torino: Fratelli Bocca, 1924.